Henning Schmidt-Semisch · Friedrich Schorb (Hrsg.)

Kreuzzug gegen Fette

Henning Schmidt-Semisch
Friedrich Schorb (Hrsg.)

Kreuzzug gegen Fette

Sozialwissenschaftliche Aspekte
des gesellschaftlichen Umgangs
mit Übergewicht und Adipositas

VS VERLAG FÜR SOZIALWISSENSCHAFTEN

Bibliografische Information Der Deutschen Nationalbibliothek
Die Deutsche Nationalbibliothek verzeichnet diese Publikation in der
Deutschen Nationalbibliografie; detaillierte bibliografische Daten sind im Internet über
<http://dnb.d-nb.de> abrufbar.

1. Auflage 2008

Alle Rechte vorbehalten
© VS Verlag für Sozialwissenschaften | GWV Fachverlage GmbH, Wiesbaden 2008

Lektorat: Frank Engelhardt

Der VS Verlag für Sozialwissenschaften ist ein Unternehmen von Springer Science+Business Media.
www.vs-verlag.de

Das Werk einschließlich aller seiner Teile ist urheberrechtlich geschützt. Jede Verwertung außerhalb der engen Grenzen des Urheberrechtsgesetzes ist ohne Zustimmung des Verlags unzulässig und strafbar. Das gilt insbesondere für Vervielfältigungen, Übersetzungen, Mikroverfilmungen und die Einspeicherung und Verarbeitung in elektronischen Systemen.

Die Wiedergabe von Gebrauchsnamen, Handelsnamen, Warenbezeichnungen usw. in diesem Werk berechtigt auch ohne besondere Kennzeichnung nicht zu der Annahme, dass solche Namen im Sinne der Warenzeichen- und Markenschutz-Gesetzgebung als frei zu betrachten wären und daher von jedermann benutzt werden dürften.

Umschlaggestaltung: KünkelLopka Medienentwicklung, Heidelberg
Titelbild: Franziska Fiolka
Druck und buchbinderische Verarbeitung: Krips b.v., Meppel
Gedruckt auf säurefreiem und chlorfrei gebleichtem Papier
Printed in the Netherlands

ISBN 978-3-531-15431-2

Inhalt

Einleitung 7
Henning Schmidt-Semisch & Friedrich Schorb

Von der Diätetik zur Diät – Zur Ideengeschichte der Adipositas 21
Christoph Klotter

Übergewicht und Körperdeutungen im 20. Jahrhundert –
Eine geschichtswissenschaftliche Rückfrage 35
Uwe Spiekermann

Adipositas in Form gebracht. Vier Problemwahrnehmungen 57
Friedrich Schorb

Die „Adipositas-Epidemie" in Deutschland –
Stellungnahme zur aktuellen Diskussion 79
Uwe Helmert

Anti-Fett-Politik – Übergewicht und staatliche Interventionspolitik
in den USA 89
Rogan Kersh & James Morone

Keine „Happy Meals" für die Unterschicht! Zur symbolischen
Bekämpfung der Armut 107
Friedrich Schorb

„Im Gleichgewicht für ein gesundes Leben" – Präventionsstrategien
für eine riskante Zukunft 125
Stefanie Duttweiler

Fitte Wirtschaft und schlanker Staat: das neoliberale Regime
über die Bäuche 143
Eva Kreisky

Essstörungen, Körperbilder und Geschlecht 163
Carmen Gransee

Fitte Frauen – Dicke Monster? Empirische Exploration zu einem
Diskurs von Gewicht 171
Paula-Irene Villa & Katherina Zimmermann

Das metabolische Syndrom im Alltag – *translation* im Zeitalter von
Biosozialität 191
Jörg Niewöhner

Medien: Dickmacher oder Mittel zur Förderung einer gesunden
Lebensweise? 207
Helga Theunert

Essen und Überfressen – Anmerkungen zu kulturellen Aspekten der
Nahrungsaufnahme 227
Lotte Rose

AutorInnenverzeichnis 241

Einleitung

Henning Schmidt-Semisch & Friedrich Schorb

„Many (...) now think that anyone who has a [heart attack] must have lived the life of gluttony and sloth (...) We seem to view raising a cheeseburger to one's lips as the moral equivalent of holding a gun to one's head."

(P.R. Marantz 1990: 1186)

Übergewicht und Adipositas gelten als die größte gesundheitspolitische Herausforderung der Zukunft. Weltweit sollen heute mehr Menschen übergewichtig als unternährt sein, und Experten sprechen davon, dass „Fettleibigkeit zur globalen Norm" werde und spätestens seit der Jahrtausendwende den Welthunger als dringendstes ernährungspolitisches Problem abgelöst habe. In den USA galt Übergewicht in den vergangenen Jahren bereits als Todesursache Nummer eins, bis die Zahlen vor kurzem deutlich nach unten korrigiert werden mussten.[1] Davon unbeeindruckt werden allerdings immer wieder Studien präsentiert, die erstmals seit Ende des 18. Jahrhunderts einen dauerhaften Rückgang der Lebenserwartung aufgrund steigender Adipositasprävalenzen in den führenden Industrienationen vorhersagen (vgl. u. a. Olshansky et al. 2005); und in manchen Gegenden der Welt (so etwa in Australien, dem Pazifikraum und Amerika) sollen Adipositas und Diabetes gar schon für das Aussterben der dortigen Ureinwohner verantwortlich sein (Tagesspiegel 2006). Vor diesem Hintergrund wird nachvollziehbar, warum in den USA schon Neugeborene ggf. als zu fett gelten (Popkin 2006) und warum auch hierzulande mittlerweile empfohlen wird, spätestens ab dem zweiten Lebensjahr die Gewichtsentwicklung genau im Auge zu behalten (Wabitsch 2003).

Spätestens seitdem die ehemalige Verbraucherschutzministerin Renate Künast das Thema zur Chefsache erklärt hat, gelten auch in Deutschland Übergewicht und Adipositas nicht länger als ein medizinisches bzw. ästhetisches, sondern als ein gesellschaftliches Problem. Dabei werden das gesteigerte öffentliche Interesse sowie die politische Brisanz des Themas meist mit der rasanten Zunahme des Phänomens einerseits und den wahnwitzig hohen Folgekosten andererseits begründet. Die Zahlen, so wird behauptet, seien in den letzten Jahrzehn-

---

[1] Vgl. hierzu auch den Beitrag von F. Schorb „Adipositas in Form gebracht" in diesem Band.

ten geradezu explodiert. Ähnlich wie im Bereich der Demographie und den daraus resultierenden Belastungen für die Renten- und Krankenversicherung werden Langzeitprognosen angestellt, die alle zum selben Schluss kommen: Wenn wir jetzt nichts tun, wird das, was wir jetzt noch ein überschaubares Problem nennen, das Fundament der ganzen Gesellschaft untergraben.

Angesichts dieser dramatischen Problemwahrnehmung nehmen sich die bereits verwirklichten und angekündigten Maßnahmen und Vorschläge geradezu bescheiden aus. Doch der Kreuzzug gegen Fette gewinnt an Fahrt, und seine Protagonisten intervenieren mit einer Vielzahl von Initiativen und Maßnahmen an Schulen, in Kindergärten, in Betrieben und auf Gemeindeebene. Die Aufmerksamkeit richtet sich dabei – wie oben bereits angedeutet – überwiegend auf die kommenden Generationen. Zwar ist Adipositas ein Phänomen das vor allem im höheren Lebensalter auftritt, doch gelten die dicken Kinder von heute als die Adipösen von morgen und eine Intervention bei den Kleinsten damit als besonders viel versprechend und nachhaltig. Mit dieser Begründung verschwinden in den USA und Großbritannien, aber auch in Deutschland bereits Schokoriegel, Gummibärchen und Soft Drinks aus den Schulen; Großbritannien führt rund um seine Lehrstätten Junk-Food-Bannmeilen ein, in denen z.B. die im Königreich so beliebten mobilen Fish & Chips-Buden nicht mehr anhalten dürfen (Mc Millan 2006). An Modellschulen in England werden Essensauswahl und Kalorienzufuhr der Kinder per Fingerabdruck gespeichert und die Eltern regelmäßig über das Ernährungsverhalten ihrer Zöglinge informiert (Sherman 2006). Singapur hat seinen Pummelchen nicht nur den Fast Food Genuss in den Schulmensen untersagt, sondern sie von der ersten bis zur Abschlussklasse in verpflichtende zusätzliche Sportkurse gesteckt – selbst in den Pausen müssen die Übergewichtigen zur Gymnastik antreten (Wong Maye-e 2004). Zwar wird das Programm aufgrund massiver Elternproteste im kommenden Schuljahr zugunsten eines holistischen Ansatzes eingestellt (AP 2007), ein Diskussionspapier des britischen Wissenschaftsministeriums indes lobt das Singapurer Modell als besonders effektiv. Gleichzeitig will man auf der Insel durch regelmäßige Reihen-Wiegungen die Voraussetzungen für eine zielgerichtete Intervention schaffen (Foresight 2006).

Ähnlich verfährt man bereits in Schleswig-Holsteinischen Kindergärten: Dort wird seit zwei Jahren ein „Frühwarnsystem" zur Bekämpfung von Adipositas „aufgebaut, das möglichst viele Personen für das Problem sensibilisiert und ein kompetentes Hilfesystem aus Akteuren verschiedener Fachgebiete wie z.B. Ernährung, Bewegung und Entspannung" (OptiKids 2006: 1) bilden soll. Um sich ein möglichst flächendeckendes und vollständiges Bild über Adipositas bei Kindern zu machen, werden „jeweils zu Beginn und Ende des Kindergartenjahres der BMI der Kinder festgehalten und ein Bewegungstest durchgeführt" (ebd.: 2). Gleichzeitig „werden ErzieherInnen und Eltern zum Ernährungs- und Bewegungsverhalten der Kinder in Kindergarten und Zuhause befragt. (…) Zudem können einerseits in ihrem Essverhalten auffällige Kinder, die unter Umständen übergewichtig werden könnten, erfasst und gezielt beraten beziehungsweise unterstützt werden, zum anderen werden Kinder, die bereits im Kindergartenalter die 90er Perzentile überschreiten, an Hilfeangebote weiter vermittelt" (ebd.).

In Niedersachsen wiederum wurde 2005 eine flächendeckende Datenbank für Fitnesswerte von allen rund 750.000 Schülerinnen und Schülern von der ersten bis zur zehnten Klasse eingerichtet. Die Schulreife markiert hier zugleich die Reife für eigenverantwortliches Handeln: Seit Juli 2005 können Schülerinnen und Schüler über ein internetgestütztes System mit eigenem passwortgeschützten Zugang „ihre im Sportunterricht der Schule einmal jährlich erhobenen Fitnesswerte vergleichen, einordnen und Anregungen und Motivation zur Verbesserung gewinnen" (Fitnesslandkarte Niedersachsen, 2005). Hintergrund der Aktion ist die Sorge des niedersächsischen Kultusministers Busemann (und seiner Mitstreiter aus Sportverbänden und Krankenkassen) um die Fitnesswerte der Kinder und Jugendlichen in Niedersachsen: Diese lägen unterhalb des Bundesdurchschnitts und würden seit dem Jahr 2000 stetig absinken (Fitnesslandkarte Niedersachsen 2006). Zwei Jahre nach der Einführung hat der Fitnesstest zwar noch keine verlässlichen Werte geliefert, dafür aber viel Chaos und Ärger bei Sportlehrern, Eltern und Schülern verursacht: Moniert wurden u. a. die komplizierte Dateneingabe, der ungeklärte Datenschutz, der immense Zeitaufwand sowie der zweifelhafte Sinn der Übungen (Stadtelternrat Hannover 2006).

Und schließlich wird den Fetten mittlerweile auch auf nationaler Ebene der Kampf angesagt: In Großbritannien warnen so genannte Lebensmittelampeln vor hohen Fett-, Salz- und Zuckeranteilen, und die Stadt New York hat ebenso wie Dänemark die als besonders problematisch angesehenen Transfettsäuren kurzerhand komplett verboten (Okie 2007). Fett- und Zuckersteuern werden nicht länger als exotische Hirngespinste, sondern als ernst gemeinte Lösungsvorschläge diskutiert. Werbeverbote sind in Großbritannien zumindest im Umfeld von Kinderfernsehsendungen bereits Realität (Food Standard Agency 2007).

Vor dem Hintergrund dieses allgemeinen Alarmismus einerseits sowie der daran geknüpften, vielfältigen und zum Teil auch recht drastischen Interventionen und Maßnahmen andererseits erscheint es uns durchaus legitim, von einem Kreuzzug gegen Fette (in der doppelten Bedeutung des Begriffes) zu sprechen. Dabei erfolgen sowohl die Problematisierung als auch die Bekämpfung des Übergewichts in einem gesellschaftlichen Umfeld, in dem der Wert der Gesundheit eine beachtliche Aufwertung erfahren hat: „Gesundheit", so etwa Ilona Kickbusch (2006: 5), „wird allgegenwärtig und das derzeitige Gesundheitswesen wird zum Nebenschauplatz, wenn es um Gesunderhaltung geht. Es braucht von daher eine neue Gesundheitspolitik, die diesem Namen auch verdient." Geht es nach Kickbusch, dann findet diese neue Gesundheitspolitik in einer Gesellschaft statt, die sie als „Gesundheitsgesellschaft" bezeichnet und die sie als Ergebnis der „dritten Gesundheitsrevolution" versteht: Nachdem im späten 19. und beginnenden 20. Jahrhundert die „erste Gesundheitsrevolution" durch Investitionen in die Trink- und Abwasserversorgung, durch regulierten Arbeitsschutz und die Einführung der Schulpflicht sowie verbesserte Ernährung und Wohnbedingungen etc. zum weitgehenden Verschwinden der Infektionskrankheiten und zu einer stark angestiegenen Lebenserwartung geführt habe, habe die „zweite Gesundheitsrevolution" – jedenfalls in den entwickelten Ländern – durch sozialstaatliche Interventionen eine weitgehende Teilhabe breiter Bevölkerungsschichten am medizinisch-technischen Fortschritt garantiert. Bei der dritten Gesundheitsrevolution, deren Zeugen wir gegenwärtig würden, gehe es hingegen um die Förderung der Gesundheit in den vielfältigen Lebenswelten des modernen Alltags. Dabei sei das vorrangige Ziel nicht (mehr) die Behandlung von Krankheiten, sondern deren Verhinderung (Prävention) sowie die Förderung von Gesundheit bzw. gesundheitsförderlichen Strukturen (vgl. Kickbusch 2006: 103ff.).

Erreicht werden sollen diese Ziele der Prävention und Gesundheitsförderung durch eine „gesundheitsfördernde Gesamtpolitik", die unterschiedliche Methoden und Ansätze verhaltens- und/oder verhältnisorientierter Interventionsformen zur Anwendung bringt und sich dabei auf Information und Aufklärung, Empowerment sowie grundlegende soziale und politische Veränderungen stützt: „Gemeinsam ist allen diesen Interventionsformen, dass sie in letzter Konsequenz (wenn auch mit unterschiedlicher Intensität) auf eine Verhaltensänderung der jeweiligen Ziel- oder Bevölkerungsgruppe zielen, mithin Reaktion auf unerwünschtes Verhalten sind. Auch wenn diese Interventionsformen in der Praxis nicht immer deutlich unterschieden werden können, so bilden doch die Gesundheitsinformationen (also Information und Aufklärung) idealtypischerweise die Basis einer (gestuften) gesundheitsfördernden (und durchaus emanzipativ gemeinten) Gesamtpolitik" (Schmidt-Semisch 2007: 15f.).

Allerdings, so Kickbusch (2006: 6), drohe die Gesundheitsgesellschaft durch eine immer größer werdende Informationsflut ihre eigenen Grundlagen zu untergraben. Daher reiche es nicht aus, wenn Informationen einfach nur bereitgestellt würden, vielmehr müssten die Bürger selbst Gesundheitskompetenz entwickeln, um sich im Dschungel der Informationen, Produkte und Dienstleistungen nicht zu verlieren. Dass ein Zuviel an Informationen letztlich mehr Schaden als Nutzen bringen kann, dafür ist das Adipositas-Problem ein gutes Beispiel: Jahrzehntelang wurden Übergewichtigen bzw. solchen, die sich dafür hielten, immer neue Diäten und Abspeckkuren serviert, die sich im Nachhinein allesamt als nutzlos, wenn nicht gar als kontraproduktiv erwiesen[2]. Heute sind Diäten als Generalprophylaxe aus dem medizinischen Behandlungskatalog zwar verschwunden, geblieben ist jedoch eine Vielzahl von Ernährungsinformationen, die sich häufig widersprechen und nicht selten wechselseitig ausschließen. Experten reagieren zunehmend gereizt auf den Hinweis, dass sie ihren Adressaten wenig Substantielles bieten können. So formulierte die Deutsche Gesellschaft für Ernährung im Juni 2007 in einer Pressemitteilung: „Widersprüchliche Berichte über die Ursachen dieser Entwicklung [gemeint ist die steigende Prävalenz von Übergewicht und Adipositas, d.A.] mögen zwar unterhaltsam sein, bestärken allerdings die Menschen darin, ihre Essentscheidungen und ihr Bewegungsverhalten auch weiterhin aus dem Bauch heraus mit den bekannten Folgen für den Bauchumfang zu treffen". Es sei doch hinlänglich bekannt, „dass die Bevölkerung nicht bereit ist, eigene Ernährungs- und Lebensgewohnheiten zu überdenken oder sogar zu ändern, solange sie das Gefühl haben, dass noch ein erheblicher Dissens unter den Experten herrscht". Dabei seien sich „im krassen Gegensatz zur öffentlichen Wahrnehmung (…) nicht Interessen geleitete Wissenschaftler und zur Neutralität und Objektivität verpflichtete Fachgesellschaften über die Verbreitung, Ursachen sowie notwendigen Präventionsmaßnahmen in Sachen Übergewicht weltweit weitgehend einig" (DGE 2007).

In der Realität stellt sich dieser Sachverhalt freilich komplizierter bzw. umstritten dar, wie ein Blick in die zahlreichen medizinischen Fachzeitschriften unschwer erkennen lässt. Doch ganz falsch ist die Aussage trotzdem nicht: Das Gros der Experten und vor allem die international agierenden Organisationen wie die WHO, die IASO oder die IOTF[3] sowie die nationalen halbstaatlichen und staatlichen Ernährungsinstitute sind sich tatsächlich weitgehend einig darin, was zu tun ist. Im Ärzteblatt bringen Deutschlands führende Adipositasexperten es sehr klar auf den Punkt: Maßnahmen, die notwendig wären, um den Trend bei Adipositas und Übergewicht umzudrehen, „entsprechen (…) nicht den gegenwärtig häufigen Wertvorstellungen und Wünschen der Menschen, die eher durch Gewinn, Konsum, Genuss und Lebensfreude charakterisiert sind. Die genannten Strategien würden deshalb zu erheblichen Einschnitten in die Gesellschaft führen. Hiervon wären nicht nur übergewichtige, sondern auch normalgewichtige Personen betroffen. Keine der genannten Maßnahmen hat eine ausreichende wissenschaftliche Evidenz. Aber die bisherigen Präventionsstrategien zur Be-

---

[2] „Kaum eine Krankheit wird mit so unwirksamen und manchmal sogar kontraindizierten Mitteln und Methoden ‚behandelt' wie die Adipositas", schrieb z.B. einer der führenden Adipositas Experten in der Bundesrepublik, Volker Pudel (2001: 953; vgl. auch Klotter 2007: 218ff.).
[3] Die Weltgesundheitsorganisation (WHO) und die einflussreichen Lobbygruppen, die Internationals Association for the Study of Obesity (IASO) sowie die International Obesity Task Force (IOTF) setzen auf bevölkerungsbezogene Maßnahmen, die den Zugang zu „ungesunden" Lebensmitteln erschweren sollen.

kämpfung des Rauchens deuten darauf hin, dass nicht immer gewartet werden muss, bis sich eine spezifische Maßnahme als nachweislich wirksam herausstellt" (Müller/Reinehr/Hebebrand 2006: A 338).

Ganz offensichtlich also reicht es nicht aus, die Individuen – so wie bisher – zu informieren und zu empowern: Oder warum, so Kickbusch (2006: 54f.), „leben so viele Menschen trotz eines hohen Informationsstandes und vieler Gesundheitsprodukte nicht gesund?" Warum sind, trotz der verbreiteten Bekanntheit der gesundheitlichen Folgen, 200 Millionen Europäer „nicht nur übergewichtig, sondern fettleibig? Das ist kein Resultat rein individueller Lifestyle-Entscheidungen, sondern das Ergebnis struktureller Veränderungen unserer Lebensweisen, des Marktes und der Nahrungsmittelproduktion." Dementsprechend, so Kickbusch weiter, müsse umgedacht und eine neue Art von Gesundheitspolitik installiert werden, die grundlegende soziale und politische Veränderungen bewirken könne. D.h. wenn sich die Individuen – trotz aller Informierung durch Experten – doch regelmäßig „falsch" entscheiden, „weiche" Interventionen auf individueller Ebene also nur wenig Erfolg versprechend sind, dann stellt sich die Frage, ob und wie dieses Verhalten (ggf. auch jenseits von Gesundheitskompetenz und Empowerment) durch politische Entscheidungen und Maßnahmen verändert werden kann bzw. verändert werden darf.

Zwar ist man, wie das o.g. Zitat von Müller, Reinehr und Hebebrand zum Ausdruck bringt, in Deutschland noch vorsichtig im Hinblick auf rigidere Maßnahmen, z.B. weil sie „nicht den gegenwärtig häufigen Wertvorstellungen und Wünschen der Menschen, die eher durch Gewinn, Konsum, Genuss und Lebensfreude charakterisiert sind", entsprechen. Für Kickbusch hingegen sind das keine stichhaltigen Einwände: „So ganz verständlich sind diese Argumente nicht: (...) Wie ist es der Freiheit dienlich, wenn man als Unterschichtskind schon in der Schule Zugang zum Soft Drink Automaten hat und wenn die Portionen im Burgershop immer größer werden? Dient es der Freiheit sich selbst zu schädigen und die Allgemeinheit dafür zahlen zu lassen? (...) Macht es Spaß, wenn man wegen Übergewicht nicht an der Turnstunde teilnehmen will?" (Kickbusch 2006: 53).

Grundsätzlich stellen die Überlegungen zum Wie der Verhaltensänderung dabei auf zweierlei ab: Erstens auf „Masse", d.h. auf eine Vielzahl von Strategien und Maßnahmen[4], und zweitens auf die Eigenverantwortung der Individuen, was nichts anderes bedeutet, als „dass diejenigen Menschen, die nicht bereit sind, Ihre Lebensweisen zu ändern und entsprechende Verantwortung für ihre Gesundheit zu übernehmen, die Konsequenzen für ihr Fehlverhalten dann selbst tragen müssen" (Naidoo/Wills 2003: 93). Hinter solchen Überlegungen wieder-

---

[4] „Um Verhaltensänderungen herbeizuführen, bedarf es – da sind sich inzwischen fast alle Epidemiologen einig – wegen der Vielzahl der beeinflussenden Faktoren auch einer Vielzahl von Maßnahmen in der Lebensumwelt" (Kickbusch 2006: 56).

um scheint als Grundannahme der skizzierten Interventionspolitik auf, dass Krankheit grundsätzlich vermeidbar ist, wenn das Individuum nur ein ausreichendes Informations- und Risikomanagement betreibt und einen adäquaten Lebensstil pflegt. „Was aber ist mit jenen, die sich nicht an die Normen der Gesundheitsgesellschaft halten wollen oder halten können? Die Übergewichtigen und die Cholesterin-Junkies, die Raucher und die Bewegungsmuffel u.v.m., sie alle werden im Kontext einer ‚gesundheitsfördernden Gesamtpolitik' zu ‚Präventionsverweigerern', die gegebenenfalls mit schärferen Maßnahmen zu ihrem Glück gezwungen werden müssen" (Schmidt-Semisch 2007: 18).

Die Gesundheitsgesellschaft reagiert zunehmend intolerant auf alle, die von ihrem Ideal eines vernünftigen und gesunden Lebens abweichen. Wer sich z.B. nicht an die engen Gewichtsvorgaben anpassen kann oder will, muss mit Sanktionen rechnen. Auf diese Weise unterstützt und härtet der medizinisch-politische Diskurs um die richtigen Körpermaße das ohnehin schon rigide Schönheitsideal und macht den Dicken das Leben durch administrative Maßnahmen zusätzlich schwer: Bewerber im öffentlichen Dienst mit einem BMI größer 30 werden nicht verbeamtet, und an Wohlverhalten und Idealgewicht geknüpfte Krankenkassentarife werden diskutiert. Zugleich werden nun auch im Bereich Ernährung zahlreiche Maßnahmen ergriffen oder in die Debatte eingebracht, die man bereits aus dem Kampf gegen den Tabak kennt: Nach dem Motto „copy and paste" werden Warnhinweise gefordert, Sündensteuern diskutiert, Überwachungs- und Kontrollsysteme installiert sowie räumliche Verbotszonen und andere Verkaufsbeschränkungen eingeführt – gerade so, als sei Essen eine Ansammlung von Nährstoffen, bei denen trennscharf zwischen Gut und Böse, zwischen gesundheitsfördernd und gesundheitsgefährdend unterschieden werden könnte.

In einer Zeit, in der Moral, Tradition und Religion keine allgemein gültigen Argumente mehr gegen abweichendes Verhalten bereit halten (können), liefert nun Gesundheit das ideologische Rüstzeug, welches – gerade auch im Kontext einer neoliberalen, ökonomisch orientierten Rationalität – den Eingriff in die Privatsphäre der Menschen legitimiert (vgl. hierzu auch Klotter 2007: 114ff.). Wer seine Gesundheit nicht schützt – so diese Denkungsart – gefährdet nicht nur sich selbst, sondern die gesamte Gesellschaft: „Kein Gesundheitssystem der Welt", so hat es z.B. Renate Künast (2004: 14) formuliert, „kann bewältigen, was Übergewicht und Fettleibigkeit uns an immensen Kosten aufbürden, kein Sozialsystem aufbringen, was Millionen Arbeitsunfähiger benötigen." Was so verheerende Schäden anrichtet, das kann in einer solchen Sichtweise nicht länger als individuelles Problem abgetan werden; wo es den Standort zu verteidigen gilt, kann man auf individuelle Befindlichkeiten oder (ungesunde) kulinarische Prioritäten nicht länger Rücksicht nehmen: Gesundheitsschädliches Verhalten ist unsoziales Verhalten, individuelle Freiheitsrechte müssen da zurückstehen. Der

„War on Fat" (den US-Präsident George Bush 2002 parallel zum „War on Terror" ausrief; Vulliamy 2002), so legt es jedenfalls der Künastsche Duktus nahe, ist auch in Deutschland unvermeidlich: „Was wir brauchen ist eine Art Mobilmachung. Wir müssen uns auf einen langen zermürbenden Wettkampf um jedes Gramm einstellen, der uns sicher auch Rückschläge bescheren wird (...) Je eher wir anfangen, desto niedriger ist der Berg, den wir abtragen müssen. Jedes Pfund, das nicht auf unseren Rippen lastet, ist ein Erfolg" (Künast 2004: 28).

Zwar weisen die Protagonisten der Gesundheitsgesellschaft, wie z.b. eben auch Kickbusch (2006: 146), allzu rigide oder gar repressive Interventionen (noch) zurück und konzeptualisieren die Gesundheit des 21. Jahrhunderts als „ein durch und durch demokratisches und reflexives Projekt", das sich „gegen die totalitäre Dimension der Perfektion" zu positionieren habe. Zugleich aber wird der Ton der „Anti-Fett-Kämpfer" seit einiger Zeit schärfer, der Verweis auf die ökonomischen Folgen eindringlicher und die diskutierten und geforderten Programme und Interventionen nehmen an Rigidität zu. Insofern gilt zweifellos auch für den Bereich von Übergewicht und Adipositas im Besonderen, was Bröckling für Präventionsprogramme im Allgemeinen formuliert: „Präventionsprogramme gleichen Kreuzzügen, ihre Logik ist die der antizipierenden Säuberung: Gegen welches Übel auch immer sie antreten, es soll eliminiert werden. Selbst wenn ein endgültiger Sieg den Protagonisten utopisch erscheint und sie sich mit bescheideneren Vorgaben zufrieden geben, als regulative Idee leitet dieses Ziel ihre Praxis".

Vor diesem Hintergrund fragt der vorliegende Sammelband weniger in ätiologischer Manier nach den Gründen für Adipositas, sondern beschäftigt sich eher mit den unterschiedlichen Aspekten ihrer Problematisierung: Warum konnte Adipositas in den vergangenen Jahren diese ungeheure mediale und politische Aufmerksamkeit auf sich ziehen? Wie war es möglich, dass das Übergewicht von einem individuellen Problem, dass bestenfalls noch für ein medizinisches Fachpublikum von Interesse war, zur Schicksalsfrage moderner Gesellschaften werden konnte? Wie wird Adipositas in unterschiedlichen gesellschaftlichen Bereichen problematisiert? Welches Menschbild scheint hinter diesen Problematisierungen auf? Wie wirken diese Problematisierungen zurück auf die jeweiligen Lösungsvorschläge? Solche und ähnliche Fragen werden in den Beiträgen des Buches behandelt.

Zunächst fragt *Christoph Klotter*, wie es möglich ist, dass eine Gesellschaft, die sich ihrer individuellen Freiheitsrechte und ihrer demokratischen Errungenschaften rühmt, gleichzeitig abweichende Verhaltensweisen und Körperformen immer rigider kontrolliert und sanktioniert, ohne darin einen Widerspruch zu erkennen. Von der Diätetik der Antike – der normative, für alle geltende Körpermaße noch fremd waren – bis zu den kulturellen und medizingeschichtlichen

Wurzeln des modernen Schlankheitsideals zeigt Klotter in seinem ideengeschichtlichen Rückblick, wie die gesellschaftliche Thematisierung der Adipositas auf die unterschiedlichsten Weisen in der gesamten abendländischen Geschichte zur Kontrolle der Körper genutzt wurde.

Uwe Spiekermann plädiert in seinem Beitrag für eine Versachlichung der wissenschaftlichen und öffentlichen Debatte über die Körperentwicklung der Deutschen. Anhand historischer Analysen von Messdaten, die bis ins 19. Jahrhundert zurückreichen, zeigt er, wie sich die Körperformen innerhalb von zwei Jahrhunderten substantiell veränderten. Dabei wird klar, dass das Fundament für die gegenwärtige „Adipositas Epidemie" schon in den späten 1950er Jahren gelegt wurde. Anhand zahlreicher Abspeckkampagnen aus den 1960er und 1970er Jahren, die eine ähnliche Problemwahrnehmung wie heute dokumentieren, kann Spiekermann eindrucksvoll aufzeigen, dass die Thematisierung eines weit verbreiteten Übergewichts kein Phänomen der letzten Jahre ist und dass sich im 20. Jahrhundert die Körper selbst ebenso schnell verändert haben wie die kulturellen Körperdeutungen: Waren bis in die 1960er Jahre füllige Körper weitgehend positiv assoziiert, sollte sich dies mit den gesellschaftspolitischen und kulturellen Brüchen am Ende des Jahrzehnts schlagartig ändern. Im Fazit plädiert Spiekermann für einen stärkeren kulturwissenschaftlichen und historischen Beitrag im gegenwärtigen Diskurs um Übergewicht und Körperdeutungen.

Der folgende Beitrag von *Friedrich Schorb* ist der Versuch – vor dem Hintergrund unterschiedlichster Definitionen und Ansätze – Ordnung in den gegenwärtigen Adipositas-Diskurs zu bringen. Idealtypisch betrachtet, so Schorb, lassen sich dabei vier Thematisierungsvarianten unterscheiden: Erstens der prominent von der WHO vertretene Ansatz, wonach es sich bei Adipositas um eine Epidemie handele, die insbesondere auf eine veränderte Umwelt zurückzuführen sei, welche wiederum dem Menschen biologisch nicht mehr entspreche; zweitens die Annahme, bestimmte Nahrungsmittel machten geradezu zwangsläufig süchtig, dumm, aggressiv oder eben dick; drittens ein individualisierender Ansatz, der die Ursachen der Adipositas nicht in gesellschaftlichen oder biologischen Bedingungen sucht, sondern die Verantwortung des Einzelnen für sein Gewicht betont und Adipositas als „abweichendes Verhalten" versteht; und schließlich viertens den Gegendiskurs der „Size Acceptance-Bewegung", die Adipositas im Kontext körperlicher Vielfalt verstanden wissen möchte und deshalb das Leitbild des „fitten Fetten" propagiert – ein Ansatz, der sich allmählich auch in der Wissenschaft zu etablieren scheint.

Uwe Helmerts Stellungnahme zur aktuellen Diskussion um eine angebliche Adipositas-Epidemie in Deutschland setzt sich kritisch mit der Interpretation von statistischen Aussagen über die Betroffenheit der Bevölkerung durch Übergewicht und Adipositas auseinander. Der Vergleich von Studien, die mit unterschiedlichen Methoden und zu verschiedenen Zeitpunkten erhoben wurden, führe, so Helmert, zu einer fragwürdigen Darstellung der Adipositasproblematik in Öffentlichkeit und Politik, die sich zum Beispiel in wissenschaftlich nicht haltbaren Äußerungen wie „Die Deutschen sind die Dicksten in Europa" manifestiere. Der Beitrag kritisiert zudem die vorherrschende Thematisierung der ökonomischen Effekte von Adipositas und Übergewicht, die einseitig auf Folgekosten für das öffentliche Gesundheitswesen insistiere, ohne die Profiteure der Thematisierung und Behandlung von Adipositas und Übergewicht auch nur zu erwähnen. Unterbelichtet bleibe in der gegenwärtigen Debatte auch die Kehrseite des Schlankheitsideals: Untergewicht und Essstörungen.

Der Beitrag von *Rogan Kersh und James Morone* diskutiert vor dem Hintergrund einer historischen Analyse den Stand der gegenwärtigen Anstrengungen der US-amerikanischen Anti-Fett-Politik. Im gleichen Maße, wie die Sorge über steigende Adipositasraten in der US-amerikanischen Öffentlichkeit wachse, konkretisierten sich die Debatten um mögliche politische Interventionen. Trotz des Mythos von Individualismus und Selbstverantwortung als amerikanische Urtugenden verfügten die USA über eine lange Tradition staatlicher Einflussnahme in privates Verhalten. Anhand historischer Parallelen der staatlichen Intervention in vier private Bereiche – Alkohol, Drogen, Tabak und Sexualität bzw. Familienplanung – identifizieren Kersh und Morone sieben Voraussetzungen, die erfüllt sein müssen, bevor amerikanische Regierungen in intime Verhaltensweisen eingreifen. Der Diskussion darüber, welche Voraussetzungen für eine staatliche Intervention im Bereich Adipositas und Nahrungsmittelkonsum bereits erfüllt wurden, folgt die Analyse dessen, was die Regierung in diesem Feld schon unternommen hat und was sie zukünftig unternehmen könnte.

Als symbolische Bekämpfung von Armut will *Friedrich Schorb* den „War on Fat" in seinem Beitrag „Keine Happy Meals für die Unterschicht!" verstanden wissen. Im Kontext der jüngeren Debatten über die neue Unterschicht wie auch über eine vorgebliche „Kultur der Armut" werde Adipositas zunehmend zum sichtbaren Ausdruck aller jener Verhaltensweisen, die man dem so genannten „white trash" zum Vorwurf mache: körperliche Untätigkeit, exzessiver Medienkonsum, übermäßiger Verzehr von Fast Food etc. Insofern, so Schorb, könne man den gegenwärtigen Adipositas-Diskurs durchaus als einen Klassen- oder Schichtkonflikt lesen, woran auch die Berufung auf naturwissenschaftliche Erkenntnisse nicht grundsätzlich etwas ändere. Schorb illustriert seine These unter anderem mit den Ereignissen rund um die Auseinandersetzungen um gesundes Schulessen in Großbritannien.

Unter Rückgriff auf Foucault analysiert *Stefanie Duttweiler* die „Plattform Ernährung und Bewegung (peb)" exemplarisch als ein wesentliches Element der aktuellen „Bio-Politik der Bevölkerung", deren Merkmal es sei, Gesundheitsproblemen oder -risiken (wie etwa Adipositas) präventiv im Spannungsfeld von Subjekt und System zu begegnen. New Public Health versteht Duttweiler dabei als ein Macht-Wissens-Regime, dem es um die Regulierung und Kontrolle des individuellen wie des gesellschaftlichen Körpers gleichermaßen gehe. Theoretisch schlage sich dies zwar in der Unterscheidung zwischen Verhaltens- und Verhältnisprävention nieder; praktisch bedeute es aber die Adressierung sämtlicher gesellschaftlicher Akteure sowie jedes Einzelnen, was die Grenzen von Prävention zunehmend verwische bzw. ausweite und zu einer Universalisierung des Verdachts führe. Die damit zugleich verbundene Expansion politischer Interventionen bedeute allerdings nicht, die Einzelnen zu entmündigen, vielmehr produziere sie im Gegenteil eine Steigerung ihrer Verantwortlichkeit – für sich selbst sowie die Gesellschaft im Ganzen.

Der Beitrag von *Eva Kreisky* befasst sich mit der Metapher vom schlanken Staat und den korrespondierenden Körperbildern im Neoliberalismus. Staat und Gesellschaft, so Kreisky, würden seit jeher in Analogien zum menschlichen Körper beschrieben, und so sei auch in den aktuellen politischen und ökonomischen Diskursen viel vom schlanken Staat und schlanken Unternehmen, von lean management und von abgespeckten bzw. entschlackten Abläufen und Strukturen die Rede. Diese Metaphern fänden ihre reale Entsprechung in den dominierenden Vorstellungen davon, wie ein gesunder leistungsfähiger Körper auszusehen habe. Nicht nur für die Unternehmenskörperschaft oder für den Staatskörper, sondern auch für den leiblichen Körper der Marktsubjekte gelte das Prinzip des Höher, Schneller, Weiter bei gleichzeitigem Zwang zur Nachhaltigkeit und Ressourcenschonung. Neoliberale Körperpolitiken beschränkten sich nicht auf Appelle an den selbstverantwortlichen Umgang mit dem eigenen Körper und überließen – im scheinbaren Gegensatz zu ihren antietatistischen Prämissen – die Umsetzung der Gesundheits- und Gewichtsimperative nicht allein den Individuen. Stattdessen erklärten sie die übergewichtigen Körper zum öffentlichen Problem und damit zum Gegenstand staatlicher Intervention – einer Intervention freilich, die sich weniger gegen die Ursachen des Übergewichts als gegen die Übergewichtigen selbst richte.

In welchem Verhältnis der aktuelle Alarmismus hinsichtlich des Übergewichts zu den neuen und alten Normierungen von vergeschlechtlichten Idealkörpern steht, diese Frage stellt sich *Carmen Gransee*. Dabei vertritt sie die These, dass Gesundheitspolitik zwar einerseits das Recht habe, gesundheitsabträgliche Verhaltensweisen auch als solche zu thematisieren, dass man aber umgekehrt immer auch die Konsequenzen dieser Thematisierungen mitreflektieren müsse. Gerade im Bereich des Körpergewichtes könne eine pauschale Stigmatisierung von Übergewichtigen unbeabsichtigte Folgen haben, z.B. könne etwa die „tendenzielle Verstetigung von Schlankheitsidealen, beispielsweise für junge Frauen, aber auch für junge Männer in der Adoleszenz in psycho-somatischer Hinsicht problematisch" werden. Vor diesem Hintergrund, so Gransee weiter, sei es gerade mit Blick auf die Adipositas-Debatte auch für die Gesundheitswissenschaften angezeigt, das analytische Instrumentarium der Genderforschung noch stärker als bisher zur Geltung zu bringen.

Paula-Irene Villa und Katherina Zimmermann interessiert der Körper als jener Ort, an dem sich das Politische materialisiert und „soziale, politische und kulturelle Verhältnisse den Menschen unter die Haut gehen." Zugleich, so die Autorinnen, gehe es dabei immer auch um die Grenzziehungen zwischen dem „natürlichen" Körper und den sozial „gemachten" Veränderungen dieses Körpers. Diese kulturelle Dichotomie von „sozial vs. natürlich" spiegele sich auch in den derzeitigen öffentlichen Thematisierungen des Körpergewichts in augenfälliger Weise wider, etwa wenn schon mit dem Begriff *Über*gewicht davon ausgegangen werde, dass ein „weniger" an Gewicht die (natürliche) Norm sei. Um diese Verbindungen zwischen Norm und Abweichung frei zulegen, arbeiten Villa und Zimmermann die historisch je spezifischen Semantiken des „Monströsen" heraus, „die stets zugleich als die Kehrseite des modernen Phänomens der ‚Normalität' mit-konstituiert werden." In Anschluss daran folgt eine exemplarische Diskursanalyse zweier kurzer Texte, die zum einen der Zeitschrift „Brigitte" und zum anderen dem Internetportal von „Weight Watchers" entnommen wurden.

Jörg Niewöhner vollzieht anhand des metabolischen Syndroms – der Kombination der Risikofaktoren Übergewicht, erhöhte Cholesterinwerte und Bluthochdruck – den Praxistest für das Konzept der Biosozialität. Biosozialität, so Niewöhner, impliziere eine zunehmende wechselseitige Durchdringung von medizinischen Expertensystemen und sozialen Alltagen. Anstatt beide als voneinander getrennte Sphären zu betrachten, vermittle das der Biosozialität inhärente Prinzip der *translation* zwischen den beteiligten Akteuren. Dieses Prinzip der *translation* wird an zwei Fallbeispielen, der Ethnizität in der Diagnostik und der „Size Acceptance-Bewegung" untersucht. Im ersten Fall wird die nach Ethnien getrennte Erfassung von Risikofaktoren (wie Übergewicht und Bluthochdruck) von ethnischen Interessensgruppen positiv aufgegriffen und als Aufforderung zum Handeln an die eigene Community reformuliert. Im zweiten Fall opponieren die Klassifizierten gegen ihre Klassifizierung als Kranke, wirken durch ihre Kampagnenarbeit in die wissenschaftliche Praxis zurück und beeinflussen dort die Diskussion um die Klassifizierungskritierien.

Sind Medien Dickmacher, fragt der Beitrag von *Helga Theunert*, oder sind sie möglicherweise sogar Mittel zur Gesundheitsförderung. Im öffentlichen Diskurs würden Medien als ein wesentlicher Grund für Übergewicht bei Kindern beschrieben: Wer den ganzen Tag vor der Glotze respektive Spielkonsole sitze, verbrenne wenig Kalorien, stopfe aber, womöglich ohne es zu merken, um so mehr in sich hinein. Mediennutzung erscheine in der öffentlichen Vorstellung vorrangig als passive und monotone Beschäftigung, die kreativen Potentiale von Medien hingegen würden völlig ausgeblendet. Der Beitrag analysiert die soziale Funktion von Medien und diskutiert darauf aufbauend, welche Rolle Medien im Kontext gesundheitsrelevanter Themen einnehmen könnten. Die heutige Medienwelt, so das Fazit, sei komplexer als die gegenwärtigen Debatten vermuten ließen, und wer Medien als positive Verstärker in Sachen Gesundheitsförderung nutzen wolle, täte gut daran, die Mediennutzung von Heranwachsenden nicht auf messbare Größen zu reduzieren.

Abschließend konstatiert *Lotte Rose*, dass in der aktuellen Problemdebatte über Übergewicht und Adipositas die kulturellen Aspekte des Essens deutlich zu kurz kommen. Derzeit sei der Diskurs vor allem von Ursache-Wirkungs-Logiken dominiert, die Gesundheit als Produkt spezifischer Nahrungsmittel und Inhaltsstoffe konstruierten. Dieses rationale Muster, so Rose, sei eindimensional und unterkomplex, denn es reduziere Gesundheit auf einen schlichten physiologischen Input-Output-Zusammenhang. Viel wichtiger seien hingegen die gesellschaftlichen, sozialen und kulturellen Bedingungen der Nahrungsaufnahme, denn mit der Veränderung der gesellschaftlichen Verhältnisse verändere sich stets auch die Ernährungskultur. Wenn man also verstehen wolle, warum Menschen sich auf bestimmte Weisen ernährten, sei der Blick auf die sozialen Gestaltungen und ihre Veränderungen unverzichtbar: Mit dieser Intention skizziert Rose einige (zumeist ambivalente) Tendenzen, die das Essen in der heutigen Gesellschaft konturieren und deren Kenntnis bei Überlegungen zu Interventionen bei Übergewicht und Adipositas hilfreich sein können.

Literatur

Associated Press (2007): Singapore to Scrap Anti-Obesity Programm. http://www.washingtonpost.com/wp-dyn/content/article/2007/03/20/AR2007032001145.html, 20.03.2007.
Bröckling, U. (2004): Prävention. In: Bröckling, U./Krasmann, S./Lemke, T. (Hg.). Glossar der Gegenwart, Frankfurt, S.271-276.
DGE (2007): Ursachen für Übergewicht und Fettsucht sind hinreichend bekannt. DGE beklagt Verunsicherung durch plakatives Infotainment. In: DGE aktuell 03/2007. 05.06.2007.
Fitnesslandkarte Niedersachsen (2005): Kultusminister stellt Fitnesslandkarte Niedersachsen vor. Presseerklärung vom 13.07.05, www.fitnesslandkarte-niedersachsen.de/content/aktuelles/presseerklaerung.php

Fitnesslandkarte Niedersachsen (2006): Kultusminister stellt erste Ergebnisse des landesweiten Fitnesstests vor. Presserklärung vom 15.02.06, www.fitnesslandkarte-niedersachsen.de/content/aktuelles/presseerklaerung2.php

Foresight (2006): Trends and drivers of obesity: A literature review for the Foresight project on obesity. Office of Science and Technology. http://www.foresight.gov.uk/Obesity/Outputs/Literature_Review/Literature_review.htm

Food Standards Agency (2007): Restriction on TV advertising of foods to children come into force. www.food.gov.uk/news/newsarchive/2007/mar/tvads

Kickbusch, I. (2006): Die Gesundheitsgesellschaft. Megatrends der Gesundheit und deren Konsequenzen für Politik und Gesellschaft, Hamburg.

Klotter, C. (2007): Einführung Ernährungspsychologie, München und Basel

Künast, R. (2004a): Die Dickmacher. Warum die Deutschen immer fetter werden und was wir dagegen tun müssen, München.

Marantz, P.R. (1990): Blaming the victim: The negative consequence of preventive medicine. In: American Journal of Public Health Vol. 80, S. 1186-1187.

MacMillan, A. (2006): Chips van defies schools' health drive. In: Scotland on Sunday. 29.01.2006.

Müller, M./ Reinehr, T./ Hebebrand, J.(2006): Prävention und Therapie von Übergewicht im Kindes- und Jugendalter, In: Deutsches Ärzteblatt 103, S. 334 – 340.

Naidoo, J./Wills, J. (2003): Lehrbuch der Gesundheitsförderung. Bundeszentrale für gesundheitliche Aufklärung (Hg.), Hamburg.

Okie, S. (2007): New York to Trans Fats: You're Out!. New England Journal of Medicine 356, S. 2017-21.

Olshansky, S. et al. (2005): A Potential Decline in Life Expectancy in the United States in the 21st Century. In: New England Journal of Medicine 352, S. 1138-1145.

OptiKids (2006): www.dge.de/pdf/sh/Optikids.pdf

Schmidt-Semisch, H. (2007): Gesundheitsförderung als soziale Kontrolle oder: Ausschließungsprozesse (noch) jenseits des Strafrechts. In: Kriminologisches Journal, Jg. 39, S. 14-25.

Sherman, J. (2006): Schools fight fat with fingerprinting. Unhealthy eating habits could be banished as pupils have their fingers scanned at the dinner queue. In: The Times. 14.06.2006.

Stadtelternrat Hannover (2006): FITNESS – Dokumentation Stadtelternrat Hannover. http://www.stadtelternrat-hannover.de/fitness.htm

Tagesspiegel online (2006): Indigene Völker: Wegen Diabetes vom Aussterben bedroht. 13.11.2006.http://www.tagesspiegel.de/weltspiegel/Welt-Indigene-Voelker-Diabetes;art118,1871714

Vulliamy, E. (2002): Bush declares war on fat America. In: The Observer. 23.01.2002.

Wong Maye-e (2004): Singapore takes strict steps against obesity. Overweight kids sinled out for extra exercise in school. AP. 05.10.2004. http://www.msnbc.msn.com/id/6124732/

Wabitsch, M. (2003): Radeltour statt Langeweile. Wie wir unseren Kindern helfen. In: Gesundheit und Gesellschaft Spezial. 11/2003, S. 18-19.

Von der Diätetik zur Diät – Zur Ideengeschichte der Adipositas

Christoph Klotter

Einleitung

Als 1984 in Frankreich (und 1986 in Deutschland) sein Werk „Der Gebrauch der Lüste – Sexualität und Wahrheit 2" erschien, da wurde ersichtlich, dass Foucault „Sexualität und Wahrheit 1" (1977a) nicht einfach fortgesetzt hatte. Foucault hatte seinen Fokus deutlich verändert: von einer, vereinfacht formuliert, Geschichte der Sexualität hin zu einer Fragestellung, wie sich Menschen selbst gestalten, mit welchen Methoden sich Subjekte herstellen – auch bezüglich des Umgangs mit Sexualität. Dieses Thema bedeutete für Foucault auch die Hinwendung zur Antike, zu den antiken Texten, die das Abendland so entscheidend konfiguriert haben. Bei diesem Vorhaben stieß Foucault auf den Begriff der *diaiteia*, der Diätetik, die als Lehre von der Lebensweise übersetzt werden kann. Sie kreist um Fragen, wie etwa: Wie ernähre ich mich? Wie praktiziere ich Sexualität? Wie stark kontrolliere ich meine innere Natur? Welches Verhältnis gehe ich hiermit zu mir selbst ein? Diätetik stellt so einen selbst bestimmten Umgang mit sich selbst dar. Es gibt keine Religion, die vorschreibt, wie das Leben zu gestalten ist, es gibt keine quasi rechtsverbindliche wissenschaftliche Lehrmeinung, wie die Nahrungsaufnahme zu bewerkstelligen ist, vielmehr ist der freie Bürger aufgerufen, selbst zu definieren, wie der Umgang mit dem eigenen Körper und der Zugang zur Welt sein soll.

Heute ist uns dieser Begriff der Diätetik überwiegend fremd. Die Sexualität wird tendenziell als etwas begriffen, was sich *natürlich* Bahn bricht, was sich ereignet, aber weniger als bewusster Umgang mit sich selbst wahrgenommen wird. Bezüglich der Nahrungsaufnahme ist die Freiheit geblieben, zwischen verschiedenen Diäten auszuwählen, also zwischen unterschiedlichen Kostregimes. Wenn Diätetik im antiken Sinne als Lebenskunst verstanden werden kann, dann ist diese heute zu einem bestimmten Kostplan verkümmert. Die nahezu selbstverständliche Annahme, dass wir in Westeuropa als freie Bürger in einer freien Welt leben, ist mit diesem historischen Prozess von der Diätetik zur Diät etwas unterhöhlt. Den Idealen der Menschenrechte, der bürgerlichen Aufklärung (z. B. Ausgang aus einer selbst verschuldeten Unmündigkeit – Kant) und der Demokratie als neue Freiheiten korrespondieren möglicherweise neue Zwänge, mit denen die Subjekte reguliert und kontrolliert werden, vor allem über den Eingriff in den Körper. Auch das ist ein Grundgedanke von Foucault (1977b). Das Subjekt, das seine Regierung wählen darf, freie Meinungsäußerung besitzt und nicht willkürlich verhaftet werden darf, darf im Prinzip nicht darüber befinden, ob es schlank oder wohlbeleibt ist, ob es das Rauchen lassen oder nicht lassen soll. Denn im Falle der Entscheidung zur Wohlbeleibtheit drohen massive negative Sanktionen wie verbale Diskriminierung, schlechtere Chancen auf dem Arbeitsmarkt oder bei der Partnersuche. Die gesellschaftliche Thematisierung der Adipositas eignet sich vorzüglich zur Kontrolle der Körper und das nicht nur in unserer Zeit, sondern – wie ich im Folgenden darlegen möchte – auf die unterschiedlichsten Weisen in der gesamten abendländischen Geschichte.

Diätetik

Die von Hippokrates (460 – 377 v. Chr.) fundierte Diätetik umfasst die gesamte Lebensweise hinsichtlich dessen, was gesundheitsförderlich oder -abträglich ist. Sie bezieht sich auf die Bereiche Übungen, Speisen, Getränke, Schlaf und sexuelle Beziehungen (Foucault 1986: 131). Die bekannteste Systematisierung der Diätetik stammt von Galen (2. Jahrhundert n. Chr.). Sein System hat die abendländische Medizin 1500 Jahre lang beherrscht (Ackerknecht 1970). Galen unterscheidet zwischen den *res naturales*, also den natürlichen Dingen, welche die Gesundheit des Menschen ausmachen, den *res contra naturam*, also den Dingen, die die Gesundheit geschädigt haben, und den *res non naturales*, also den nicht natürlichen Dingen, die aus den Lebensbedingungen bestehen: 1. Licht und Luft, 2. Essen und Trinken, 3. Bewegung und Ruhe, 4. Schlafen und Wachen, 5. Stoffwechsel, 6. Gemütsbewegungen. Galen hat sich die Frage gar nicht gestellt, ob eher Umweltverhältnisse gesund bzw. krank machen oder ob das Individuum hierfür verantwortlich ist. Er umgeht das heute heiß diskutierte Problem, entweder Verhaltens- oder Verhältnisprävention zu präferieren, indem er selbstverständlich beides einbezieht. So ist für Galen die Bestimmung des Ausmaßes an sexueller Aktivität oder die Wahl der Getränke im Rahmen der Diätetik nicht abzulösen von der Berücksichtigung klimatischer oder jahreszeitlicher Bedingungen. Für Hippokrates oder Galen steht Gesundheit bzw. Krankheit in einem hoch komplexen System zahlreicher Dimensionen. Die naturwissenschaftliche Medizin, welche die Diätetik als vorherrschendes Modell im 19. Jahrhundert abgelöst hat, hat mit dieser Komplexität Schluss gemacht und Umweltbedingungen und psychosoziale Faktoren tendenziell ausgeklammert. Allerdings darf in diesem Zusammenhang nicht unerwähnt bleiben, dass dieses Ausklammern einen ungeheuren Innovationsschub für die Medizin bedeutet und so manches Leben gerettet hat. Somit gibt es eine erste Antwort auf die Frage, wie aus der Diätetik eine Diät geworden ist: durch Reduktion von Komplexität. So wie heute ein Medikament den Kopfschmerz besiegen soll, so soll eine bestimmte Diät Gesundheit und ewiges Leben gewährleisten.

Hippokrates und Galen hätten nicht nur über diese Reduktion den Kopf geschüttelt, sie wären auch verwundert gewesen, dass normativ ein rechtes Maß (die gesamte Diätetik kreist um das rechte Maß) für alle Menschen aufgestellt wird, wie z. B.: „Das Idealgewicht ist mit der höchsten Lebenserwartung verbunden. Alle Menschen müssen das Idealgewicht erreichen." Die Diätetik ist dagegen individuumszentriert. Für sie gibt es das rechte Maß nur unter Berücksichtigung des jeweiligen Individuums. Für die Diätetik dürften einige Menschen durchaus ein bisschen mehr wiegen und würden damit ihre Gesundheit schützen. Die sich im 19. Jahrhundert durchsetzende Normierung hat damit Schluss gemacht. Der Broca-Index oder der BMI gelten als Maßstäbe für alle Menschen, obwohl empirisch nicht bestätigt werden kann, dass z. B. ab der Grenze eines BMI von 25 Gesundheitsgefährdungen beginnen (Klotter 2007). Von der Diätetik zur Diät: Das ist dann auch der Weg von der Anerkennung der individuellen Unterschiede zur Norm. Diese Norm besitzt gesellschaftliche Relevanz (s.u.) und birgt in sich eine bestimmte Gesundheitsexperten-Patienten-Beziehung: Der Patient hat den Anweisungen der Gesundheitsexperten einfach Folge zu leisten. Dies nennt sich Compliance. Die Diätetik ist etwas grundlegend anderes: „Die Diätetik des Körpers muss, um verständig zu sein, um sich an die Umstände und den Augenblick richtig anzupassen, auch eine Angelegenheit des Denkens, der Reflexion, der Klugheit sein" (Foucault 1986: 11). Dieser Grundgedanke der Diätetik ist heute wieder aufgetaucht in neueren Konzepten wie shared decision making oder Partizipation, ohne dass ein Wissen darüber besteht, dass dies im Grunde uralte Ansätze sind.

Von der Dialektik zur Vorschrift

Compliance ist zwar immer noch eines der Zauberworte des heutigen Gesundheitswesens. Sie ist aber nicht in den heutigen Zeiten erfunden worden. Gab es in der griechischen Antike noch ein offenes und potenziell kontroverses Gespräch (dialegere: sich unterhalten) darüber, wie das Leben zu gestalten sei und wie körperliche Gesundheit bewahrt werden kann, so änderte sich dies bereits in der römischen Antike (Klotter 2000). Es war vor allem Seneca, ein Stoiker, der das offene Gespräch durch ein Lehrer-Schüler-Verhältnis ersetzte: Der Schüler muss den Anweisungen des Lehrers Folge leisten, quasi blind gehorchen. Die römischkatholische Kirche orientierte sich in ihrem didaktischen Konzept stark an Seneca: Die Gläubigen müssen das tun, was die Kirche vorschreibt, müssen das glauben, was die Kirche verkündet. Auch wenn Luther die Kirche als Institution anzweifelte und die Absicht hegte, zur Bibel zurück zu kehren, so übernahm er dennoch das traditionelle didaktische Konzept der Stoa und der römisch-katholischen Kirche: Die Gläubigen müssen nicht nur Gott gegenüber Rechenschaft ablegen, vielmehr müssen sie auch dem folgen, was die evangelische Kirche ihnen vorschreibt. In der Neuzeit setzt sich eine protestantische Ethik durch, die Pflichterfüllung, Leistungsfähigkeit, Gesundheit und Gottgefälligkeit als Synonyme verwandte (Labisch 1992). Krankheit wurde hingegen als Zeichen eines gottungefälligen Lebens begriffen. Es muss fast nicht erwähnt werden, dass Völlerei und Wohlbeleibtheit im Lichte der protestantischen Ethik als Sünden angesehen wurden. Es waren dann in den folgenden Jahrhunderten nicht nur die Priester, die alltagsbezogene Vorschriften machten, sondern auch die Verwaltung (die Medicinische Policey) oder die Wissenschaftler, also sozusagen säkularisierte Priester. Mit der Verwissenschaftlichung des Lebens im 19. Jahrhundert, mit der Aufklärungsphilosophie transformierte sich die protestantische Ethik in die Schlankheitsnorm. Von nun an erschien auf der manifesten Ebene Dicksein weniger als Ausdruck eines sündigen Lebens als eines gesundheitsabträglichen Verhaltens.

Von der Diätetik zur Diät, von der Dialektik zur Compliance – bei dieser Wahrnehmung der Geschichte könnte der Verdacht aufkommen, die Antike insgeheim zu verherrlichen. Unbedacht bleibt aber bei der vermeintlichen Glorifizierung, dass in der griechischen Antike nur einige männliche Bürger frei waren. Vielleicht ist Diätetik oder Dialektik nur in einer derart kleinen Gruppe möglich, nicht aber bei so großen *Zielgruppen*, wie sie das Christentum und der moderne Staat vor Augen haben. Es könnte allerdings auch sein, dass der Diät-Compliance-Ansatz aus der Angst vor der großen, vermeintlich unsteuerbaren Masse geboren ist, diese Angst aber nicht berechtigt ist. Sie führte und führt faktisch noch immer dazu, dass Elemente des Aufgeklärten Absolutismus unsere demokratische Gesellschaft durchdringen – z. B. im Versuch, den individuellen Körper gesellschaftlich zu kontrollieren. Es ist für uns, da wir alle vom Geist des Aufgeklärten Absolutismus durchtränkt sind, nahezu selbstverständlich, dass es einer Krankenversicherung gestattet ist, Bonuspunkte an die zu verteilen, die nicht rauchen und normalgewichtig sind, und entsprechend Malus-Punkte zu vergeben – anstatt dem Gedanken nachzugehen, dass es in der Verantwortung eines jeden liegt, sofern er andere gesundheitlich nicht beeinträchtigt, sich gesundheitsabträglich oder gesundheitsförderlich zu verhalten und zu entscheiden, wie das eigene Leben insgesamt auszusehen hat.

Von der Diätetik zur Diät – Zur Ideengeschichte der Adipositas

Der preußische Staat Friedrich II. wird als Aufgeklärter Absolutismus begriffen, weil er einerseits freie Religionswahl und philosophische Aufklärung wie die von Kant zuließ, weil er andererseits die staatliche Willkür, wie sie z. B. noch unter Ludwig XIV geherrscht hatte, einschränkte. Im Aufgeklärten Absolutismus wurde auch die Leibeigenschaft aufgehoben. Aufgeklärter Absolutismus meint aber auch, dass der Staat die Bevölkerung im Wesentlichen unter dem Gesichtspunkt des staatlichen Nutzens betrachtet, und die Würde und Integrität des Individuums weniger im Blick hat. Die Bevölkerung hatte dem Wohle des Staates zu dienen und diesen zu stärken. Für den vorliegenden Text ist dies das zentrale Merkmal des Aufgeklärten Absolutismus. Kant bringt es bei seiner Diskussion, was denn nun Aufklärung sei, auf den Punkt: Es stehe jedem Menschen frei zu denken, was er will, aber als Bürger hat er seine ihm auferlegten Pflichten zu erfüllen. Da gebe es keine Wahl. Und diesen Pflichten kann er nur nachgehen, wenn er hinreichend gesund ist. Also gehört es auch zu den Pflichten jedes einzelnen, für den Staat gesund zu bleiben. Kant selbst hat dies paradigmatisch vorgelebt. Er lebte das, was er schrieb.

Historischer Kristallisationspunkt Adipositas

Der Geist des Aufgeklärten Absolutismus erklärt heute Nikotin und Adipositas zu den Feinden individueller und gesellschaftlicher Gesundheit und nicht nur das: Sie erscheinen als die schlimmsten Feinde unserer Gesellschaft insgesamt, sieht man einmal vom islamischen Terrorismus ab. Dieser Geist sorgt sich hingegen nicht um die Schlafdauer, um die Arbeitsdauer, auch nicht intensiv um das Problem der Arbeitslosigkeit. All die genannten Faktoren können Gesundheit beeinträchtigen und Leben verkürzen. Umgekehrt ist die Sexualität nicht zu vernachlässigen, die über die Maßen gesundheitsförderlich zu sein scheint. Aber keine Krankenversicherung denkt daran, Bonus-Punkte denjenigen zuzusprechen, die hinreichend gut belegen können, dreimal in der Woche 30 Minuten lang Sex zu haben. Ganz offenkundig ist das Programm des Aufgeklärten Absolutismus löchrig. Diese Löchrigkeit hat System. Der Geist des Aufgeklärten Absolutismus ahndet nur das, was historisch Sinn macht. Dies soll am Beispiel Adipositas nun veranschaulicht werden.

Adipositas wird in der griechischen Antike als etwas begriffen, das das Ideal der Mäßigung und des rechten Maßes unterläuft. Die Adipösen werden verdächtigt, keine hinreichende innere Harmonie zu besitzen. Die individuelle Wahl, „Will ich dick oder dünn sein", der freie Austausch der Bürger darum, wie die individuelle Lebensweise auszusehen hat, findet bereits in der griechischen Antike beim Thema Adipositas ihre deutliche Grenze. Das Christentum erklärt die Adipositas zur Sünde, sie dokumentiere die Huldigung des und die Verfallenheit an das „Fleisch". Christlich zu essen, so Augustinus, bedeutet nur das zu sich zu nehmen, das den Hunger stillt. Genuss darf Essen aber nicht sein (nach Heckmann 1979). Mit der protestantischen Ethik verschärft sich die christliche Doktrin der Askese und des Verzichts (Culianu 2001). Diese Ethik wird ab dem 19. Jahrhundert in eine wissenschaftliche Norm – das Normalgewicht – transformiert, die sich über einen Gesundheitsbezug legitimieren soll. Diese Legitimation ist bis heute massiv brüchig, sprich: Es gibt wenige empirische Belege dafür, dass etwa ab einem BMI ab 25 Gesundheitsgefährdungen begännen (Klotter 2007). Vielmehr ist zu vermuten, dass so etwas wie die Propagierung des Normalgewichts weniger auf Gesundheit zielt, sondern auf die Aufrechterhaltung einer Ethik: der protestantischen Ethik und ihrer Vorläufer. Nur darf offiziell Wissenschaft in unserer Zeit zunächst nicht mit Ethik konfundiert sein. Deshalb wird eine Norm wie die Schlankheitsnorm nur wissenschaftlich begründet – allerdings ohne hinreichende empirische Absicherung. Die geringe Absicherung lässt sich auch damit belegen, dass diese Norm im 20. Jahrhundert permanent gesunken und insgesamt höchst variabel ist (Klotter 1990). Bei jeder Ausprägung der Schlankheitsnorm wird und wurde jedes Mal behauptet, dass die jeweilige Norm mit Gesundheit negativ korreliere.

Der vom Geist des Aufgeklärten Absolutismus durchdrungene Kampf gegen die Adipositas stützt sich auf die abendländische Geschichte. Er greift sich die Adipositas als Angriffsziel heraus, weil Adipositas all das repräsentiert, das das Abendland, um sich selbst zu konstituieren, ablehnt: Maßlosigkeit und Sünde, Müßiggang und Laster. Er pickt sich potenzielle Gesundheitsprobleme wie Schlaflosigkeit oder maßloses Arbeiten deshalb nicht heraus, weil viel Arbeiten und wenig Schlafen nahezu perfekt zur protestantischen Ethik und ihren Vorläufern passen.

Die den Geist des Aufgeklärten Absolutismus verkörpernde Schlankheitsnorm ist in der Moderne ein Bollwerk gegen die Moderne, gegen die Pluralisierung von Lebenswelten, gegen die Individualisierung. Von wegen, jeder und jede solle sich selbst verwirklichen und seinen oder ihren eigenen Weg gehen. Die Schlankheitsnorm versucht, alle gleich zu machen. Sie braucht dennoch die Abweichung von der Norm, um als Norm überhaupt zu existieren. Die von der Norm Abweichenden bekommen eine spezifische Identität, weil sie sich fragen, warum sie von der Norm abweichen, und sich anschließend z. B. als Anorektikerinnen oder Adipöse definieren. Aber diese Identität ist nicht Resultat von Individualisierung, sondern Effekt einer Norm – einer Norm, die zwar höchst variabel sein kann, aber in ihrem Kern traditionelle abendländische Werte verkörpert. Von wegen Werteverfall. Die Werte haben sich nur *verkörpert*. Selbst das liberale Antlitz des Aufgeklärten Absolutismus, jeder möge nach seiner Facon glücklich werden, rückt in die Nähe zur Illusion. Die Möglichkeit zum Glück wird in unserer Gesellschaft nur dem zugesprochen, der dem vorherrschenden Schlankheitsideal entspricht. Es gibt nur eine Facon.

Die vielfältigen Wurzeln des Schlankheitsideals

Die Wirkmächtigkeit unseres heutigen Schlankheitsideals resultiert nicht alleine aus der ethischen Tradition des Abendlandes, und es wäre unangemessen, sie darauf zu reduzieren. Es gibt diverse historische Prozesse, die in das Schlankheitsideal einfließen. Geschichte ist ähnlich zu begreifen, wie Freud die Neurose verstanden hat. Eine Neurose entsteht nach Freud aus unterschiedlichen biografischen Spuren, die sich in der Neurose bündeln. Geschichte oder eine Neurose lassen sich niemals in ein einfaches unilineares Ursache-Wirkungsgefüge pressen. Somit ist die Schlankheitsnorm überdeterminiert.

So springt es gleichsam ins Auge, dass sich die Schlankheitsnorm in dem Augenblick radikalisierte, als in den Industrieländern die Epoche begann, in der es im Prinzip der gesamten Bevölkerung vergönnt war, sich regelmäßig satt zu essen, also seit ca. 100 Jahren. Die Industrialisierung der Lebensmittelproduktion und bessere Konservierungs- und Transportmöglichkeiten führten und führen zu einem Überfluss an Lebensmitteln. Dieser Überfluss war in unserer evolutionären Programmierung nicht vorgesehen. Unsere evolutionäre Programmierung sagt uns: „Iss so viel Du kannst und zwar jetzt auf der Stelle und vor allem viel Süßes und Fettes." Unsere Vorfahren hätten ohne diese Programmierung nicht überlebt, da ihre Lebensmittelversorgung nicht kontinuierlich gewährleistet war, und sie dann essen mussten, wenn es etwas gab. Die Schlankheitsnorm fungierte dementsprechend als Gegensteuerung zur evolutionären Programmierung.

Immensen Auftrieb erhielt diese Gegensteuerung durch ein soziales Phänomen: die soziale Distinktion (Bourdieu 1987). Solange sich in unserer Kultur nur wenige regelmäßig satt essen konnten, galt Wohlbeleibtheit als Ausdruck von hohem sozialem Prestige und Wohlstand. Da sich heute im Prinzip alle einen dicken Bauch anessen können, versuchen sich nun sozial besser gestellte Menschen durch Schlankheit von denen abzugrenzen, die „da unten" sind. Dementsprechend ist heute Schlankheit mit beruflichem Erfolg, Flexibilität und Attraktivität assoziiert.

Die Radikalisierung der Schlankheitsnorm in den 60er Jahren des letzten Jahrhunderts, verkörpert durch Twiggy, erfolgte parallel zur Entkopplung der Sexualität von der Fortpflanzung. Technische Voraussetzung hierfür war die Anti-Baby-Pille. Mit dieser Entkopplung verändern sich die Kriterien für die Objektwahl: So sucht sich ein Mann keine Frau mehr aus, die mit etwas üppigeren Rundungen und einem dickeren Bauch aus einer evolutionären Perspektive ihren Kindern eine höhere Überlebenswahrscheinlichkeit bieten kann als eine sehr schlanke Frau. Der evolutionäre Blick wird gleichsam überflüssig. Dass aber das traditionelle Frauenbild durch Twiggy so radikal verscheucht werden musste, ist alleine mit der genannten Entkopplung nicht zu erklären. Twiggy verkörpert die Negierung des traditionell Weiblichen, fast eine Auslöschung, eine Kriegserklärung gegen jede Form von Mütterlichkeit. Ließe sich die Abkopplung der Sexualität von der Fortpflanzung als Befreiung der Sexualität verstehen oder zumindest als Potenzialität der Befreiung, und ließen sich neue Chancen der Autonomie für die Frauen in den 60er Jahren des letzten Jahrhunderts konstatieren (wie z. B. in Ausbildung und Beruf), dann könnte Twiggy ein Teil einer Konstellation sein, die Brumberg (1994) als ein Zusammenspiel von neuen Freiheiten und neuen Zwängen beschreibt. Neue Freiheiten bedingen neue Zwänge. Neue Autonomie-Chancen in der Sexualität und im beruflichen Werdegang rufen neue Restriktionen herauf – z.B. bezüglich der Nahrungsaufnahme.

In den letzten Jahren lässt sich dieses Paradox zwischen neuen Freiheiten und neuen Zwängen anschaulich an der Mode der bauchfreien Tops bei Mädchen und jungen Frauen studieren. Diese Tops enthüllen und sollen sexy wirken, und zugleich ermöglicht der frei liegende Bauch die perfekte Kontrolle des Essverhaltens. Freud hätte nicht vom Paradox von neuen Freiheiten und neuen Zwängen gesprochen. Vielmehr geht Freud davon aus, dass jede Kultur auf Triebunterdrückung basiert. Lebten wir im Schlaraffenland, so würde kein Mensch arbeiten und keine einzige Kirche wäre gebaut worden. Wenn der Anschein stimmt, dass sich die Sexualität in den letzten 100 Jahren liberalisiert hat und tabubefreit erscheint, dann müsste in der Logik Freuds ein anderer wichtiger Trieb der Repression unterzogen worden sein. Dies könnte der Nahrungstrieb sein. Der sichtbar dünne Bauch der jungen Frau oder der Waschbrettbauch des jungen Mannes repräsentieren die Restriktion der Nahrungsaufnahme.

Auch wenn die Ansätze von Elias (1978) und Foucault (1977b) nicht ähnlich sind, so diagnostizieren doch beide, dass der Mensch von heute affektkontrolliert bzw. diszipliniert sein muss. Elias erklärt dies über den Prozess der Zivilisation vom Mittelalter zu heutigen Verhältnissen. Da in diesem Prozess die Interdependenzketten, in die die Menschen verwoben sind, exponentiell gewachsen sind, müssen wir uns heute anders verhalten als im Mittelalter. Menschen in der damaligen Zeit waren überwiegend Selbstversorger, also weitgehend autark. Wir hingegen sind auf über die gesamte Welt verstreute Interdependenzketten angewiesen. Wir brauchen den Chip aus Taiwan, wir sind nicht arbeitsfähig, wenn er nicht lieferbar ist. Je umfassender die Interdependenzketten werden, umso stärker müssen wir vorausschauend planen und unsere Affekte kontrollieren. Wenn wir ein bestimmtes Studium ergreifen, um später einen bestimmten

Beruf auszuüben, dann können wir den Kommilitonen oder den Lehrenden nicht zusammen schlagen, wenn wir sauer sind, weil damit das Studium und die spätere Berufswahl gefährdet sind. Nach Elias zeichnet es hingegen die Menschen im Mittelalter aus, dass sie ihren Gefühlen freien Lauf lassen konnten. Foucault (1977b) spricht nicht von Affektkontrolle, sondern vom disziplinierten Körper, der in der Moderne geformt werden musste, weil nur mit ihm das moderne Massenheer und die industrielle Produktion funktionieren konnte. Sichtbarer Ausdruck mangelnder Affektkontrolle und Disziplin ist der dicke Leib. Somit ist er auch aus dieser Perspektive der Feind Nr. 1. Ihn zu verfolgen, erscheint unausweichlich.

Effekte des Kriegs gegen die Adipositas

Der Krieg gegen die Adipositas hat für unsere Gesellschaft wichtige *positive* Effekte. Er führt zwar nicht dazu, dass sich die Anzahl derjenigen, die adipös sind, verringert oder dass sich der durchschnittliche BMI der Bevölkerung reduziert (Klotter 2007). Es liegt in der Logik einer Kriegserklärung, dass sich über diese Erklärung der Feind erst richtig organisiert und sich mit dem Label Adipositas identifiziert. Dünn und dick sind die zentralen Kennzeichen zweier *Bürgerkriegs*parteien, und stärker als in vormodernen Zeiten strukturiert sich die Gesellschaft optisch über diese beiden dichotomen Klassen. Allerdings wurden diese Merkmale in den letzten 100 Jahren ausdifferenziert. Unterschied man bis ins 19. Jahrhundert hinein simpel zwischen dick und dünn, so kann heute jedem Menschen qua Berechnung von Gewichtsindikatoren (Broca oder BMI) ein Wert zugewiesen werden: 2 oder 3% Übergewicht, 17,5% Untergewicht etc. Der Gesellschaftskörper wird damit einerseits feingliedrig differenziert, strukturiert und die als bedrohlich wahrgenommene anonyme Masse geordnet. Andererseits findet jeder Mensch seinen Platz in der *Rangordnung* von dünn zu dick. Menschen können sich dann damit auseinander setzen, warum sie ein Übergewicht von 5% haben; sie können ihre gesamte Biografie dahingehend befragen, was schief gelaufen ist, was Mutter oder Vater bloß falsch gemacht haben. Die Zuweisung eines Rangplatzes wirkt dementsprechend identitätsstiftend. Ähnlich wie der moderne Diskurs über die Sexualität und die damit verbundenen Praktiken, so können auch der Diskurs über das Gewicht und daran geknüpfte Praktiken Identität verleihen (Foucault 1977a). Ob wir wollen oder nicht wollen, wir sind gleichsam gezwungen, uns über unsere Sexualität und unser Gewicht zu definieren – und das in einem beängstigenden präokkupierenden Ausmaß. Heute lebende Jugendliche und junge Menschen haben immer weniger Zeit, sich politisch zu betätigen. Vor dem Spiegel zu stehen, zu prüfen, ob man zu fett ist, wo die Problemzonen sind, zu überlegen, was man jetzt gerne essen möchte, aber eigentlich nicht darf, mit der besten Freundin über Techniken des künstlich herbei geführten Erbrechens zu reden, absorbiert große Teil der gesamten Aufmerksamkeit. Die Problematisierung des Gewichts lässt sich so vielleicht auch als Opium für das Volk beschreiben, das den politisch aktiven Bürger im Prinzip gar nicht mehr entstehen lässt.

Der innergesellschaftliche Krieg zwischen dick und dünn ist für unsere Gesellschaft sinnstiftend. Auf diesem Kriegsschauplatz werden traditionelle ethische Werte und historische Entwicklungen, wie etwa die derzeitige Überflussgesellschaft, die Etablierung neuer Formen der sozialen Distinktion, der Zivilisationsprozess, der moderne disziplinierte Körper und die Probleme der Massengesellschaft, verdeckt verhandelt. Auf diesen Krieg kann möglicherweise gar nicht verzichtet werden, weil er unsere Gesellschaft so vortrefflich und unnachahmlich strukturiert. Dieser Krieg muss anders als andere Kriege dafür sorgen, dass der Gegner, die Adipösen, nicht verschwinden sondern eher zunehmen. Mit einer potenziellen Niederlage des Gegners verschwänden wesentliche Elemente gesellschaftlicher Strukturierung.

Alternativen zum Krieg gegen die Adipositas

Die Alternative zum Krieg bestände u. a. in einem gesellschaftlichen Dialog über die genannten Punkte und deren kritische Reflexion. Fragen, die aufgeworfen werden müssten, lauten:

- Warum tragen wir ethische Diskussionen verdeckt über den Körper und die Schlankheitsnorm aus? Warum kann Ethik nicht offen gesellschaftlich verhandelt werden? Warum scheint es heute *uncool* zu sein, unvermittelt für ein maßvolles Leben einzutreten?
- Haben wir andere Möglichkeiten, dem Überfluss entgegen zu treten, als mit der Radikalisierung des Schlankheitsideals? Kann unsere Gesellschaft z. B. bessere Bewegungsmöglichkeiten schaffen (mehr und sichere Fahrradwege, mehr und lustvolleren Schulsport)?
- Brauchen wir eine soziale Distinktion mittels des Schlankheitsideals? Brauchen wir überhaupt soziale Distinktion? Wenn ja, gibt es unschädlichere Instrumente als die Schlankheit?
- Finden wir gesellschaftliche Gegensteuerungen zur vermeintlichen Identität vom diszipliniertem und schlankem Körper?
- Können wir die Bevölkerung, die als anonyme Massengesellschaft wahrgenommen wird, anders strukturieren als über die Gewichtsnorm, anhand de-

rer Verteilungen erstellt werden und jedem ein Rangplatz zugewiesen wird, über den sich dann die Menschen eine Identität verschaffen? Oder: Ist die Angst vor der Massengesellschaft berechtigt? Muss sie überhaupt strukturiert werden über den Körper?
- Wenn der zentrale Effekt des Zivilisationsprozesses die Affektkontrolle darstellt, und wenn sich diese in einem schlanken Körper realisiert, könnte es dann nicht möglich sein, gesellschaftliche Gegensteuerungen zu entwickeln, mehr Toleranz und Gelassenheit hinsichtlich der Schlankheit zu bekommen?

Eine Ernährungswissenschaft, die derzeit noch aus lauter Angst, dass die Bevölkerung noch dicker werden könnte, wenn die BMI-Grenze, ab wann eine Gesundheitsgefährdung gruppenstatistisch eintritt, liberalisiert und den empirischen Daten angepasst wird (Klotter 2007), könnte zu dieser Toleranz einen bedeutsamen Beitrag leisten. Diese Ernährungswissenschaft könnte mitteilen, dass sich vermutlich ab einem BMI von 35 für viele Menschen die Gesundheitsgefährdung erhöht und dass es bezüglich der Spannweite zwischen dem BMI von 25 und dem von 35 eine wenig gesicherte Datenlage gibt. Vielleicht führt diese Toleranz heraus aus dem für die westlichen Industrienationen üblichen Teufelskreis von sich zu dick fühlen, eine Diät machen, keinen Erfolg mit der Diät zu haben, depressiv auf den Misserfolg reagieren und noch mehr essen als davor. Zwar können wir auf den disziplinierten Körper heutzutage nicht verzichten und wir können auch nicht zurückgehen und von alten Zeiten träumen. Aber Disziplin muss nicht übersetzt werden in Schlankheit. Diese Generalisierung ist obsolet. Auch ein übergewichtiger Körper funktioniert im Straßenverkehr und am Arbeitsplatz.

Mit diesen möglichen Alternativen zum Krieg gegen die Adipositas wäre das Wagnis verbunden, den Aufgeklärten Absolutismus aus der Demokratie heraus zu lösen. Ob dies möglich ist, ist zumindest zweifelhaft, weil die Thematisierung der Adipositas in der gesamten abendländischen Geschichte ein Mittel gesellschaftlicher Kontrolle des individuellen Körpers gewesen ist. Der Aufgeklärte Absolutismus ist also nicht nur eine bestimmte historische Epoche, sondern ein Kernelement abendländischer Politikgestaltung.

Das Bild des Dicken

Politikgestaltung mittels der Thematisierung der Adipositas gelingt dann gut, wenn ein bestimmtes Bild des Adipösen vor Augen ist. In der abendländischen Geschichte formierte sich das Bild vom „Dicken" über fünf Kriterien: das ästhetische, das ethische, das ökonomische, das funktionale und das gesundheitliche.

Die antiken griechischen Skulpturen stellen stets den idealen schlanken Körper dar. Eine Venus von Milo ist nicht füllig, darf nicht füllig sein – weil hier die Ästhetik aus einer Ethik hervorgeht. Der ideale Mensch der griechischen Antike soll in der Lage sein, seine innere Natur zu beherrschen, seine Triebe zu bändigen (Foucault 1986). Warum aber soll er seine körperlichen Impulse kontrollieren können? Weil nur derjenige, der seine innere Natur zu unterwerfen weiß, in der Lage ist, als vernünftiger Bürger die Polis mit zu gestalten. Der Mensch hingegen, der sich von seinen Impulsen und Affekten mitreißen lässt, der nicht Herr im eigenen Haus ist, der wird auch eine schlechte Politik betreiben. Somit ist Schlankheit ein Synonym für die Beherrschung des Körpers und die Dominanz der Vernunft. Somit gilt Schlankheit als schön.

Es lässt sich bereits jetzt absehen, dass die beiden erstgenannten Kriterien miteinander verflochten sein können. Die Ästhetik wird häufig durch eine bestimmte Ethik fundiert. Oder durch die wirtschaftlichen Verhältnisse, also durch das dritte Kriterium. Der übliche Zustand in der Menschheitsgeschichte ist die Mangelernährung, bzw. Unterernährung (Hirschfelder 2001, Montanari 1993). Daraus folgt zwingend, dass die Wohlbeleibtheit fast immer in der Menschheitsgeschichte einen erstrebenswerten Zustand darstellte. Was erstrebenswert ist, das ist auch schön.

Festzuhalten ist, dass es keine Ästhetik an sich gibt. Der schlanke Körper ist nicht schön, weil er schlank ist, sondern weil die Schlankheit etwas repräsentiert, z.B. die platonische Ethik. Ein dicker Körper ist zu bestimmten Zeiten auch nur deshalb das Schönheitsideal, weil der dicke Körper anzuzeigen vermag, dass Wohlstand herrscht, zumindest bei denjenigen, die dick sind. Festzuhalten ist auch, dass Schlankheit oder Wohlbeleibtheit in allen menschlichen Kulturen stets etwas bedeuten, etwas repräsentieren. Ihre unausweichliche Sichtbarkeit lässt sie zu Indikatoren von etwas anderem werden. Sie sind etwas „Politisches", eine Angelegenheit der Polis, der antiken Stadt, aber auch der heutigen Gesellschaft.

Die politische Dimension von Schlankheit und Wohlbeleibtheit zeigt sich auch bei dem vierten Kriterium: der Funktionalität. Dieses Kriterium lässt sich mit der Frage umreißen: Wie viel Wohlbeleibtheit toleriert eine Gesellschaft? Bzw.: In welchem Umfang wird von einer Gesellschaft Adipositas als schädigend wahrgenommen? Dazu ein Beispiel aus der Antike, dieses Mal nicht aus Athen, sondern aus Sparta. Funktionalität bezieht sich hier auf Kriegstüchtigkeit. So berichtet Bruch (1973: 17), dass in diesem Stadtstaat jedes Jahr die jungen Männer nackt antreten mussten, um beurteilen zu können, wer zu dick sei und zusätzliches Training machen müsse. Wadd (1839: 130) weiß Ähnliches mitzuteilen: „Bei den Spartanern, welche rührige und kriegstaugliche Männer brauchten, galt die Corpulenz für eine Schande, weil dieser Zustand die Idee von

Schläfrigkeit und Schwäche in sich schloss. Daher wurden dann die Personen, welche eine Hinneigung zu dieser Krankheit zeigten, auf der Ephoren Geheis, der Behandlung mittelst Frictionen unterworfen; in einigen Fällen geboten sie sogar, dass dieselben mit Ruthen gepeitscht wurden." Ebstein (1904: 12) erwähnt noch, dass dicke Spartaner nicht in das Heer aufgenommen und stattdessen mit Geldbußen belegt wurden.

Das Beispiel Sparta kann man nun keinesfalls ausschließlich der Vergangenheit zuordnen. Auch heute wird Adipositas unter funktionellen Gesichtspunkten betrachtet. Welche direkten und indirekten Kosten werden durch Adipositas verursacht? Wann wird Adipositas das Gesundheitsproblem Nr. 1 sein? Leisten adipöse Arbeitnehmer weniger als nicht adipöse? Und einige Gesundheitsexperten von heute würden sich über die Idee der Spartaner, den Dicken Geldbußen auferlegen, entzückt zeigen, haben sie doch Vergleichbares im Sinne, wenn sie planen, Adipöse höhere Krankenversicherungsbeträge zahlen zu lassen.

Sieht man von der gesellschaftlichen Funktionalität einmal ab, dann rückt als fünftes Kriterium die individuelle Gesundheit in den Vordergrund. Adipositas wird dann begriffen als mögliche Einschränkung der Lebenserwartung und als Faktor, der die Morbiditätsanfälligkeit erhöht.

Eine Zusammenschau dieser fünf Kriterien lässt erkennen, dass zwar einerseits Adipositas in vielen menschlichen Gesellschaften als Ausdruck von Macht und Reichtum gegolten hat und noch heute gilt, dass andererseits nicht erst in heutiger Zeit Adipositas stark negativ bewertet wurde: als Ausdruck der Unfähigkeit, seine innere Natur zu kontrollieren, als Maßlosigkeit, als Sünde, als gesellschaftsschädigend und als Krankheit mit gravierenden Folgen. In einer Zeit wie der heutigen, in der sich in den westlichen Industrienationen fast alle Menschen ausreichend ernähren können und niemand mehr Macht und Reichtum über einen dicken Bauch präsentieren kann, ist diese Ambivalenz in der Beurteilung der Adipositas zusammen gebrochen. Adipositas wird nur noch negativ sanktioniert. Der Schlankheitswahn und der Krieg gegen die Adipositas dürfen ungestört triumphieren. Nach den Waffen des Aufgeklärten Absolutismus, der gesellschaftlichen Kontrolle des individuellen Körpers und der Bevormundung des Individuums, wird immer lauter verlangt, ohne die Gefahren für die gesellschaftliche Pluralität und die individuellen Freiheiten angemessen wahrzunehmen. Auf dem „Kriegsfeld" der Adipositas wird sich zeigen, wie autoritär unsere Gesellschaft ist oder wie viel Toleranz sie wagen will.

Literatur

Ackerknecht, E. H. (1970): Therapie von den Primitiven bis zum 20. Jahrhundert. Stuttgart.
Bourdieu, P. (1987): Die feinen Unterschiede. Frankfurt a.M.
Bruch, H. (1973): Eating Disorders. New York.
Brumberg, J. J. (1994): Todeshunger – Die Geschichte der Anorexia nervosa vom Mittelalter bis heute. Frankfurt a.M.
Culianu, J. P. (2001): Eros und Magie in der Renaissance. Frankfurt a.M.
Ebstein, W. (1904): Die Fettleibigkeit (Korpulenz) und ihre Behandlung nach physiologischen Grundsätzen. Wiesbaden.
Elias, N. (1978): Über den Prozess der Zivilisation. Band 1 und 2. Frankfurt a.M.
Foucault, M. (1977a): Sexualität und Wahrheit. Band 1. Frankfurt a.M.
Foucault, M. (1977b): Überwachen und Strafen. Frankfurt a.M.
Foucault, M. (1986): Der Gebrauch der Lüste – Sexualität und Wahrheit 2. Frankfurt a.M.
Heckmann, H. (1979): Die Freud des Essens. München.
Hirschfelder, G. (2001): Europäische Esskultur. Frankfurt a.M.
Klotter, Ch. (1990): Adipositas als wissenschaftliches und politisches Problem. Heidelberg.
Klotter, Ch. (2000): Lebenskunst in historisch-psychologischer Perspektive. In: Journal für Psychologie, 8, 2, 50 – 62.
Klotter, Ch. (2007): Einführung Ernährungspsychologie. München.
Labisch, A. (1992): Homo Hygienicus. Frankfurt a.M.
Montanari, M. (1993): Der Hunger und der Überfluss. München.
Wadd (1839): Die Corpulenz (Fettleibigkeit) als Krankheit, ihre Ursachen und ihre Heilung. Weimar.

Übergewicht und Körperdeutungen im 20. Jahrhundert –
Eine geschichtswissenschaftliche Rückfrage

Uwe Spiekermann

Kurz nach der Jahrtausendwende begann hierzulande wieder einmal eine erst wissenschaftliche und dann öffentliche Debatte über die Körperentwicklung der Deutschen. Ihr Tenor ist einfach und eingängig: Der Körper der Deutschen gerät immer mehr aus den Fugen, eine „Fettwelle" schwappt über unser Land hinweg, und die Lebenserwartung der bewegungsarmen Couchpotatoes wird möglicherweise erstmals seit der Hochindustrialisierung geringer sein als die ihrer Eltern.

Diese Debatte hat eine Reihe unmittelbarer Ursachen. Erstens wurde 1997 seitens der Weltgesundheitsorganisation Adipositas in den Rang einer weltweiten Seuche gehoben, prognostizierten Szenarien bis 2025 doch Anteile von mehr als 50 % Übergewichtigen in der sog. Dritten Welt (World Health Report 1998: 132). Zweitens ergaben Erhebungen in den USA, dass dort die Zahl der Adipösen seit den 1980er Jahren dramatisch zugenommen hatte (Popkin/Udry 1998; Mokdad et al. 1999). Bedrohliche Daten fanden sich drittens auch im 1999 veröffentlichen Bundesgesundheits-Survey des Robert Koch-Instituts: Demnach hatten hierzulande 1998 nur ein knappes Drittel der Männer und zwei Fünftel der Frauen Normal- oder Idealgewichte. Dagegen waren fast ein Fünftel der Männer und mehr als ein Fünftel der Frauen adipös, also nach gängigen medizinischen Kriterien behandlungsbedürftig.[1] Viertens schließlich führten die steigenden Kosten im Gesundheitswesen dazu, die Bedeutung der Ernährung als Krankheitsfaktor neu zu gewichten. Eine umstrittene, aber weit rezipierte Studie schätzte 1993 die Kosten „falscher" Ernährung auf ca. 100 Mrd. DM, von denen 35 Mrd. unmittelbar auf Adipositas bzw. daraus resultierende Herz-Kreislauf-Erkrankungen resp. Diabetes entfielen (Kohlmeier et al. 1993, vgl. auch Schneider/Schmid 2004).

Die aktuellen Debatten über unsere Körper reagieren damit sehr wohl auf bestehende Problemlagen. Ihre besondere Dramatik aber erhalten sie erst durch ein Körperverständnis, das einerseits dünn und gesund, schlank und leistungsfä-

---

[1] Zahlreiche Mediziner empfehlen allerdings aus Präventionsgründen eine frühere Intervention, vgl. Reincke/Beuschlein/Slawik (2006).

hig in eins setzt, zum anderen aber durch ein idealisiertes Bild der Vergangenheit, in der die Deutschen deutlich dünner waren, ein weniger forderndes Leben führten und körperbezogene Krankheiten kaum bekannt, tendenziell gar unbedeutend waren. Wer vom „Fettfluch" (Schwägerl 2003) redet, will handeln und verbessern, nicht aber die enge naturwissenschaftliche Optik kritisch hinterfragen. Die damit verbundene Ausgrenzung sozial- und kulturwissenschaftlicher Expertise mündet aber nicht nur in sachlich inadäquate Strategien zur „Gesundung" und „Verschlankung" der Körper, sondern führt auch den Begriff von Wissenschaft als einer multiperspektivisch angelegten Anstrengung zur Regelung anstehender Problemlagen ad absurdum. Der gegenwärtigen Debatte fehlt dabei nicht zuletzt eine historisch-empirische Tiefendimension. Sie zu kennen und zu berücksichtigen erlaubt es, Distanz zu den Aufgeregtheiten und Verteilungskämpfen der Gegenwart zu wahren, zugleich aber die Aufgaben des Tages genauer zu definieren.

Der reale Körper

Blicken wir ein Jahrhundert zurück. Schon ein flüchtiger Blick ergibt, dass die Körper der Menschen damals deutlich andere Konturen besaßen. Sie waren deutlich leichter und kleiner. Das Durchschnittsgewicht 20-Jähriger preußischer Rekruten lag 1906 beispielsweise bei ca. 65 kg, mithin deutlich unter dem Durchschnittsgewicht heutiger Frauen (Schwiening 1914). Bei den Körperhöhen war in Deutschland um die Mitte des 19. Jahrhundert ein relativer Tiefpunkt erreicht. Danach begann eine langsame Aufwärtsentwicklung, die sich in den zwei Jahrzehnten vor dem Ersten Weltkrieg beschleunigte, sich im Ersten Weltkrieg kurzfristig umkehrte, um anschließend in eine Phase beschleunigten Höhenwachstums zu münden. 20-Jährige Rekruten maßen um 1850 je nach Region durchschnittlich zwischen 163 und 165 cm, kurz nach der Jahrhundertwende dagegen knapp 167 cm. Sozial besser gestellte Einjährige[2] erreichten damals knapp 170 cm (Schwiening/Nicolai 1909). Die Studenten der Freiburger Universität hatten 1923 eine Durchschnittshöhe von 172 cm, 1930 lag sie bei 174 cm. Für die gesamte männliche Bevölkerung kann man um 1930 eine durchschnittliche Höhe von ca. 170 cm annehmen, während die der wesentlich schlechter dokumentierten weiblichen Bevölkerung zwischen 160 cm und 164 cm lag.

Dieser bemerkenswerte Längenzuwachs von mindestens 6 cm seit 1850 fand seine Entsprechung in einer parallel laufenden Gewichtsvermehrung. Sie war jedoch etwas geringer ausgeprägt. Der Brustumfang vergrößerte sich ent-

---

[2] Damit sind Absolventen höherer Schulen gemeint, die als Standesprivileg das Anrecht auf einen verkürzten Militärdienst hatten.

sprechend nur leicht. Konsequenz dieser unterschiedlichen Wachstumsgeschwindigkeiten von Gewicht und Höhe war eine sichtbar andere Gestalt des Körpers. Durchschnittlich waren die Deutschen 1930 deutlich schlanker als ihre Vorfahren um 1850 bzw. 1880. Zugleich wuchs die durchschnittliche Körperkraft signifikant: Die Körper waren physisch leistungsfähiger als Jahrzehnte zuvor.

Diese Durchschnittsziffern verdeutlichen die Veränderungen; und doch unterschätzen sie deren mögliche Geschwindigkeit. Schülermessungen dokumentieren einen früher einsetzenden Wachstumsprozess. Pubertät und Geschlechtsreife verlegten sich entsprechend vor, zugleich endete der Wachstumsprozess eher (Koch 1935).

Die Durchschnittsziffern sollten allerdings nicht vergessen lassen, dass die Körper die gängigen Differenzierungskriterien der damaligen Gesellschaft spiegelten und mit konstituierten. Soziale Unterschiede erreichten bei den Körperhöhen fast durchweg mehrere Zentimeter, während sie beim Gewicht weniger ausgeprägt waren und der Brustumfang sich kaum unterschied. Soziale Höhenunterschiede haben sich nach dem Zweiten Weltkrieg verringert, liegen aber auch heute noch bei ca. 2 cm. Diese relative Angleichung erfolgte in noch stärkerem Maße bei Stadt-Land-Unterschieden: Stadtbewohner waren tendenziell höher und schwerer als die ländliche Bevölkerung, Ausnahmen bildeten nur Landwirte. Auch der Abstand zwischen den Geschlechtern vergrößerte sich. Stark ausgeprägt waren die regionalen Unterschiede. Das Deutsche Reich wies ein erhebliches Nord-Süd-Gefälle auf, welches sich leicht gen Osten neigte. Die Bewohner der nördlichen, v. a. nordwestlichen Küstenregionen waren um bis zu 5 cm höher als die der südlichen Staaten, insbesondere Teile Bayerns und Sachsens. Ähnliches gilt für das Durchschnittsgewicht. All diese Differenzierungskriterien gelten bis heute, haben sich jedoch – mit Ausnahme der Unterschiede zwischen Männern und Frauen – abgeschliffen.

Blicken wir auf die Nachkriegsentwicklung. Abb. 1 spiegelt einerseits einen relativ kontinuierlichen Anstieg sowohl des Gewichtes als auch der Höhe junger Männer von 68 kg und 1,74 m 1957 auf 74 kg und 1,80 m in den 1990er Jahren. Andererseits wird deutlich, dass für deren große Mehrzahl Adipositas kein Thema war. Schätzungen für die gesamte Bevölkerung verdeutlichen, dass sich das Längenwachstum auch nach den 1930er Jahren sowohl in Ost- als auch in Westdeutschland relativ konstant fortsetzte (Komlos/Kriwy 2003). Dabei vergrößerten sich die Unterschiede zwischen den Geschlechtern leicht.

Abbildung 1: Mittelwerte bei erstuntersuchten Wehrpflichtigen der Musterungsjahrgänge 1957-1996 (Jahrgänge 1938-1977)[3]

Musterungs-jahr	Gewicht (in kg)	S (in kg)	unter 55 kg (in %)	55 kg bis unter 85 kg (in %)	85 kg bis unter 90 kg	90 kg und mehr (in %)	Körperhöhe (in cm)
1957*	68,1	8,6	3,1	92,5	2,4	2,0	174,0
1958*	68,6	8,9	3,0	92,0	2,7	2,3	174,2
1959*	68,7	8,9	2,9	91,9	2,8	2,4	174,5
1960*	68,4	8,9	3,2	91,9	2,6	2,3	174,9
1961*	68,6	9,1	3,5	91,1	2,9	2,5	175,0
1962*	68,7	9,2	3,7	91,0	2,5	2,8	175,1
1963*	68,5	9,2	4,0	89,5	3,5	3,0	175,2
1964*	68,6	9,3	3,7	90,6	2,8	2,9	175,1
1965*	68,9	9,6	3,8	89,6	3,1	3,5	175,2
1966*	69,0	9,9	4,0	88,9	3,3	3,8	175,4
1967*	68,8	9,9	4,3	88,9	3,1	3,7	175,5
1968*	69,0	10,1	4,2	88,4	3,4	4,0	176,0
1969*	69,1	10,4	4,2	88,1	3,4	4,3	176,1
1970*	69,2	10,5	4,2	88,1	3,4	4,3	176,3
1971*	69,5	10,6	4,0	87,8	3,6	4,6	176,6
1972*	69,6	10,7	4,0	87,6	3,6	4,8	176,8
1973*	69,8	10,7	3,9	87,4	3,8	4,9	177,2
1974*	69,9	10,6	3,7	87,6	3,8	4,9	177,4
1975*	70,0	10,6	3,6	87,5	3,9	5,0	177,3
1976*	69,7	10,5	3,6	88,1	3,7	4,6	177,6
1977*	69,8	10,3	3,5	88,5	3,6	4,4	177,8
1978*	69,6	10,3	3,3	88,7	3,6	4,4	178,2
1979*	70,1	10,3	3,1	88,6	3,7	4,6	178,4
1980*	70,7	10,6	2,9	87,8	4,1	5,2	178,4
1981*	70,8	10,6	2,7	88,0	4,1	5,2	178,7
1982*	70,8	10,6	2,7	88,0	4,1	5,2	179,0
1983*	71,0	10,7	2,6	87,8	4,2	5,4	178,9
1984*	71,2	10,7	2,4	87,6	4,4	5,6	179,2
1985*	71,5	10,8	2,3	87,3	4,5	5,9	179,3
1986*	71,9	10,9	2,2	86,5	4,9	6,4	179,4
1987*	72,4	11,2	2,1	85,7	5,2	7,0	179,5
1988*	72,8	11,4	2,1	84,7	5,5	7,7	179,6
1989*	73,1	11,7	2,0	84,0	5,7	8,3	179,6
1990*	73,7	12,1	1,9	82,8	6,0	9,3	179,7
1991*	73,7	12,1	1,8	83,0	5,9	9,3	179,9
1992	73,4	12,6	2,4	82,1	5,8	9,7	179,4
1993	74,1	12,8	2,1	81,1	8,2	10,6	179,6
1994	74,2	12,8	2,0	81,1	6,2	10,7	180,0
1995	74,2	12,9	2,1	80,9	6,1	10,9	179,9
1996**	74,1	13,0	2,1	81,2	6,0	10,7	179,8

*Musterungsjahre 1957-1991 (Geburtsjahrgänge 1938-1972) ohne Ostdeutschland und ohne Berlin; **Modifiziert nach Angaben aus „Beiträge zur Wehrmedizinalstatistik" [10]

---

[3] Jaeger 1999: 251.

Dies führte tendenziell zu leistungsfähigeren Körpern. Gleichwohl lag der Höhepunkt motorischer Fähigkeiten wahrscheinlicher eher in den 1970er Jahren als in der Gegenwart (Bös 2005). Die gängige Gleichsetzung von relativem Körpergewicht und Leistungsfähigkeit ist offenkundig historisch variabel.

Diese glatte Geschichte des Körperwandels müsste im Detail selbstverständlich differenziert werden. Das Durchschnittsgewicht aller Deutschen sank im Ersten Weltkrieg von 1914 60 kg auf 49 kg Ende 1917 (Rubner 1920: 235). Während bei den Erwachsenen die Körperhöhen gleich blieben, fraß sich der Krieg in die Körper der Kinder. „Kriegsneugeborene" wogen weniger als drei Kilogramm und maßen weniger als 50 Zentimeter. Mangelhafte Ernährung und verschlechterte Lebensbedingungen führten zu Entwicklungsunterbrechungen. Die Kinder waren 1919 ca. 3-5 cm kleiner als ihre Altersgenossen des Jahres 1914/15 (Schlesinger 1919). Doch solche Einbrüche wurden schnell wieder wettgemacht, nach der wirtschaftlichen Konsolidierung begann – gefördert durch internationale Lebensmittelhilfen – eine ab 1926/27 zudem von den Nachwirkungen der Kriegs- und Inflationszeit unberührte Körperwachstumsbeschleunigung, die auch während der Weltwirtschaftskrise nicht durchbrochen wurde.

Nach dem Zweiten Weltkrieg finden wir eine ähnliche Entwicklung, auch wenn die Entwicklungsrückstände der Kinder geringer blieben. Die Kriegsplanung hatte auf deutscher Seite von Beginn an mit Gewichtsverlusten der eigenen Bevölkerung gerechnet, diese traten denn auch schon 1940 mit 1,5 bis 2 kg ein (Kraut/Bramsel 1951). Anders als im Ersten Weltkrieg gab es keinen abrupten körperlichen Verfall der Deutschen, sondern eine moderate Reduktion von durchschnittlich mehreren Kilogramm während des Krieges sowie eine nochmalige Reduktion bis 1947. Diese relative Stabilisierung wurde erreicht durch ein wissenschaftlich optimiertes Rationierungssystem, durch rücksichtslose Lebensmittelrequirierungen in den besetzten Gebieten und die kalkulierte Unterversorgung der mehr als sieben Millionen Zwangsarbeiter/innen.

Lebensversicherungsdaten belegen diesen Gewichtsverlust von ca. 10 % während und nach dem Zweiten Weltkrieg (Graulich 1977). Bis Mitte der 1950er Jahre wurden diese schon mehr als wettgemacht und das heutige Plateau von Übergewicht wurde anschließend vorrangig in den späten 1950er und den 1960er Jahren aufgebaut. Weit verbreitete Adipositas ist kein neues Problem, sondern beschäftigt Mediziner und Öffentlichkeit – wenngleich in weniger schriller Form – seit mehr als vier Dekaden.

Entsprechend finden wir, in der DDR früher als für die Bundesrepublik, regelmäßig aufgelegte Kampagnen, um die Körper wieder schlanker und leistungsfähiger zu gestalten.

Abbildung 2: Weltniveau bei der Kalorienzufuhr[4]

In der DDR wurde schon Anfang der 1960er Jahre die sog. 10-Pfund-Kampagne ins Leben gerufen, um entsprechend abzuspecken (Abb. 2). Doch trotz derartigem wissenschaftlich unterfütterten Staatsaktionismus nahm die Zahl „Fettsüchtiger" in den 1960er Jahren deutlich zu: Von knapp 80.000 untersuchten DDR-Bürgern waren 1969/70 42,2 % der Frauen umd 19,2 % der Männer „fettsüchtig" (Müller 1971: 45). Ostdeutsche Ärzte warnten damals davor, „ein Volk von kurzlebigen Dicken" (Müller 1971: 48) zu werden – und angesichts der analogen Problemlage verwundert es nicht, dass um 1970 in Ost und West nahezu alle der heute geläufigen Argumente wortähnlich dargeboten wurden (Sanden 2003).[5]

In beiden deutschen Staaten gelang in den 1970er Jahren eine relative Stabilisierung des Übergewichtsproblems leicht unterhalb des heutigen Niveaus. Das heute scheinbar so drängende Problem besteht also schon seit ca. 40 Jahren. Wir haben es nicht allein mit einem Gesundheitsproblem zu tun, sondern mit einer neuerlichen Themenkonjunktur, die als solche erklärungsbedürftig ist.

Wie sehr dabei Daten unkritisch verwandt werden, zeigt der Umgang mit einer Pressemitteilung der International Association for the Study of Obesity Ende April 2007, nach der die Deutschen die höchsten Adipositas- bzw. Übergewichtsraten aller Europäer aufweisen sollten. Diese von fast allen führenden Medien aufgegriffene und verbreitete Nachricht basierte auf Daten des Gesundheitsmonitors 2003 der Bertelsmannstiftung und war nicht vergleichbar mit den einschlägigen Daten aus anderen europäischen Staaten (Übergewicht 2007; vgl. dazu auch den Beitrag von Helmert in diesem Band). Quellenkritik selbst basaler Art scheint in der öffentlichen Debatte kein wirklicher Wert mehr zu sein.

Das vorhandene seriöse Datenmaterial verdeutlicht, dass wir es nicht mit einer plötzlich auflaufenden „Fettwelle" zu tun haben – nicht einmal bei den im

---

[4] Handelswoche 6, 1961, Nr. 16, S. 5.
[5] Zu den früher einsetzenden Debatten in den USA vgl. Wyden 1965.

Mittelpunkt stehenden Heranwachsenden. Der durchschnittliche deutsche Mann war nach dem Mikrozensus 2005 1,78 m groß und 82,4 kg schwer (BMI 26), Frauen erreichten dagegen 1,65 m resp. 67,5 kg (BMI 25) (Leben 2006). Damit kann der Durchschnittsdeutsche gerade noch am oberen Ende des vermeintlichen Normalgewichtes eingeordnet werden. Auf Basis der vergleichbaren Mikrozensusdaten sind die Durchschnittsgewichte von 1999 bis 2005 moderat gestiegen (Leben 2006: 71), doch das Plateau wurde weder in der letzten, noch in der vorletzten Dekade geschaffen.

Eine Zusammenstellung der wenigen einschlägigen Untersuchungen der letzten zwei Jahrzehnte ergab vielmehr eine relative Stagnation auf hohem Niveau – und betonte zugleich, dass deren Berechnungs- und Erhebungsmethoden (Telefoninterviews, Selbsteinschätzungen, Messungen) vielfach nicht vergleichbar seien. Von einer validen empirischen Vergleichsbasis, insbesondere aber von länger zurückreichenden repräsentativen Daten kann nicht die Rede sein.

In noch stärkerem Maße als für Erwachsene gilt dies für Kinder und Jugendliche. Auch wenn zu Recht darauf verwiesen wird, dass übergewichtige Kinder und Jugendliche zumeist übergewichtige Erwachsene werden, Prävention also hier ansetzen sollte, so ist Übergewicht und Adipositas doch primär ein Problem der Erwachsenen. Lokale und regionale Einschulungsuntersuchungen verdeutlichen einen ernst zu nehmenden, keineswegs aber epidemisch zu nennenden Anstieg übergewichtiger und adipöser Heranwachsender (Aktuelles 2005) – zumal sich die Grundgesamtheit des Samples durch den vielfach ein Drittel betragenden Anteil von Kindern mit Migrationshintergrund (und damit anderer Körperformen) deutlich verschoben hat.

Insgesamt sind ca. 5 % der 6-jährigen adipös (Kinder 2006). Der Herbst letzten Jahres veröffentlichte Kindergesundheitssurvey des Robert Koch-Instituts gab bei 3-17-Jährigen 6,3 % Adipöse an, während zugleich 7 % untergewichtig oder aber stark untergewichtig waren (Kurth/Schaffrath Rosario 2007: 738). Der Anteil adipöser 18-20-Jähriger lag nach den Mikrozensi 2003 und 2005 unter 3 %. Untergewicht erreichte eine ähnliche Größenordnung. Die damit verbundenen körperbezogenen Krankheiten standen vor ca. fünf Jahren im Mittelpunkt öffentlicher Themenkonjunktur: Unter Anorexie litten in der Bundesrepublik mehr als 100.000 junge Frauen, von denen 15 % starben. 600.000 Frauen, aber auch 70.000 Männer waren Bulimiker. Zeitweilige Heißhungerattacken fanden sich bei 6-8 % der Deutschen (Diäten 2000). Und 12 % der 11-15-jährigen Jungen bzw. 17 % der gleichaltrigen Mädchen machten schon Diäten.

Die gegenwärtig dominante Adipositasfixierung grenzt dieses Körperleid tendenziell aus, dramatisiert zugleich die (gewiss nicht unbedeutenden) Veränderungen und empfiehlt Kampagnen und Rezepte, die seit 40 Jahren an den selbst gesetzten Zielen scheitern, bestenfalls zu einer Stabilisierung auf hohem Niveau geführt haben – der Anfang Mai 2007 veröffentlichte Aktionsplan Gesunde Ernährung und Bewegung der Bundesregierung verdeutlicht dies eindringlich.

Abbildung 3: Keine Fettwelle: Epidemiologische Datenlage 1984/86-2003[6]

Prävalenzen von Übergewicht und Adipositas zu verschiedenen Zeitpunkten im Westen Deutschlands (in %). Altersbereich 25–69 Jahre

Alter	BMI	$NUST_0$ 1984–86	$NUST_1$ 1987/88	$NUST_2$ 1990/91	BGS98 1998	GSTel03 2003
Männer						
25–34	25–<30	37,5	37,7	38,1	42,0	43,8
	≥30	6,4	6,7	10,1	11,6	8,9
35–44	25–<30	52,3	49,9	50,2	49,2	49,5
	≥30	14,4	13,0	16,9	17,7	16,2
45–54	25–<30	56,9	56,1	55,7	53,0	54,2
	≥30	20,9	18,0	19,0	22,7	22,6
55–69	25–<30	55,6	55,4	56,3	57,1	59,9
	≥30	20,1	21,3	24,5	24,6	22,3
Gesamt	25–<30	50,5	49,8	50,1	50,4	52,1
	≥30	15,5	14,8	17,6	19,2	17,6
Frauen						
25–34	25–<30	18,6	18,7	21,9	20,9	21,9
	≥30	5,3	6,3	8,1	11,1	9,0
35–44	25–<30	27,2	27,5	28,5	24,0	29,4
	≥30	12,3	13,0	12,9	17,8	9,9
45–54	25–<30	35,5	36,3	36,0	34,5	33,8
	≥30	20,6	18,9	21,4	23,0	20,0
55–69	25–<30	44,1	41,6	40,2	40,4	46,7
	≥30	26,6	27,5	32,1	31,2	29,5
Gesamt	25–<30	32,4	32,1	32,4	30,4	33,8
	≥30	17,1	17,5	19,8	21,4	17,5

---

[6] Mensink/Lampert/Bergmann (2005): 1354.

Der verwissenschaftliche Körper

Grundlage für derartige Politiken ist eine materialistische Deutung und Bewertung des Körpers, die seit dem späten 19. Jahrhundert die Debatten prägte und dann dominierte. Ohne Reflektion auf dieses Referenzsystem des verwissenschaftlichten Körpers sind die heutigen Debatten nicht zu verstehen. Der Körper ist nämlich nicht einfach vorhanden, sondern wurde als solcher seit der Mitte des 19. Jahrhunderts auch und gerade im Diskurs der Naturwissenschaften konstituiert. Wissenschaft ist demnach keine folgenlose, objektivierbare Instanz, sondern prägte und prägt die Art der Körperwahrnehmung und -erfahrung.

Die gängigen Bewertungsschemata unserer Zeit – Body Mass Index und Physical Activity Level – verweisen sämtlich in die Konstituierungsphase der naturwissenschaftlichen Anthropologie und Physiologie Mitte des 19. Jahrhunderts (Spiekermann 2000). Damals postulierte der Gießener Chemiker Justus von Liebig sowie viele seiner Zeitgenossen und Nachfolger einen gleichermaßen für Pflanzen, Tiere und Menschen geltenden Stoffwechsel. Der Mensch wurde materialistisch gefasst, Nahrungsstoffe werden zugeführt, aufgespalten, resorbiert, in Arbeit umgesetzt bzw. wieder ausgeschieden. Trotz der zahlreichen Ausdifferenzierungen des Stoffwechselmodels, etwa durch die Integration der Vitamine nach 1911 und der wachsenden, heute bei mehr als 50 liegenden Zahl essenzieller Lebensmittelinhaltsstoffe, ist das Modell als solches bis heute gültig – und damit eine strikte und einseitige Lösung des Körper-Geist-Problems der abendländischen Geistesgeschichte.

Seit den 1840er Jahren wurde der durchschnittliche Bedarf an Kalorien, an Eiweiß, Kohlenhydraten und Fetten, berechnet und auch experimentell an Menschen überprüft. Die Folge waren zunehmend differenzierte Kostmaße, die sich lange nur auf männliche Erwachsene konzentrierten und die kurz vor 1900 dann auch für Frauen und Ältere spezifiziert wurden. Diese Normen wurden zwar seither vielfach ausdifferenziert, doch der physiologische Grundbedarf hat sich auch im wissenschaftlichen Diskurs des 20. Jahrhunderts kaum geändert. Wissenschaftliche Körperdefinitionen reduzierten den Körper aber nicht nur auf seine Materialität, sondern auf seine Funktionsfähigkeit und damit auf die gängige medizinisch-naturwissenschaftliche Scheidung von gesund und krank. Während im Alltag um 1900 Körper zumeist mit Differenzen von wohlhabend versus arm, von emotional versus rational, von Jugend und Alter versehen waren, gewann seit dem späten 19. Jahrhundert die naturwissenschaftliche Scheidung zunehmend an Bedeutung, wurde in den 1920er Jahren dann dominant, ohne aber die stärker in den Alltag eingebetteten Konzeptionen vollends verdrängen zu können (Thoms 2000).

Drei Entwicklungen unterstützten und prägten diesen langwierigen Wandlungsprozess: Erstens hatte die Stoffwechselphysiologie schon seit den 1860er Jahren zu wissenschaftlich begründeten Diäten geführt, die zuerst an die Seite, seit der Jahrhundertwende aber zunehmend an die Stelle von erfahrungsmedizinischen Diäten traten. Das Versprechen war, durch eine bestimmte Diät – dieser Begriff war in der Regel schon auf die Zufuhr von Lebensmitteln und physikalische Therapie reduziert – gesund zu werden und einen normalen, kräftigen Körper zu erhalten. Angesichts der heutigen Vielzahl unterschiedlicher und einander ausschließender Diäten sollten wir nicht übersehen, dass es diese schon im späten 19. Jahrhundert gab – auch wenn ihre Rezeption im Regelfall noch auf bürgerliche Schichten begrenzt blieb. Zwischen Banting- und Schweningerdiät, zwischen Ebstein- und Oertelkuren, zwischen Milch- und Kartoffelkuren und vielen anderen mehr konnte Mann und Frau wählen. Sie alle reduzierten die kalorische Zufuhr, erlaubten aber sehr unterschiedliche Lebensmittel, deren Auswahl jeweils physiologisch begründet wurde. Während Naturheilkundler mit sehr unterschiedlichen Ergebnissen auf Erfahrungsmedizin und Individualisierung setzten, etablierten Schulmediziner hierarchische Wissensformen über den rechten Umgang mit dem Körper und der Gesundheit. Die vielfach an einzelne Ärzte, Klinken oder aber Kurorte gebundenen Diäten zielten noch auf eine Individualisierung der Kur nach einer intensiven Untersuchung. Gerade die mediale Verbreitung einzelner Diäten führte jedoch zu einer stärkeren Objektivierung und der Abstraktion vom Einzelnen – hin zu einer Systematisierung abseits individueller Besonderheiten.

Zweitens wurden Fragen der Körpernormierung im frühen 20. Jahrhundert drängend. Schon mit dem Aufkommen einer modernen naturwissenschaftlich ausgerichteten Medizin waren seit dem ausgehenden 18. Jahrhundert Versuche verbunden gewesen, den körperlichen Zustand des Menschen „objektiv" einzuschätzen. Der Körper war „raumerfüllende Materie [...] die beobachtbar und einer mathem. Metrik unterwerfbar ist" (Körper 1931). Körperformeln entstanden schon im Rahmen der frühen Biologie des späten 18. Jahrhunderts. Stand hier noch die Einordnung des Menschen als Naturwesen im Mittelpunkt, wurde die Stellung des Menschen als soziales Wesen erst seit dem zweiten Drittel des 19. Jahrhunderts im Rahmen einer „Physik der Gesellschaft" empirisch exakt ausgelotet. Normen eines menschlichen Durchschnittskörpers waren vor allem für die frühen Statistiker zentral, um einerseits die Folgen der Industrialisierung auf die Unterschichten und das „Volk" genauer benennen und um andererseits Kulturen miteinander vergleichen zu können. Anthropologen und Statistiker extrapolierten dazu aus bestehenden Körperdaten zunehmend mathematische Formeln, der Einzelkörper galt als Bruchteil der Gattung. Der Übergang vom Einzel- zum Volkskörper wird greifbar. Damit sollten zum ersten sozialpolitisch relevante Abweichungen festgestellt werden, denn die schwachen, kränklichen Körper der arbeitenden Schichten waren schließlich Argumente im Kampf um soziale Reform und um nationale Stärke. Zum zweiten erlaubten Normwerte einen Vergleich verschiedener Bevölkerungsgruppen, Geschlechter, Regionen und Rassen und damit allgemeine Aussagen über das Menschengeschlecht. Vom Hauptvertreter dieser Richtung, dem belgischen Sozialstatistiker Adolphe Quetelet (1796-1874), stammt auch die erste Fassung des anfangs erwähnten Body Mass Index, der damals allerdings als unbrauchbar abgelehnt wurde.

Normalgewicht und Normalkörper gewannen über Musterungen, Schulmessungen und die Versicherungsmedizin seit dem späten 19. Jahrhundert alltagspraktische Bedeutung. Damit gewannen auch abstrakte Formeln an Bedeutung. Besonderes Interesse hieran hatten nach wie vor Sozialpolitiker, Eugeniker und Versicherungsmathematiker, aber in zunehmendem Maße auch Schul- und Kinderärzte, die sich vor allem um das Gedeihen von Kindern und Jugendlichen sorgten. Diese wiederum lasen in solchen Daten mehr und gingen insbesondere davon aus, dass Längen- und Gewichtsproportionen direkte Indikatoren des Gesundheits- und Ernährungszustandes seien – eine Fiktion, der wir bis heute ahängen. Mit Namen wie Livi, Rohrer, Noorden, Oppenheimer, Oeder, Pignet und Pirquet waren vor dem Ersten Weltkrieg jeweils Körperformeln verbunden, die allesamt den Anspruch hatten, das Äußere des Körpers in ein System zu bringen und damit implizit auf den gesundheitlichen Zustand der Individuen schließen zu können. An die Stelle des differenzierenden und individualisierenden Blickes des Mediziners auf den Körper trat ein abstraktes Wissen um die Körpernorm, die Basis für Rat und Intervention wurde. Auch wenn die Erfahrungen in Deutschland bei der massenhaften Anwendung vielfach fragliche Ergebnisse nach sich zogen – so führte z.B. die Anwendung des Rohrer-Indexes bei der Quäker-Speisung Anfang der 1920er Jahre dazu, dass mehr als 100 Mio. Portionen an Kinder ausgegeben wurden, die diese Zusatznahrung eigentlich nicht benötigten –, wurden sie gerade in der Folgezeit genutzt, um etwa den Ernährungszustand von Arbeitslosen oder Soldaten, der Hitler-Jugend oder aber von Zwangsarbeitern „objektivieren" zu können.

Drittens finden wir schon vor dem Ersten Weltkrieg eine Koppelung von sozialer Hygiene, Epidemiologie und Körperindizes. Sie wurden zuerst im Rahmen der Riskoabwägung von Versicherungen verwendet, dienten seit den 1920er Jahren aber auch vermehrt der Verbreitung und Popularisierung wissenschaftlicher Körpermodelle. Sie erlaubten die effiziente Ordnung und Lenkung großer Gruppen, banden aber andererseits zunehmend die Individuen selbst ein, da sie diesen abstrakte Leitlinien an die Hand gaben, deren Umsetzung mit der statistisch erhöhten Wahrscheinlichkeit von Ebenmaß und Gesundheit verbunden war (Abb. 4).

Abbildung 4: Lebenserwartungen schlanker und beleibter Menschen[7]

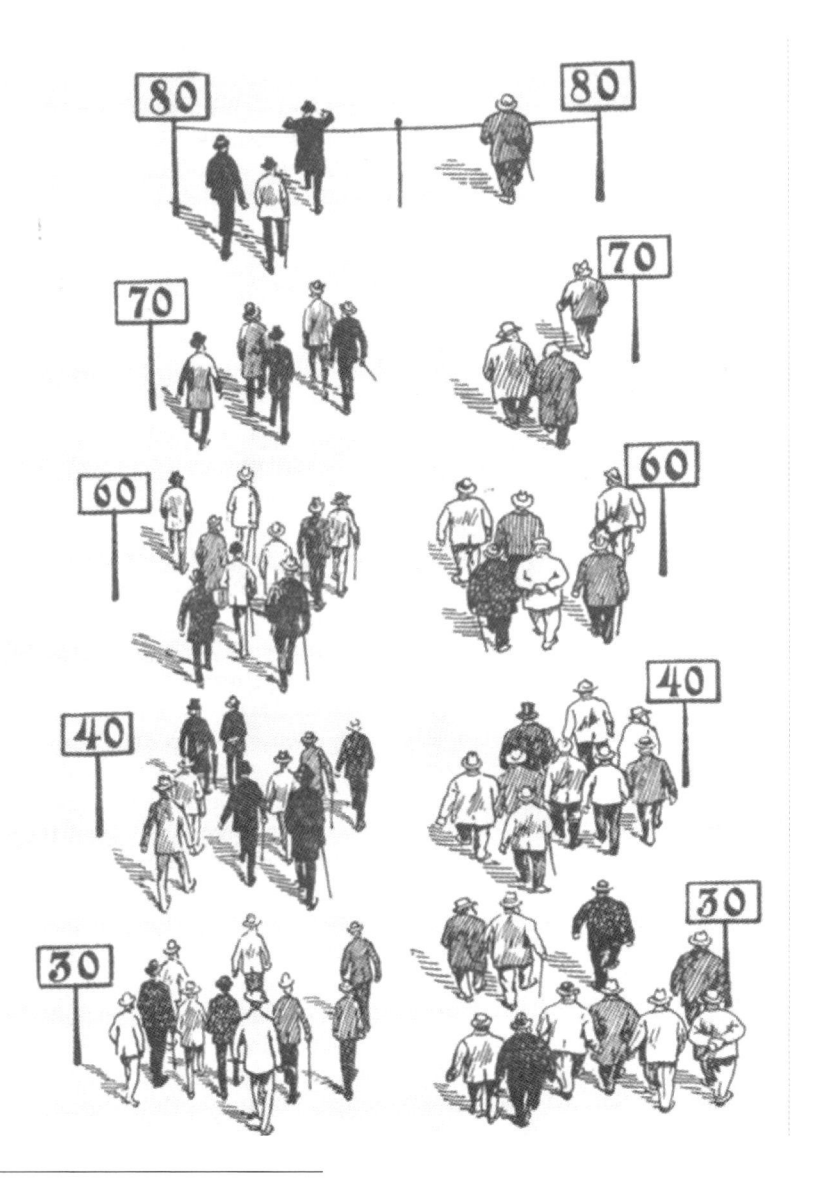

---
[7] Schweisheimer 1928: 68.

Basis dieser Akzentversetzung war die tief greifende Ausdifferenzierung des stofflichen Wissens, der Stoffwechselphysiologie und der Ursachen ernährungsabhängiger Krankheiten. Grundlagenforschung verlagerte sich von den Messorten in Laboratorien, wodurch die Schwierigkeiten zunahmen, dieses Modellwissen widerspruchsfrei in den Alltag zu integrieren. Die Folge waren seit den 1920er Jahren zahlreiche Aufklärungsbemühungen über Ausstellungen und Broschüren. Zugleich aber führten insbesondere die Körpernormen dazu, wissenschaftliche Körperideale zu inkorporieren. Körperindizes resp. Vorstellungen von Normal- und Idealgewichten finden sich seit den 1920er Jahren in der Werbung und Populärkultur, wurden allerdings in der Nachkriegszeit nochmals bedeutsamer. Ebenso charakteristisch wurden jedoch Gesundheits- und Fitnesskampagnen, deren Ausprägungen in Ost und West relativ ähnlich waren und die bis heute propagiert werden, ohne aber zu reflektieren, dass es hier primär um die Hierarchisierung und Durchsetzung eines naturwissenschaftlichen Körpermodells geht. Dadurch werden vielfältige nicht wissenschaftliche Dimensionen des Körpers ausgegrenzt und tendenziell entwertet. Auf der Handlungsebene leistet das Modell des wissenschaftlichen Körpers aber auch einer Delegierung von Körper- und Gesundheitsproblemen an Experten Vorschub und reduziert so tendenziell die Eigenverantwortung für den eigenen Körper, die sich wahrlich nicht in Kosten dämpfenden Maßnahmen erschöpft.

Der kommerzialisierte Körper

Das naturwissenschaftliche Verständnis des Körpers erlaubte seine Bewertung auf Basis von Durchschnittsentwicklungen, die Benennung von wahrscheinlichen Gefährdungen und möglichen Krankheiten sowie deren Therapie und Behandlung. Dies ist funktional und im Kern unaufgebbar. Zugleich aber initiierte und förderte es einen breiten Markt körpernaher Dienstleistungen und Produkte.

Gleichwohl ist der kommerzialisierte Körper vom verwissenschaftlichten zu unterscheiden. Gewerbliche Anbieter nutzten seit dem späten 19. Jahrhundert wissenschaftliche Expertise für ihre Zwecke, setzten diese auch in sinnvolle und hilfreiche Produkte um. Doch zugleich nutzen sie die alltäglichen Vorstellungen und Deutungen des Körpers und koppeln sie mit sich wandelnden Anforderungsprofilen an die Leistungsfähigkeit und Ästhetik der Körper. Produkte und Dienstleistungen schlossen vielfach die Lücken zwischen den wünschenswerten und den realen Körpern und setzten diese in Wertschöpfung um.

Festzuhalten ist dabei erst einmal eine noch um 1900 vielfach heterogene, keineswegs auf ein dominantes Körperideal zurückführbare Bewertungslage. Die enge Koppelung kräftiger Körper mit Wohlstand und Lebensfreude findet sich vor dem Ersten Weltkrieg etwa in vielfältigen Körperdarstellungen, in denen Dünne, insbesondere zu Dünne als Kostverächter, Miesepeter und Nörgler dargestellt werden. Der Dicke ist zwar konfrontiert mit den Ansprüchen der modernen, messenden Welt, etwa der Waage, doch weiß er sich und seinen Lebensstil sehr wohl zu behaupten. Im Alltag brauchte man vor dem Ersten Weltkrieg ein gewisses Gewicht, um wahrgenommen zu werden, um etwas zu gelten: Entsprechend breit war der Markt an Kräftigungsmitteln, der nicht nur Nahrungsstoffe zuführen, sondern auch knochige und übellaunige Männer und Frauen in fleischige und lebenslustige Wesen verwandeln sollte. Nähr- und Nervennahrungen dominieren um die Jahrhundertwende, auch wenn man sie vielfach als Reste des damals fehlgeschlagenen Versuches einer Umgestaltung der täglichen Kost auf Basis von Nährpräparaten sehen muss.

Diätpräparate und Entfettungsmittel wurden schon in den 1860er Jahren in großer Zahl vertrieben, machten etwa ein Drittel der sog. Geheimmittel aus, deren Vertrieb durch die grundsätzliche Gewerbefreiheit wesentlich erleichtert wurde und die erst um 1900 zugunsten der Apotheker und Ärzteschaft strikter reguliert wurde. Die ärztliche Diätpraxis war gleichwohl der Ausgangspunkt für zahlreiche Produkte, mit denen die Praxis der gutbürgerlichen Diättherapie – damals machten mehr als 30.000 Personen jährlich eine Kur in Marienbad – kostengünstig eingekauft und nachbereitet werden konnte.

Abbildung 5: Werbung für Dr. Wagners Antipositin 1905[8]

---

[8] Fliegende Blätter 123, 1905, Nr. 3141, Beibl., S. 19

Waren solche Werbeanzeigen noch dezent gehalten, so gingen vor dem Hintergrund der Ergebnisse der Versicherungsmathematik viele Anbieter nach der Jahrhundertwende zu einem „death marketing" über, in dem die Schockwirkung den potenziellen Kunden aufrütteln und zum Kauf bewegen sollte. Essen galt hier nicht länger als Genuss, sondern als Mittel zur Modellierung des eigenen Körpers, als Problemhort, als Sünde. Essen verband sich paradoxerweise mit Verfall, mit Tod.

Abbildung 6: Körper und Leistungsfähigkeit in der Werbung 1912[9]

Glänzende Gutachten. Zu haben in allen Apotheken. Versand: **Rats-Apotheke, Magdeburg 3.** Oesterreich-Ungarn: Schutzengel-Apotheke, Wien 4.

Subtiler und letztlich erfolgreicher waren jedoch Anbieter, die Alltagserfahrungen und -ängste der Verbraucher mit den Wohltaten der Angebote verbanden. Gerade der auch damals schon als zunehmend intensiviert wahrgenommene Arbeitsalltag und die angesichts der verschiedenen kurzen Rezessionen dieser Zeit offenkundige Wettbewerb um Stellung und Arbeitskräfte ließ insbesondere bei Männern Hilfsmittel akzeptabel erscheinen. Deutlich erkennbar sind geschlechtlich divergierende Körperanforderungen, die beim Mann auf Leistungsfähigkeit und Kraft zielen, bei Frauen dagegen auf einen attraktiven jungen Kör-

---

[9] Fliegende Blätter 137, 1912, Nr. 3503, Beibl., S. 5.

per und Nervenstärke, um den Anforderungen an den Haushalt oder die urbane Konsum- und Arbeitswelt gewachsen zu sein. Die Produkte wurden zunehmend geschlechtsspezifisch positioniert, der Markt weiter segmentiert. Abführmittel etwa zielten insbesondere auf Kinder, Frauen und Ältere und erschienen noch als eine einfache Möglichkeit, Wohlbefinden zu steigern sowie auch das Körpergewicht zu modellieren.

Gleichwohl: Die gängige Darstellung eines umfassenden Umschwungs hin zu einem schlanken, tendenziell gertenschlanken Körper findet sich weder vor, noch unmittelbar nach dem Ersten Weltkrieg. Stattdessen finden wir die zunehmende Akzeptanz einer wieder gewonnenen Antike, deren auf den realen Durchschnittsmenschen zielende Statuen die Lebensreform-, Sport-, Tanz- und insbesondere die Nacktkulturbewegung wesentlich beeinflussten (Möhring 2004; Wedemeyer-Kolwe 2004). Die Unterernährung zwischen 1915 und 1923 ließ Magerkeit für die Mehrzahl der Bevölkerung als Ausdruck elementarer Not erscheinen. Sie wollte nicht schlank sein, sondern auskömmlich essen. Das uns bekannte Bild der Frau im engen Kostüm mit Bubikopf gilt sicher für breite Bereiche der urbanen Kultur, doch kann man nicht von einem dominanten Schlankheitsideal sprechen.

Ökonomisch bedeutete dies segmentierte Märkte. Die Modebeilagen der Hausfrauenzeitungen boten Vorlagen sowohl für schlanke als auch für sog. starke und – ein Begriff aus der Mitte der 1920er Jahre – vollschlanke Körper an. Entfettungsmittel spielten nicht mit dem Ideal gertenschlanker Körper, sondern eher mit Bildern glücklicher und geliebter Frauen. Ein attraktiver Körper war verbunden mit charakteristischer Muskelmasse oder aber mit spezifisch weiblichen Rundungen. Gleiche Produkte wurden für unterschiedliche Lebenslagen und Konsumentengruppen angeboten, vielfach jeweils andere Eigenschaften der Präparate hervorgehoben. Männer und Frauen, moderne und eher traditionelle Klientel wurden angesprochen, vor übertriebenen Idealen gewarnt, wohl aber auf einen schlankeren Körper hingewiesen. Gleichwohl darf man nicht unterschätzen, dass insbesondere während der Weltwirtschaftskrise Nähr- und Aufbaupräparate eine relative Konjunktur erfuhren – auch wenn deren Bedeutung insbesondere während und nach der Hyperinflation wesentlich größer war.

Auch während der NS-Zeit wurde dieses figurbetonte Ideal in Werbung und Politik propagiert, galt doch der Körper als kräftig, der arbeiten und gebären konnte. Ein wirklicher Bruch der Bildsprache erfolgte in diesem Marktsegment jedoch nicht, auch wenn die ohnehin eher zweitrangigen Bilder modischer urbaner Frauen nur noch selten zu sehen waren, sieht man einmal von „deutscher" Mode ab.

Nach der Hungerkrise der Nachkriegszeit dauerte es schließlich einige Jahre, bis Schlankheitsmittel wieder Abnehmerinnen fanden. Erst seit 1948/49 stabilisierte sich die Lebensmittelversorgung, sodass die meisten Anbieter wieder Anzeigen schalteten, die zuerst wieder den Körperaufbau, dann immer stärker das Abnehmen propagierten. Der Idealkörper war damals kräftig, so wie die irdischen Göttinnen Hollywoods. Diese Orientierung auf gut gebaute Körper verband sich übrigens harmonisch mit dem Frauenideal der Männer, die eine fülligere Frau einer sehr schlanken Frau eindeutig vorzogen und bis heute vorziehen. Doch die Anzeigen zeigen indirekt auch, dass sich spätestens seit den frühen 1960er Jahren das Bild des idealen Körpers deutlich verändert hat. Unsere Bilderwelt ist von anderen Körpern geprägt, eindeutig schlankeren; der Bruch erfolgte nicht zuletzt mit der Sexualisierung und Liberalisierung seit den späten 1960er Jahren, die eben nicht mehr neuerlich an ein antikes Ideal anknüpfte. Die Abbildung zeigt zugleich aber einen beträchtlichen Wandel innerhalb des Warenangebotes, bei dem die traditionellen Tees, Entfettungs- und Abführmittel Konkurrenz von neuen, insbesondere aus den USA stammenden Formula-Diäten bekamen. Die vielfältigen lebensmitteltechnologischen Verfahren, die im Rahmen der Kriegsanstrengungen Bedeutung gewannen, wurden nun auch für die Körpermodellierung verfügbar gemacht. Der Ersatz von kalorienhaltigen durch kalorienarme Inhaltsstoffe (etwa Fett durch Protein oder aber Zucker durch Zuckerersatzstoffe) erlaubte neue, rasch genutzte Angebote. Da die Lebensmittelmärkte spätestens seit den 1960er Jahren gesättigt waren, war erhöhte Wertschöpfung nur durch neue Produkte möglich – ein Grund für die sog. Gesundheitswelle um 1970.

Dabei nahmen Diätprodukte eine Vorreiterrolle ein. Während im Westen gewerbliche Anbieter diesen lukrativen Markt besetzten, wurde im Osten in enger Kooperation zwischen Ernährungswissenschaft, Planungsbehörden, Produktions- und Handelsbetrieben das sog. Optimierte Nahrung-Sortiment aufgebaut, das in den 1980er Jahren auf über 400 Produkte angewachsen war. Sie erreichten, ebenso wie im Westen, aber nur Marktanteile von wenigen Prozentpunkten, blieben speziellen Regalen oder aber Fachgeschäften, wie Reformhäusern und Drogerien vorbehalten. Diät-Biere oder Diät-Margarine konnten sich vom Odium einer Ersatzkost nicht befreien.

Deutlich ambitionierter waren die sog. Light-Produkte, die Ende der 1960er und Anfang der 1970er Jahre aufkamen. Auch hier handelte es sich um Produkte, bei denen bestimmte Inhaltsstoffe ausgetauscht wurden, um den Kaloriengehalt zu vermindern. Zugleich aber wurden sie als geschmacklich gleichwertig angepriesen, wurde lebensmitteltechnologisch großer Aufwand – auch an Zusatzstoffen – getrieben, um dieses Ziel zu erreichen. Auch in diesem Marktsegment, welches seit einigen Jahren eine Renaissance erfährt, machte sich nach etwa einer Dekade allgemeine Ernüchterung breit, blieb doch die Light-Zigarette das wichtigste Einzelprodukt, während die voller Hoffnung angepriesenen Light-

Würste nie mehr als ein Prozent Marktanteil gewinnen konnten. Erfolgreicher war entfettete Milch, die lange Zeit einen Marktanteil über 25 % hatte, während die Light-Varianten von Käse oder Süßgetränken etwa 5 % erreichen. Dies sind gleichwohl beträchtliche Mengen in gesättigten Märkten – für fettarme Milchprodukte 2006 etwa 450 Mio. € – so dass die Hersteller weiter in diese Sortimente investieren werden.

Der Schlankheitsmittelmarkt ist heute dagegen weniger bedeutsam: Die Umsätze liegen gegenwärtig bei ca. 170 Mio. €, bei deutlich sinkender Tendenz. Abführmittel bzw. sog. Magen- und Darmmittel liegen in vergleichbarer Größenordnung, doch werden sie heute häufiger genutzt, um Verstopfungen aufzulösen. Demgegenüber nehmen ärztliche Dienstleistungen rasch an Bedeutung zu. Im Jahr 2000 wurden für Fettabsaugungen, Operationen für Gewichtsreduktion sowie ärztlich betreute Diäten ca. 10 Mrd. € ausgegeben, gegenwärtige Schätzungen gehen von leicht höheren Werten aus.

Die neueste Entwicklung zielt auf eine Kombination von sog. Functional Food, also von Lebensmitteln mit gesundheitlichem Zusatznutzen, und Light-Produkten bzw. klassischen Schlankheitsmitteln. Insgesamt verdeutlichen sowohl die Entwicklungen im Lebensmittelangebot als auch im Gesundheitswesen, dass der übergewichtige Körper in den letzten Dekaden zunehmend eine relevante ökonomische Größe geworden ist, und dass die Nischenmärkte vor 1960 sich in der Folgezeit immens ausgeweitet haben. Hierin liegt ein struktureller Grund für die Thematisierung von Übergewicht und Körperdefiziten.

Biopolitik heute – einige Rückfragen

Trotz dieser Entwicklungen nahm in den letzten Jahren scheinbar paradoxerweise die Schlankheitsorientierung ab: 1992 bezeichneten sich noch 29 % als sehr schlankheitsbewusst und achteten darauf, eine bestimmte Kalorienzahl pro Tag nicht zu überschreiten. 1997 lag dieser Wert bei 19 %, 2002 bei 18 % und heute bei 20 % (Bachl 2004; Gesund und schlank 2007). Aufklärung und publizistische Debatten erreichen offenbar nur einen relativen kleinen Anteil der Bevölkerung, der aber zugleich für Angebote von Diät- und Lightprodukten, von Functional Food und Schlankheitsmitteln deutlich empfänglicher ist. Die Debatten bündeln die immer wieder gleichen Argumente aus Naturwissenschaft und Gesundheitswesen, sind tendenziell jedoch ein Selbstgespräch von Experten, Politikern und Journalisten, die sich dabei zugleich wechselseitig ihrer Aufgaben und Funktionen für die Gesellschaft vergewissern.

Die Debatte selbst ist durch ihre stark naturwissenschaftliche Orientierung gekennzeichnet, die Dramatisierung erfolgt nicht zuletzt aufgrund des Kostendrucks im Gesundheitswesen und der Marktchancen eines kommerzialisierten Körpers. Dies führt dazu, dass vorliegende Daten einseitig und interessengeleitet interpretiert werden, dass zugleich bestehende Problemlagen mit Strategien und Kampagnen der Vergangenheit angegangen werden.

Die historische Analyse verdeutlicht die relative Zyklik der Debatten bei gleichzeitiger Konstanz der Argumente und Bekämpfungsstrategien. Körper sind aber mehr und anderes als funktionale Maschinen und Repräsentationen gesellschaftlicher Strukturen, sie sind vielmehr verbunden mit Sehnsüchten, Träumen und Wünschen. Diese werden von Anbietern aufgegriffen und mit den impliziten Werthorizonten der Naturwissenschaften verkoppelt. Und doch spiegelt sich hierin der Wunsch nach einer unhintergehbaren Körpererfahrung, mag sie sich in Kraft oder Zärtlichkeit, in kontemplativem Gefallen oder gelingenden Alltagsroutinen ausprägen. Diese Mehrdimensionalität des Körpers zu verstehen, ist wesentlich für einen alltagspraktischen Umgang mit den jeweiligen Körpern, die gleichermaßen Projektionsflächen und Bewährungsfelder unserer Wünsche und Vorstellungen sind.

(Natur-)Wissenschaft dient heute vielfach nicht mehr vorrangig der Aufklärung, sondern stärker der Gesundheitsmarkterschließung und der Absicherung politisch initiierter und medial propagierter Kampagnen. So notwendig angesichts der sehr wohl bestehenden und nicht gering zu veranschlagenden Gesundheitsgefährdungen präventive, kurative und auch klinische Strategien sind, so führt die Dramatisierung und Moralisierung von Körperdefiziten seitens vieler Mediziner jedoch nicht weiter. Wie sehr hier soziale Ausgrenzung und Stigmatisierung salonfähig geworden sind, zeigt sich etwa an der sog. Unterschichtendebatte, die auf die soziale Markerfunktion von Gewichtsvariationen verweist.[10]

Die unterschiedlichen sozialen und auch ethnischen Körperformen und -funktionen sind Teil unseres Alltages und können mit Verweis auf ein universelles Körpermodell nicht einfach planiert werden. Zudem zeigte der Mikrozensus 2005 nochmals deutlich, dass die Personen aus den einkommensschwächsten Haushalten keineswegs am stärksten übergewichtig sind, sondern vielmehr die der unteren und mittleren Mittelschicht (Leben 2006: 69).

Der naturwissenschaftliche Körperblick ist unverzichtbar, in seiner Eindimensionalität aber auch ein Teil der heute bestehenden Probleme der Deutschen mit ihren Körpern. Die Logiken des Alltages harren vielfach noch einer kulturwissenschaftlichen, insbesondere aber einer historischen Analyse. Sie könnte Argumente und Handlungsoptionen für das liefern, was in der Debatte über Adipositas wirklich fehlt: ein inhaltlich eigenständiger und problemadäquater Beitrag aus der Mitte der Gesellschaft, von Bürgern und Bürgerinnen.

---

[10] Vgl. hierzu auch den Beitrag von F. Schorb „Keine Happy-Meals für die Unterschicht!" in diesem Band.

Literatur

Aktuelles zum Kinder- und Jugendgesundheitssurvey des RKI (KiGGS) (2006): Zu Uebergewicht und Adipositas von Kindern und Jugendlichen. In: Robert-Koch-Institut. Epidemiologisches Bulletin, Nr. 27, S. 231-232.

Bachl, T. (2004): Dem Konsumenten auf der Spur. Last oder Lust – Lebensmittelkonsum der Zukunft. o.O. (Ms.).

Bergmann, K.E./Mensink, G.B.M. (1999): Körpermaße und Übergewicht. In: Das Gesundheitswesen 61, Sdrh. 2, S. S115-S120.

Bös, K. (2005): Motorische Kompetenzen bei Kindern und Jugendlichen. In: Moderne Ernährung heute, Nr. 1, S. 7-12.

Diäten (2000): Diäten verursachen Essstörungen. Rund 770000 Deutsche leiden unter Magersucht oder Bulimie. In: Frankfurter Rundschau 56, Nr. 247, S. 30.

Gesund und schlank (2007) – Verbrauchereinstellungen aus dem Homescan Consumer Panel, hg. v. ACNielsen. o.0. (Ms.).

Graulich, J. (1977): Zum Stande der Übergewichtigkeit in der Bundesrepublik aus der Sicht der Versicherungsmedizin. In: Ernährungs-Umschau 24, S. 11-16.

Jaeger, U. et al. (1999): Veränderungen von Körpergewicht und Body-Mass-Index (BMI) bei deutschen Gemusterten (erstuntersuchten Wehrpflichtigen). In: Aktuelle Ernährungs-Medizin 24, S. 249-255.

Kinder (2006): Immer mehr Kinder uebergewichtig. In: BKK Faktenspiegel, Nr. 3, S. 3.

Koch, E.W. (1935): Über die Veränderungen menschlichen Wachstums im ersten Drittel des 19. Jahrhunderts. Leipzig.

Körper (1931). In: Der Große Brockhaus, 15. völlig neubearb. Aufl., Bd. 10, Leipzig, S. 483.

Kohlmeier, L. et al. (1993): Ernährungsabhängige Krankheiten und ihre Kosten. Baden-Baden.

Komlos, J./Kriwy, P. (2003): The Biological Standard of Living in the Two Germanies. In: German Economic Review 4, S. 459-473.

Kraut, H./Bramsel, H. (1951): Körpergewichtsentwicklung deutscher Arbeiter von 1937 bis 1947. In: Arbeitsphysiologie 14, S. 394-406.

Leben in Deutschland (2006): Haushalte, Familien und Gesundheit – Ergebnisse des Mikrozensus 2005. Wiesbaden.

Mensink, G./Lampert, T./Bergmann, E. (2005): Übergewicht und Adipositas in Deutschland 1984-2003. In: Bundesgesundheitsblatt – Gesundheitsforschung – Gesundheitsschutz 48, S. 1348-1356.

Möhring, M. (2004): Marmorleiber. Körperbildung in der deutschen Nacktkultur (1890-1930). Köln/Weimar/Wien.

Mokdad, A.K. et al. (1999): The Spread of the Obesity Epidemic in the United States, 1991-1998. In: Journal of the American Medical Association 282, S. 1519-1523.

Müller, F. (1971): Nationale und internationale Ernährungsprobleme aus medizinischer Sicht. In: Die Kooperation bei der Herausbildung eines Systems der gesunden Ernährung in der DDR. Berlin (O), S. 32-49.

Popkin, B.M//Udry, J.R. (1998): Adolescent Obesity Increases Significantly in Second and Third Generation Immigrants: The National Longitudinal Study of Adolescent Health. In: Journal of Nutrition 120, S. 701-706.

Reincke, M./Beuschlein, F./Slawik, M. (2006): Die Behandlung sollte bei einem BMI von 25 beginnen. In: Münchener Medizinische Wochenschrift 148, Nr. 33/34, S. 2-8.

Rubner, M. (1920): Einfluss der Kriegsverhältnisse auf den Gesundheitszustand im Deutschen Reich. In: Münchener Medizinische Wochenschrift 67, S. 229-242.

Schlesinger, E. (1919): Wachstum, Gewicht und Konstitution der Kinder und der heranwachsenden Jugend während des Krieges. In: Zeitschrift für Kinderheilkunde 22, S. 79-123.

Schneider, H./Schmid, Alexandra (2004): Die Kosten der Adipositas in der Schweiz. Schlussbericht, Basel.

Schwägerl, C. (2003): Der Fettfluch. Medizin und Staat im Kampf gegen Übergewicht. In: Frankfurter Allgemeine Zeitung, Nr. 156, S. N1.

Schweisheimer, W. (1926): Dickwerden und Schlankbleiben, 2. Aufl., München.

Schwiening, H. (1914): Körpergröße und Körpergewicht des Menschen. In: Deutsche Medizinische Wochenschrift 40, S. 498-500, 556-558.

Schwiening, H./Nicolai (1909): Ueber die Körperbeschaffenheit der zum einjährig-freiwilligen Dienst berechtigten Wehrpflichtigen Deutschlands, Berlin.

Spiekermann, U. (2000): Pfade in die Zukunft? Entwicklungslinien der Ernährungswissenschaft im 19. und 20. Jahrhundert. In: Schönberger, G.U./Ders. (Hg.): Die Zukunft der Ernährungswissenschaft. Berlin/Heidelberg/New York, S. 23-46.

Thoms, U. (2000): Körperstereotype. Veränderungen in der Bewertung von Schlankheit und Fettleibigkeit in den letzten 200 Jahren. In: Wischermann, C./Haas, S. (Hg.): Körper mit Geschichte. Stuttgart, S. 281-307.

Übergewicht (2007): Übergewicht und Adipositas in Deutschland. In: Robert-Koch-Institut. Epidemiologisches Bulletin, Nr. 18, S. 1-2.

Wedemeyer-Kolwe, B. (2004): „Der neue Mensch". Körperkultur im Kaiserreich und in der Weimarer Republik, Würzburg.

The World Health Report 1998 (1998): Life in the 21st century. A vision for all. Report of the Director-General, Geneva.

Wyden, P. (1965): The Overweight Society. An authoritative, entertaining Investigation into the Facts and Follies of Girth Control, London.

Adipositas in Form gebracht.
Vier Problemwahrnehmungen

Friedrich Schorb

„Rarely did we have the opportunity to observe an epidemic of chronic disease occur before our eyes. The questions and challenges that the epidemic provokes, provides us with an exciting and unique opportunity to shape a new field."
(Dietz 2002 zit. nach Gard/Wright: 68).

Einleitung

Was ist Adipositas? Diese Frage kennt viele Antworten: Adipositas ist ein dicker Bauch, ein BMI größer als 30, eine chronische Krankheit, ein Risikofaktor für Diabetes, Herz-Kreislauf-Erkrankungen und bestimmte Krebsarten. Adipositas ist eine Zivilisationskrankheit, die Folge von Fast Food, Soft Drinks und Süßigkeiten. Adipositas ist ein genetischer Defekt, aber auch Folge falscher Erziehung. Adipositas resultiert aus mangelnder Zuneigung, Vereinsamung oder aus sexueller Frustration. Adipositas ist eine kritisch erhöhte Fettmasse, eine physische und psychische Belastung, das Gesundheitsrisiko Nummer 1 in westlichen Gesellschaften, Grund für sinkende Lebenserwartung und leere Sozialkassen, sozialer Tod und schwerer Start ins Leben, eine weltweite Epidemie und in vielen Staaten bald nicht mehr Ausnahme, sondern Regel, nicht mehr Abweichung, sondern Norm.

All diese Antworten, bis auf den dicken Bauch vielleicht, sind strittig, richtig und falsch zugleich. Richtig sind sie jeweils aus einer spezifischen Sichtweise auf das Phänomen, falsch aus einer alternativen Problemwarte. Selbst die Konvention, von Adipositas ab einem BMI größer 30 zu sprechen, ist nicht unbedingt korrekt. Und das nicht etwa weil einige diesen Grenzwert für falsch gesetzt hielten, sondern weil er nicht der medizinischen Definition von Adipositas entspricht.

Adipositas ist aus medizinischer Sicht ein kritisch erhöhter Fettanteil an der Gesamtkörpermasse. Als Grenzwerte gelten 25% bei Männern und 30% bei Frauen. Den Fettanteil an der Gesamtkörpermasse zu bestimmen, ist aber aufwendig und im Alltag unmöglich. Deswegen behilft man sich mit alternativen Methoden, die den Fettanteil wiederum nur schätzen können. Beliebt sind drei

Verfahren, der Waist Hip Ratio (WHR), die Messung des Bauchumfangs und das körpergrößenunabhängige Gewicht (kg/m²), besser bekannt als Body Mass Index (BMI). Der BMI ist unter diesen drei Messverfahren nicht nur der mit Abstand populärste, sondern auch der am wenigsten geeignete Indikator für die mit Adipositas verbundenen gesundheitlichen Gefährdungen. Zum einen ist die Korrelation zwischen Fettanteil und BMI nicht stark genug ausgeprägt, um Fehldiagnosen gerade im Bereich des Übergewichts und der moderaten Adipositas zu vermeiden; zum anderen geht der BMI nicht auf die für gesundheitliche Gefahrenprognosen immanent wichtige Verteilung des Körperfetts ein. Die BMI-Grenzwerte der Weltgesundheitsorganisation (WHO) für Erwachsene differenzieren nicht nach Alter und Geschlecht. Nationale Grenzwerte, wie die der Deutschen Gesellschaft für Ernährung (DGE), die für verschiedene Altersintervalle jeweils unterschiedliche Normalgewichtsbereiche festlegen (DGE 1992), haben keine internationale Gültigkeit und werden in epidemiologischen Studien nicht berücksichtigt. Anders verhält es sich mit nach Ethnien differenzierten Grenzwerten. Diese sind aufgrund der großen Varianz innerhalb von Ethnien zwar umstritten, werden aber von einflussreichen Organisationen wie der International Association for the Study of Obesity (IASO) und ihrer Unterorganisation der International Obesity Task Force (IOTF) eingefordert. Das Gesundheitsministerium von Singapur z.b. hat die vorgeschlagenen Grenzwerte der IOTF für Asiaten offiziell übernommen (Singapore Gouvernment 2005).

Dagegen wird die „Altersblindheit" des BMI so gut wie gar nicht thematisiert. Unter Medizinern unstrittig ist aber, dass der Fettanteil des Körpers mit zunehmendem Alter ansteigt. Daher gilt im höheren Lebensalter ein BMI größer 25 aus medizinischer Sicht als „wünschenswert" (DGE 1992; vgl. auch Kuczmarski/Flegal 2000). Davon unbeeindruckt halten die Weltgesundheitsorganisation (WHO), Gesundheitsministerien weltweit sowie globale Organisationen, die sich den Kampf gegen Adipositas auf die Fahnen geschrieben haben, an den einheitlichen Grenzwerten fest, was dazu führt, dass Millionen älterer Menschen, obwohl sie aus medizinischer Sicht idealgewichtig sind, als übergewichtig klassifiziert werden. Insofern ist ein BMI größer 25 tatsächlich Übergewicht und ein BMI größer 30 Adipositas, wenn auch weniger in einem streng medizinischen als in einem normativ faktischen Sinn.

Adipositas, so steht es in den medizinischen Standardwerken, ist eine chronische – manche sagen sogar eine unheilbare – Krankheit. Dennoch fühlen sich viele Betroffene gesund und wollen nicht als krank bezeichnet werden. Zwar entlastet das Label Krankheit die Betroffenen von individueller Verantwortung. Gleichzeitig beinhaltet es aber die Verpflichtung gesund zu werden, und dafür ärztliche Hilfe in Anspruch zu nehmen (vgl. Stollberg 2001). Menschen in den USA, die sich organisiert für Toleranz gegenüber Adipösen einsetzen – die sog.

Size-Acceptance-Bewegung – empfinden das Label Krankheit für sich als Stigma, das ihnen verbietet, so zu bleiben wie sie sind. Ähnlich lautet die Kritik der Size-Acceptance-Bewegung an der These, Adipositas habe überwiegend genetische Ursachen. Diese brächten nicht nur eine noch stärkere Entlastung von persönlicher Schuld mit sich als die Krankheit Adipositas mit ihrer widersprüchlichen und komplexen Ätiologie; erhalten bliebe in jedem Fall eine biologische Hierarchisierung. Vom Mitleid zum Hass auf die biologisch Inferioren, so fürchten viele Size-Acceptance-Aktivisten, könnte es, wie so häufig in der Geschichte, nur ein kurzer Weg sein (Saguy/Riley 2005). Außerdem rückt eine genetische, also endogene Ätiologie Adipositas in die Nähe einer Behinderung. Das Label Behinderung wiederum ist mit einer weitgehenden Entmündigung verbunden. Das Ende der Schuldzuweisungen wäre teuer erkauft.

Zugleich wehrt sich die Anti-Übergewichts-Lobby diesseits und jenseits des Atlantiks gegen die Genetisierung des Problems. Denn die wissenschaftlich ohnehin nicht nachweisbare Behauptung, Adipositas habe vorwiegend genetische Ursachen, entlaste die Adipösen von der Verpflichtung, etwas gegen ihr Übergewicht zu unternehmen. Zudem sei die Behauptung genetischer Ursachen für Adipositas nicht nur kontraproduktiv, sondern empirisch falsch, wie sonst ließe sich der starke Anstieg der Adipositasprävalenz innerhalb weniger Jahrzehnte erklären.

Wenigstens die Wahrnehmung von Adipositas als Risikofaktor für diverse Folgekrankheiten, so könnte man meinen, sei unstrittig. Doch auch hier liegen die Dinge komplizierter. Innerhalb der medizinisch-epidemiologischen Forschung gibt es großen Dissens darüber, ab welchem BMI eine verkürzte Lebenserwartung zweifelsfrei nachgewiesen werden kann. Die Bandbreite schwankt zwischen BMI 23 und BMI 35 (vgl. Wirth 2000; Flegal et al. 2005). Eben so umstritten ist, ab welchem BMI Korrelationen zu den diversen Folgekrankheiten signifikant werden, einen noch größeren Interpretationsspielraum lassen schließlich das Zählen der durch Adipositas verursachten vorzeitigen Todesfälle und die Kalkulation der ökonomischen Folgekosten zu.

Wer was wann wo und warum vertritt, ist nicht immer einfach zu beantworten. Mit Sicherheit spielen finanzielle Interessen auf allen Seiten der zahlreichen Barrikaden eine entscheidende Rolle. Doch sie allein können die Motivation der Akteure und die zeitlichen und örtlichen Verschiebungen der dominanten Problemwahrnehmung nicht zufriedenstellend erklären. In dem folgenden Beitrag soll es darum gehen, die vielen widersprüchlichen Wortmeldungen zum Thema Adipositas zu ordnen, zu vier Problemwahrnehmungskomplexen zusammenzufassen und zu bewerten. Diese vier Problemwahrnehmungen sind: die Wahrnehmung von Adipositas als einer Epidemie globalen Ausmaßes, das Verständnis von Adipositas als Sucht nach Fett und Zucker, die Wertung von Adipositas als selbstverschuldetes Fehlverhalten und schließlich die Betrachtung von Adipositas als Ausdruck körperlicher Vielfalt.

Fear of a fat planet – Adipositas als Epidemie

Mit Sicherheit die populärste und wirkmächtigste Problemwahrnehmung ist die von der „Adipositas als Epidemie". Von der Weltgesundheitsorganisation (WHO) 1997 offiziell in den Stand einer weltweiten Epidemie erhoben (WHO 1997), ist die Bezeichnung von „Adipositas als Epidemie" in nicht einmal zehn Jahren zum unhinterfragten Allgemeinplatz geworden.

Diese Problematisierungsvariante steht am Ende einer langen und wechselhaften Ätiologiegeschichte der Adipositas, in der abwechselnd endogene (also genetische und biochemische) und exogene (also verhaltensinduzierte und psychologische) Faktoren maßgeblich waren (vgl. Klotter 1990). Seit den 1990er Jahren werden verstärkt Umweltfaktoren für den starken Anstieg der Adipositas verantwortlich gemacht. Da weder genetische Ursachen noch psychologische Deutungen den schnellen Anstieg der Adipositas erklären konnten, blieb als überzeugende Erklärung allein die radikale Veränderung der Lebensgewohnheiten. In den medizinischen Standardwerken fällt sie unter den Begriff Umwelteinflüsse, die individuelles Verhalten stark beeinflussen, oder es ist von einer „evolutionsbiologisch angelegten Überlebensstrategie, die sich unter Überflussbedingungen gegen die Gesundheit des Menschen entwickelt", die Rede (Pudel 2003: 2). Der Mensch, seiner evolutionären und biologischen Bestimmung nach ein „Lauftier", ist „auf Bewegung programmiert. Jahrtausende lang musste er seine Nahrung erjagen und ersammeln, wofür er täglich weite Strecken zurücklegen musste. Der Körper war sein Kapital, die Fähigkeit zur Bewegung überlebensnotwendig. Die Biosoftware des heutigen Menschen ist noch immer auf die Steinzeit programmiert, denn die Evolution hat einen langen Atem – die Lebensumstände aber haben sich im Zeitalter der Industrialisierung und des Wohlstandes völlig verändert" (Pape/Schwarz/Gillessen 2001: 6).

Visualisiert wird die Epidemiethese durch Bilder einer fehlgeleiteten Evolution: dem Affen voran schreitet der Steinzeitmensch, klein, beharrt und mit primitivem Speer ausgestattet, davor ein athletischer Typ Mensch der Neuzeit, ganz vorneweg geht ein übergewichtiger Vertreter der Gegenwart bzw. nahen Zukunft. Gerne drücken ihm die Illustratoren einen Softdrink oder einen Burger in die Hand. Manchmal hat er sich auch in Affenhaltung mit gebeugtem Rücken vor einen Computer oder Fernseher gesetzt (vgl. Abb. 1; Gard/Wright: 31).

Abbildung 1: Titelblatt von „The Economist", Dez. 13-19, 2003.

The shape of things to come

Die Botschaft ist für jeden klar und verständlich: Irgendwas ist schief gegangen im Verlauf der Evolution. Der Mensch wird nicht mehr schöner, größer und stärker, sondern dicker und unansehnlicher. Er ist seinem biologischem Schicksal als Jäger und Sammler, als körperlich aktiver, drahtiger, selten über- und sehr viel häufiger unterernährter Kreatur entronnen. Doch der vermeintliche Gewinn an Bequemlichkeit, die historisch einmalige (wenn auch auf kleine Teile der Welt beschränkte) Nahrungssicherheit ist ihm zum Verhängnis geworden. Fett und krank hat das Schlaraffenland den modernen Menschen aus neodarwinistischer Sicht werden lassen (vgl. Gard/Wright 2005). Aus der Problemwarte „Adipositas als Epidemie" ist das nicht die Schuld des Menschen als Individuum, wohl aber das Versäumnis des Menschen als Gattungswesen. Unberücksichtigt bleiben dabei die vielen gesundheitlichen Vorteile, welche die Abwesenheit harter körperlicher Arbeit und das Vorhandensein von Nahrungssicherheit mit sich bringen.

Stärker als Bilder wirken dabei auch in diesem Kontext Zahlen. Neben dem gesundheitlichen Gefährdungspotential, den Sterbeziffern und den Folgekosten ist es die schiere Masse an Adipösen, die die Wahrnehmung als Epidemie zu rechtfertigen scheint. Und hier haben die Vertreter der Adipositas Epidemie starke Argumente. Auch wenn die Repräsentativität bzw. internationale Vergleichbarkeit der Daten umstritten ist, weil sich z.b. die Methoden der Datenerhebung unterscheiden (Telefonbefragung, schriftliche Befragung, Wiegen und Messen), nicht alle Altersgruppen berücksichtig wurden (z.b. nur Personen älter als 25) oder, wie im Fall der infantilen Adipositas, eine verwirrende Vielzahl von Indizes um Aufmerksamkeit konkurriert (vgl. dazu den Artikel von Helmert i. d. B.); niemand zweifelt grundsätzlich daran, dass die Prävalenz der Adipositas in den vergangenen Jahrzehnten stark zugenommen hat – und zwar nicht nur in den USA, sondern auch in Europa und in vielen Schwellenländern.

Anders liegt der Fall beim Übergewicht, der Vorstufe von Adipositas. Hier ist der spektakuläre Zuwachs überwiegend der Absenkung der Grenzwerte zu verdanken. Die Kategorie Übergewicht wurde erst 1996 durch die WHO verbindlich festgelegt, zuvor galt z.B. in den USA ein BMI von 27,3 bei Frauen bzw. 27,8 bei Männern als Grenzwert für die Vorstufe von Adipositas (preobesity). Als die staatlichen National Institutes of Health den strengeren Grenzwert der WHO (nämlich einen BMI von 25) 1998 übernahmen, wurden über Nacht mehr als 35 Millionen zuvor gesunde US-Amerikaner zu Risikoträgern (Kuczmarski/Flegal 2000: 1078). Derzeit arbeiten einflussreiche Lobbygruppen daran, neue und noch strengere Grenzwerte für Asiaten durchzusetzen. Auch wenn sie die WHO noch nicht überzeugt haben (vgl. WHO 2004), die International Obesity Task Force (IOTF) arbeitet schon seit Jahren mit den neuen Grenzwerten. Das führt zu der von der IOTF propagierten extrem hohen Zahl von weltweit über 1,7 Milliarden Übergewichten im Vergleich zu rund einer Milliarde Übergewichtiger, die die WHO zählt (IOTF 2003; WHO 2000).

„Adipositas als Epidemie" funktioniert nicht nur mit strengen Grenzwerten, die die Dramatik des Problems erhöhen, wichtig sind auch spektakuläre Prognosen in die Zukunft: Mit mehr als 50% Adipösen und fast 100% Übergewichtigen im Jahr 2025 in den USA, Großbritannien und Australien droht die IOTF (Antipatis/Gill 2001: 11). Nach einer neueren Prognose könnte dieses Szenario in den USA sogar schon 2015 Realität werden (IOTF 2006: 13). Im selben Jahr sollen nach Schätzungen derselben Organisation 2,3 Milliarden Menschen weltweit übergewichtig sein, davon 700 Millionen adipös (IOTF 2006: 12).

Doch die These von der Adipositas als Massenphänomen hat ihren Haken. Denn auch in den Ländern, in denen Adipositas besonders weit verbreitet ist, steigt der durchschnittliche BMI der Bevölkerung nur vergleichsweise moderat. So erhöhte sich das Durchschnittsgewicht der Amerikaner in den 1990ern um weniger als zehn amerikanische Pfund (4,5 Kilo) pro Person. „Lediglich die extrem Adipösen am oberen Ende der Gewichtsskala hatten zusätzlich signifikant (bis zu 30 Pfund) zugelegt und damit das in der typischen Glockenkurve dargestellte Gesamtbild nach rechts verzerrt" (Gartz 2006: 184). Der Vorsitzende der IOTF James selbst weist auf die Schwierigkeiten, den durchschnittlichen

BMI vorherzusagen, hin. Seine nach Alter, Geschlecht und Weltregion differierenden Vorhersagen für das Jahr 2030 fallen dann auch nicht so eindeutig aus, wie es die These von der Adipositas Epidemie vermuten lassen würde. Nur für die Altersgruppen 45-59 und 60-69 sagen James et al. nordamerikanischen Männern und Frauen einen durchschnittlichen BMI größer 30 vorher. Bei Japanerinnen unter 30 Jahren befürchten James et al. im Gegensatz dazu hohe Prävalenzen von Untergewicht, sollte der Trend der vergangenen Jahrzehnte anhalten (ebd.: 576). Für Deutschland lässt sich zwar kein prozentualer Anstieg des Untergewichts feststellen, aber auch hierzulande gilt: dicker werden vor allem diejenigen, die schon dick sind (vgl. Helmert/Schorb 2007).

Hohe Prävalenzen allein machen noch keine Epidemie. Erst die vermuteten gesundheitlichen und ökonomischen Folgen rechtfertigen das prognostizierte Gefahrenpotential, das von der Masse der Übergewichtigen ausgeht. Eine Studie vom März 2004 über die häufigsten Todesursachen im Jahr 2000 in den USA ermittelte 400.000 Todesfälle, die auf „schlechte Ernährung und Bewegungsmangel" – sprich Übergewicht und Adipositas – zurückzuführen seien. Die Autoren prophezeiten, dass adipositasverursachende Verhaltensweisen schon bald das Rauchen als Todesursache Nummer eins verdrängen würden (Mokdad et al. 2004). Die Zahl 400.000 kursierte nicht nur in den Medien, sondern wurde auch vom staatlichen Center for Disease Control and Prevention (CDC), deren Mitarbeiter an der Studie beteiligt waren, vertreten. Doch schon im April 2005 korrigierte eine neue Studie, an der ebenfalls Mitarbeiter des CDC beteiligt waren, die Zahl der Adipositastoten in den USA auf 112.000 pro Jahr. Außerdem kam sie zu dem Ergebnis, dass Übergewicht die Lebenserwartung nicht senkt, sondern erhöht. Einen signifikanten Rückgang der Lebenserwartung stellten die Autoren erst ab einem BMI größer als 35 fest. Als Grund für die relativ niedrige Sterberate gaben sie verbesserte Behandlungsmethoden an, die allgemein für die kontinuierlich und auch zukünftig weiter ansteigende Lebenserwartung in den USA verantwortlich seien (Flegal et al. 2005). Das CDC reagierte prompt und übernahm die neuen Ergebnisse. Man gehe von nun an von der geringeren Zahl von 112.000 Todesfällen aufgrund von Bewegungsmangel und Fehlernährung jährlich aus, halte aber daran fest, dass Übergewicht ein ernstzunehmendes Gesundheitsrisiko bleibe und empfehle Übergewichtigen auch weiterhin abzunehmen (CDC 2005).

Zeitgleich erschien eine weitere Studie, die sich mit dem Zusammenhang von BMI und Risikofaktoren für Herzkreislauferkrankungen befasste. Die Forscher stellten nach der Auswertung von Datensätzen des nationalen Gesundheitssurveys (NHANES) der letzten 40 Jahre fest, dass sich die Prävalenz von erhöhten Cholesterinwerten und Bluthochdruck in allen Gewichtsgruppen stark verringert hatte. Nur bei Diabetes sei nach wie vor ein deutlicher Anstieg festzustellen. Das unerwartete Ergebnis erklärten die Wissenschaftler zum einen mit der Verbesserung der medizinischen Versorgung und dem häufigeren Einsatz von Arzneimitteln, zum anderen damit, dass viele Adipöse sich gesünder ernährten und mehr bewegten (Gregg et al. 2005).

Unbeeindruckt von solchen Ergebnissen publiziert die WHO weiterhin spektakulär hohe Sterbeziffern. Waren es im World Health Report der WHO von 2002 noch rund 320.000 Adipositastote in 20 westeuropäischen Ländern (WHO 2002: 9), sprach die Europasektion der WHO auf ihrer Europäischen Ministerkonferenz zur Bekämpfung von Adipositas im November 2006 in Istanbul von mehr als einer Millionen vorzeitiger Toter jährlich aufgrund übergewichtsbedingter Krankheiten in der Region (WHO 2006: 4). Weltweit zählte der World Health Report der WHO 2002 drei Millionen Todesfälle, die direkt auf Adipositas und Übergewicht zurückzuführen seien. Bis zum Jahr 2020, so die Prognose, werde sich diese Zahl auf fünf Millionen erhöhen (WHO 2002: 161).

Die Wahrnehmung von Adipositas als einer verheerenden Epidemie wird mit Aussagen zu den vermeintlichen Folgekosten für das Gesundheitssystem untermauert: 2-7 % der Kosten im Gesundheitswesen verursacht Adipositas laut der WHO in den Industrieländern (WHO 2000: 84).Übertragen auf die geschätzten Gesamtkosten im Gesundheitswesen in Deutschland von rund 240 Milliarden Euro wären das ca. 5-17 Milliarden Euro jährlich. Die Gesundheitsökonomen von Lengerke und John errechneten direkte Kosten von Adipositas in Höhe von 530 Millionen Euro jährlich, berücksichtige man auch die Folgekrankheiten, seien es rund 5 Milliarden Euro (John/von Lengerke 2005). Angesichts von fast 20% Adipösen in Deutschland vergleichsweise moderat, könnte man argumentieren. Und vielleicht bevorzugt die Bundesregierung aus diesem Grund eine eigene Studie aus dem Jahr 1993 (Kohlmeier et al.), die 30,3% aller Kosten im Gesundheitswesen ernährungsmitbedingten Krankheiten zuschlägt. In Renate Künasts Buch „Die Dickmacher" hört sich dieser Befund so an: „Die Bäuche haben sich mittlerweile in unseren Alltag gedrängt. Inzwischen verursacht die Fehlernährung über 70 Milliarden Euro Folgekosten im Jahr. Was wäre wohl los, wenn ein Virus oder eine Tierkrankheit derartige Schäden anrichtete? Sondersendungen im Fernsehen, Krisenstäbe, Rücktritte, Gesetzesänderungen. Doch Sondersendungen, die BSE, MKS oder Nitrofen auslösten, die Debatten, die um Alkohol und Nikotin geführt werden, gibt es zum Thema Gewicht nicht" (Künast 2004: 17).

„Adipositas als Epidemie" bietet ein scheinbar komplexes Erklärungsmodell: Einzelne Faktoren, wie bestimmte Verhaltensweisen oder Substanzen (wie Fett und Zucker), werden nicht isoliert betrachtet, sondern im Kontext eines grundsätzlichen Konflikts von biologischer Ausstattung und sich verändernder Umwelt, dem nur auf der Makroebene beizukommen ist.

Allerdings verliert „Adipositas als Epidemie" seine Existenzberechtigung sobald Adipositas nicht länger als Katastrophe, sondern lediglich als Problem oder gar Phänomen wahrgenommen wird. Daher muss das Problemmuster „Adipositas als Epidemie" durch dramatische Zahlen und bedrohliche Szenarien permanent den Ausnahmezustand heraufbeschwören. Die Argumentation ähnelt dabei strukturell der Debatte um die demographische Entwicklung oder das Weltklima. Wer auf Partikularinteressen Rücksicht nimmt, Zweifel an Zahlen, Prognosen und Analysen äußert, riskiert verantwortlich gemacht zu werden: Verantwortlich für die Unansehnlichkeit und Widernatürlichkeit des dann dominierenden Homo Adipositas, für den Rückgang der Lebenserwartung und den finanziellen Kollaps sozialer Sicherungssysteme.

Neben diesem Alarmismus der Problematisierungsvariante „Adipositas als Epidemie" ist auch die Reduktion des Menschen auf seine Natur als „Lauftier" problematisch, besteht doch der Kern der menschlichen Entwicklung genau darin, sich von dieser vermeintlichen Bestimmung zu emanzipieren. Zudem determiniert die Wahrnehmung von „Adipositas als Epidemie" übergewichtige Körper als widernatürlich und krankhaft, statt sie als soziale Phänomene zu betrachten.

Essen als Droge – Adipositas als Sucht

Die Wahrnehmung von „Adipositas als Epidemie" problematisiert die Folgen des Massenkonsums. In dieser Konsumkritik schwingt zugleich die Verklärung einer Vergangenheit ohne Fast Food, Fernseher und Computer, ohne Auto und Fahrstuhl mit – einer Welt der 1950er Jahre, als Renate Künast im Sommer auf Rollschuhen Pirouetten drehte, mit dem Fahrrad zum Freibad fuhr und im Winter Schneemänner baute und Schlitten fuhr, statt wie die heutige Jugend für Stunden im virtuellen Kosmos zu verschwinden und dabei „Zuckerlimonade, Joghurt, Schokoriegel und käseschwere Baguettes" zu verputzen (Künast 2004: 11f.). Andere Autoren schränken ihre Konsumkritik weiter ein und konzentrieren sich allein auf die Nahrungsmittelindustrie. In den USA sind in den letzten Jahren gleich mehrere populärwissenschaftliche Bücher wie Brownells und Horgens „Food Fight" (2003), Nestles „Food Politics" (2002), Critsers „Fat Land" und Schlossers inzwischen verfilmtes „Fast Food Nation" (2001) erschienen, die die Lebensmittelindustrie für die Adipositas Epidemie verantwortlich machen (vgl. dazu Kersh/Morone i. d. B.). Das Motiv der skrupellosen Fast Food Multis hat die Unterhaltungsindustrie erreicht. Das „Experiment" des Dokumentarfilmers Spurlock, sich in dem Film „Super Size Me" 30 Tage lang ausschließlich von

Mc Donald's Menüs zu ernähren, sahen in den USA, aber auch hierzulande Millionen Zuschauer im Kino.

In „Super Size Me" steht Mc Donald's stellvertretend für die gesamte Nahrungsmittelindustrie auf der Anklagebank. Der Multi bietet nicht einfach nur große Mengen Nahrungsmittel zweifelhafter Qualität zu niedrigen Preisen an, sondern verführt gezielt die Kleinsten zu lebenslangem Konsum. Mehrfach wird die These wiederholt, dass der Mc Donald's-Clown, die Cartoons im Werbefernsehen, die Geburtstagsfeiern, Spielplätze und Spielzeugfiguren in den Filialen eine lebenslange Abhängigkeit von den Konzernprodukten schafften, weil sie eine emotionale Bindung herstellten. In einer Szene im Film werden Zusammenschnitte aus Mc Donald's-Werbespots mit dem Anti-Drogensong „The Pusherman" unterlegt. Durch die Musik und die Verfremdung der Farben wirkt das Mc Donald-Maskottchen wie ein verführerisch lächelnder Schulhofdealer.

Für Neil Barnard vom Physicians Comittee for Responsible Medicine (PCRM), der selbst in „Super Size Me" zu Wort kommt, besteht das Angebot der Fast Food-Ketten aus einem einzigen „cocktail of opiates": „Käse (mit seinen Kasomorphinen), Fleisch als Fettrepräsentant, Zucker an sich und Schokolade als eine das Suchtpotential optimierende Fett- und Zuckermixtur" (Gartz 2006: 42) gelten ihm als Lebensmittel, deren Abhängigkeitspotential mit dem von Nikotin oder Opiaten vergleichbar sei.

Spurlock stützt die Suchtthese auch durch seine eigenen Erfahrungen. In den ersten drei Tagen hat er mit den Fett- und Zuckermassen zu kämpfen. Doch am vierten Tag hat sich sein Körper an die neue Diät gewöhnt. Schon nach zwei Wochen klagt Spurlock über depressive Stimmungen, die erst nach dem Genuss der kohlehydrat- und fettreichen Mc Donald's Produkte urplötzlich verschwänden. Doch das angebliche darauf folgende High und das Verlangen des Körpers nach den Suchtstoffen Zucker und Fett, spielen nach Beendigung des Experiments im Film keine Rolle mehr. Spurlock ist einfach nur froh, sich wieder gesund ernähren zu können.

Ein weiterer Topos der Problematisierung bestimmter Lebensmittel ist der Zusammenhang von gewissen Lebensmitteln und deren Wirkung auf das individuelle Verhalten. Fett und Zucker förderten Antriebsschwäche, Depressionen, Aggressionen, Unausgeglichenheit und Konzentrationsschwäche. Fischöl und Vitamine dagegen wirkten wahre Wunder. An Gefängnisinsassen in Großbritannien und den USA wurde der beruhigende Einfluss von Omega-3-Fettsäuren, Mineralien und Vitaminen in Pillenform erfolgreich getestet (Gesh et al. 2002). Berauscht von den positiven Ergebnissen in der Strafanstalt von Aylesbury in England – bei 82 Probanden konnte nach Einnahme der neuen Diät ein Rückgang der Übertretungen (offences) um 26% festgestellt werden – stellte der Ernährungswissenschaftler Gesh sogleich den gesellschaftlichen Schuldbegriff grundsätzlich in Frage. Der Anstieg der Gewaltverbrechen seit den 1950er Jahren, besonders aber seit den 1970er Jahren in Großbritannien lässt sich Gesh zufolge nicht allein „durch den Einfluss der Gene und auch nicht durch verändertes Anzeigeverhalten oder eine sensiblere Erfassung der Behörden erklären" (Gesh zit. nach Sydney Morning Herald 2006). Folglich muss die Ernährung Schuld sein.

In Großbritannien rennt Gesh mit seiner Theorie offene Türen ein, so kommentiert Lawrence in der Tageszeitung The Guardian den neuesten Vorwurf gegen Mc Donald's und Co. folgendermaßen: „The pandemic of violence in western societies may be related to what we eat or fail to eat. Junk food may not only be making us sick, but mad and bad too" (Lawrence 2006). Dass die Gewaltepidemie ursächlich mit einer Veränderung der Ernährungsweise in den westlichen Gesellschaften zusammenhängt, davon ist auch der Psychologe Hibbeln überzeugt. Und der Schuldige ist schon ausgemacht: Omega-6-Fettsäuren, oder genauer gesagt das Missverhältnis von Omega-3-Fettsäuren zu Omega-6-Fettsäuren in der Ernährung. Ernährungsexperten halten ein Verhältnis von 1:4 für ideal, in der Realität liegt das Verhältnis laut Sutter aber eher bei 1:10 (Suter 2002: 360). Ein hoher Anteil an Omega-3-Fettsäuren soll angeblich kardiovaskulären Erkrankungen vorbeugen, allerdings ist dieser Zusammenhang umstritten (vgl. Hooper et al. 2006).

Hibbelin hingegen geht es nicht um Gesundheit, sondern den moralischen Zustand der westlichen Gesellschaften. In einer Studie verglich sein Team den Anstieg der Mordrate in Argentinien, Australien, Großbritannien, Kanada und den USA (alles Länder mit „ähnlichem sozioökonomischen Hintergrund und Seefischanteil an der Ernährung") mit dem Anwachsen des Konsums Omega-6-Fettsäurehaltiger Lebensmittel und fand einen linearen Zusammenhang. Genau wie diätische Interventionen kardiovaskulären Krankheiten vorbeugen könnten – so Hibbelns Schlussfolgerung – ließen sich durch eine breite Ernährungsumstellung Verhaltensauffälligkeiten vorbeugen, die derzeit noch in Gefängnissen, Psychiatrien und durch Sozialarbeit behandelt werden müssten (Hibbeln et al. 2004).

Die neue Welle an Verhaltensauffälligkeiten bei Kindern, wie das Aufmerksamkeits-Defizit/Hyperaktivitäts Syndrom (ADHS), Legasthenie, Autismus oder Oppositionelles Trotzverhalten (Oppositional Defiant Syndrom), hätten ihren einfachen Grund in falscher Ernährung, behauptet auch die Ernährungswissenschaftlerin Richardson (2005).

Von solchen Thesen schwer beeindruckt hat der britische Bildungsminister Alan Johnson gefordert, allen Schülern im Land Omega-3-haltige Wunderpillen auszuhändigen (Oakeshott 2006). Doch Johnson wurde zurückgepfiffen. Die staatliche Food Standards Agency hatte eine Prüfung der bisherigen Studien zum

Zusammenhang von Verhalten, Lernerfolg und Ernährungsumstellung bei Kindern in Auftrag gegeben, und das Ergebnis fiel nicht nur für die Fischölfreunde enttäuschend aus: „The current evidence base examining the effect of diet and dietary change on educational attainment (including behaviour) remains weak and inconclusive" (Ells et al. 2006: 26).

Die Problemwahrnehmung von „Adipositas als Sucht", ganz im Sinne der früheren Bezeichnung Fettsucht, sieht Essen ausschließlich als eine Zusammensetzung chemischer Substanzen, die wahlweise süchtig, dumm, aggressiv und dick oder schlau, friedlich, fit und dünn machen. So sehr der Ansatz die Wirkung der Nahrungsbestandteile überschätzt, so blind ist er gegenüber sozialen Aspekten der Nahrungsaufnahme (vgl. dazu Rose i. d. B.).

Mit seinem einfachen Gut/Böse Schema stellt das Problemmuster „Adipositas als Sucht" Hersteller von problematisierten Produkten wie Süßigkeiten und Fast Food rhetorisch in die Nähe von Dealern, die nur an ihren Profit denken und dabei skrupellos Kinder in die Abhängigkeit treiben. Als besonders problematisch gelten Werbespots im Kinderfernsehen, weil sie die Geschmacksvorlieben frühzeitig prägten. Obgleich dieser Zusammenhang umstritten ist (vgl. dazu Theunert i. d. B.), gilt in Großbritannien seit 1. April 2007 ein Werbeverbot für problematisierte Lebensmittel im Umfeld von Kinderfernsehsendungen (Food Standards Agency 2007). Das Krümmelmonster der Sesamstraße wurde schon vor Jahren auf Diät gesetzt, „statt des Urschreis: ‚Keeeeekse!!!' hört man es nun ‚Einen Keks isst man manchmal' brummeln" (Netzzeitung 2005). Offensichtlich zeigt die Problemwahrnehmung von Adipositas als Fett- und Zucker-Sucht, die im Kindesalter angelegt wird und neben Übergewicht und Krankheiten auch zu einer Vielzahl unerwünschter Verhaltensweisen führt, bereits Wirkung.

Doch die Problematisierung von „Adipositas als Sucht" steht argumentativ auf wackeligen Beinen. Denn eine Ernährung, die auf die „Suchtstoffe" Fett und Kohlenhydrate verzichtet, führt noch schneller ins Grab als Spurlocks „Esskapaden". Daran ändern auch die Bemühungen, die Lebensmittelbestandteile immer weiter in gute (Omega-3) und böse (Omega-6) bzw. gute ungesättigte und böse gesättigte Fettsäuren, guten Fruchtzucker und bösen raffinierten Zucker, gute komplexe Kohlenhydrate und böse einfache Kohlenhydrate usw. auseinander zu dividieren, grundsätzlich nichts.

Selbst Schuld – Adipositas als abweichendes Verhalten

In der Wahrnehmung von Adipositas als Epidemie bzw. Sucht kommt die moderne Zivilisation nicht gut weg. Gleichzeitig wird dem Menschen jede Verantwortung für sein Tun abgesprochen. Opfer der Zivilisation sei er und/oder Opfer einer skrupellosen Industrie, die nur am schnellen Profit interessiert sei.

Die Darstellung der Adipösen als Opfer ausgerechnet von Konzernen wie Mc Donald's und Coca Cola, die wie keine anderen für den „American Way of Live" stehen, stößt bei US-amerikanischen Konservativen naturgemäß auf scharfe Kritik. Neokonservative Think Tanks wittern Bevormundung oder gar Sozialismus hinter Fettsteuer, Werbeverboten, Colaverbot an Schulen und ähnlichen Maßnahmen. Für sie sind nicht die Verlockungen der Zivilisation und nicht die Natur des Menschen, jedenfalls nicht die aller Menschen, das Problem. Die Früchte des Wohlstands sind durchaus genießbar, ihr Genuss setzt aber das Vorhandensein von Eigenverantwortung und Selbstdisziplin voraus (vgl. dazu ausführlicher „Keine Happy Meals für die Unterschicht! Zur symbolischen Bekämpfung der Armut" in diesem Band).

Das stärkste Argument der Problemwahrnehmung von „Adipositas als abweichendem Verhalten" basiert auf der Annahme, dass Adipositas individuell verursacht ist, was sich daran zeige, dass eben nicht alle gleichermaßen adipös würden, sondern nur ganz bestimmte Menschen – in der Regel solche, die auch an anderen Herausforderungen im Leben scheiterten. Und auch um Zahlen ist man nicht verlegen. Noch jede Untersuchung zur Gewichtsverteilung, ob nun bei Kindern oder Erwachsenen, hatte zum Ergebnis, dass ethnische Minderheiten und sozial benachteiligte Bevölkerungsteile überdurchschnittlich betroffen sind (vgl. u. a. Helmert/Schorb 2006). Wenn aber die einheimische Mittel- und Oberschicht von der Epidemie weitgehend verschont bleibt, wie lässt sich dann das Bedrohungsszenario der Adipositas-Epidemie aufrechterhalten, wie populationsbezogene Maßnahmen rechtfertigen? Warum soll ich für meinen Cheeseburger Fettsteuer zahlen, warum soll sich Mc Donald's die Größe und den Inhalt seiner Menüs vorschreiben lassen? Nur weil andere nicht in der Lage sind, sich selbst zu beschränken? Oder umgekehrt: Welchen Grund habe ich, mich beim Schlemmen zurückzuhalten, wenn die Krankenversicherung meinen Cholesterinsenker bezahlt? „We are likely to make better decisions when someone else isn't paying for the consequences", bringt der Politikwissenschaftler Radley Balko (2004) das konservative Credo von der Eigenverantwortung auf den Punkt. Und der neokonservative Vordenker Paul Nolte ist ohnehin der Meinung, dass endlich Schluss sein müsse mit dem Selbstbedienungsladen unseres Gesundheitssystems. Schließlich sei Gesundheit „von der Deckung anderer regelmäßiger Bedürfnisse wie Nahrung oder Kleidung manchmal nicht zu unterscheiden. Man stelle sich vor: Jeder zahlt, je nach Einkommen, bestimmte Abgaben, der Arbeitgeber tut etwas dazu, und dafür darf man sich beim Lebensmitteleinkauf frei bedienen" (2004: 184).

Die Problemwahrnehmung „Adipositas als abweichendes Verhalten" ist nicht allein eine Kampfansage an Adipöse, sie ist eine Kampfansage an Milieus, in denen Adipositas entsteht. Wo Armut immer schon als potentiell selbstverschuldet gilt, ist Adipositas der sichtbare Beweis für die Richtigkeit dieser These. In der US-amerikanischen Variante des Problematisierungsmusters von „Adipositas als abweichendem Verhalten" gilt es als ausreichend, eine stärkere Rolle des Staates in der Gesundheitsversorgung abzuwehren und sicherzustellen, das Adipöse nicht über Anti-Diskriminierungsparagraphen vor den Konsequenzen ihres Verhaltens geschützt werden (vgl. Fumento 1997). Dieses radikale „laissez faire" widerspricht der konservativen Tradition „Old Europes". Hierzulande betont man die Pflicht der Eliten. Sie werden aufgerufen sich ihrer Vorbildfunktion für die Unterschicht bewusst zu werden, durch gutes Beispiel voranzugehen und allgemeinverbindliche Normen zu setzen.

Wo die Epidemie Adipositas die Notsituation heraufbeschwört und gemeinschaftliche Opfer im Interesse aller verlangt, bedeutet „Adipositas als abweichendes Verhalten" das glatte Gegenteil. Jeder ist für sich verantwortlich, niemand muss adipös werden, lautet die Botschaft. „Adipositas als abweichendes Verhalten" verdrängt den Neodarwinismus der Adipositas Epidemie durch Sozialdarwinismus. Wer nicht auf sich selbst aufpassen kann und mit dickem Bauch, hohem Blutdruck und Diabetes auf der Strecke bleibt, ist selber Schuld und darf keine Hilfe erwarten.

Zwar gesteht der Erklärungsansatz „Adipositas als abweichendes Verhalten" den Betroffenen einen freien Willen zu. Doch ein auf die Ökonomie beschränkter marktliberaler Konservatismus ist nicht umsonst zu haben. Da Adipositas vor allem als Kostenfaktor gesehen wird, wird von den Adipösen verlangt, die von ihnen verursachten Belastungen selbst zu tragen und sich nicht über angebliche Diskriminierungen zu beklagen. Im Gegenteil, das schlechte Image der Dicken gilt den Konservativen als notwendiges Korrektiv für das selbstgewählte, schädliche Verhalten. Auch Mediziner sehen das Schlankheitsideal und die damit einhergehende Geringschätzung übergewichtiger Körper nicht nur negativ. „Wir können diskutieren, ob das extreme Schönheitsideal nicht doch eine gewisse Wirkung auf die Adipositasentwicklung hat." Die Therapiemotivation besonders bei Frauen sei eindeutig durch die soziale Inakzeptanz bestimmt (Petermann/Pudel 2003: 24).

„Size Acceptance" – Adipositas als körperliche Vielfalt

Jordin Sparks, die 17 jährige Gewinnerin des diesjährigen American Idol (das US-amerikanische Pendant zu „Deutschland sucht den Superstar"), bekam bei ihrer Preisverleihung wenig Schmeichelhaftes zu hören. : „When I look at Jordin I see diabetes, I see heart disease, I see high cholesterol", gab ihr MeMe Roth, Vorsitzende der Organisation National Action Against Obesity in einem Streitgespräch im Fernsehsender Fox im Anschluss an die Preisverleihung mit auf den Weg (http://www.youtube.com/watch?v=svxLdNsxPSw).

Sowohl der Moderator als auch der zweite Gesprächspartner – ein Journalist der Zeitschrift Newsweek – reagierten irritiert auf die Äußerungen Roths. Auf den Einwand, dass Jordin nicht adipös sei, sondern höchstwahrscheinlich dünner als die meisten Zuschauer, also eher normal, antwortete Roth: „Da haben sie Recht, denn leider ist es heute statistisch gesehen normal übergewichtig zu sein" (ebd.). Der Fall zeigt, welche Bedeutung dem Körpergewicht beigemessen wird und welche Ausmaße der Kulturkampf um das richtige Gewicht in den USA mittlerweile angenommen hat. Er zeigt aber auch den strategischen Vorteil der Size-Acceptance-Bewegung.

Nicht nur in den USA ist es mittlerweile „normal" geworden, übergewichtig zu sein. Die Deutschen stehen den US- Amerikanern kaum nach, je nach Zahlenlage werden 42-59% der Frauen und 58-75% der Männer als übergewichtig klassifiziert (Kotynek 2007). Wenn die Auguren der IOTF und anderer Organisationen Recht behalten, ist es in vielen Ländern bald sogar normal, adipös zu sein. Damit wäre aber aus Sicht der Anti-Übergewichts-Lobby nicht nur der Kampf um ein gravierendes Gesundheitsproblem verloren, sondern auch der Kampf um eine gesellschaftliche Norm. Schwer vorstellbar, dass sich die adipöse Mehrheit in Sachen Schönheits- und Gesundheitsideal von einer aus ihrer Sicht dann untergewichtigen Minderheit noch lange Vorschriften machen ließe.

Aus dieser Warte wäre eine weitsichtige Gesundheitspolitik gut beraten, auf die Ratschläge von Wissenschaftlern wie Glenn Gaesser (2002) oder Paul Campos (2004) bzw. der kleinen aber schlagkräftigen National Association for the Advancement of Fat Acceptance (NAAFA) zu hören. Deren Vision ist es nicht, die „couch potatoe" zuhause auf dem Sofa endlich in Ruhe zu lassen und mit nervigen Ratschlägen zu verschonen. Gesunde Ernährung und ausreichend Bewegung bleiben als gesellschaftliche Imperative erhalten, nur das Gewicht als Symbol des Scheiterns an denselben fällt weg. Die Mitglieder der NAAFA sind ganz überwiegend weiße Mittelschicht (Saguy/Riley 2005). Sie brechen nicht mit den dominanten gesellschaftlich Werten und leugnen nicht die individuelle Eigenverantwortung. Sie setzen sich nicht ab vom Mainstream, sie wollen Teil des Mainstreams sein.

Die Size-Acceptance-Bewegung propagiert das Bild des fitten Fetten. Für das Foto zu einer Seite-3-Reportage der Süddeutschen Zeitung, ließ sich die Vorsitzende der NAAFA, Sandra Schaffer, im Trainingsanzug mit Hanteln ablichten (Klüver 2006).

Die Aussage, Fett und Fit sind keine Gegensätze, lässt sich aber auch wissenschaftlich belegen. Dazu bedarf es eines auf den ersten Blick etwas sperrigen Argumentationsmusters.

Übergewicht und Adipositas, so die Behauptung, korrelierten nur deswegen mit negativen Gesundheitskonsequenzen, weil a) die Mehrheit der Adipösen tatsächlich weniger Sport treibe als Nichtadipöse und weil b) Diäten eine viel größere gesundheitliche Gefährdung mit sich brächten als ein stabiles (Über-) Gewicht. Die gesundheitlichen Gefahren, die mit Adipositas korrelieren, so das Argument, resultierten weniger aus der Adipositas selbst, als aus dem Versuch, sie zu bekämpfen. Als besonders problematisch gilt in diesem Zusammenhang der sog. Jojo-Effekt.

Null- bzw. Formula-Diäten führen zu einer schnellen Reduktion des Körpergewichts. Nach Beendigung der Diät erfolgt die Gewichtszunahme jedoch oft noch wesentlich schneller. Am Ende steht häufig ein höheres Ausgangsgewicht. Als Grund gilt, dass der Körper die Notlage Null-Diät zum Anlass nimmt, das Fett, welches nach Beendigung der Diät aufgenommen wird, in Erwartung weiterer schlechter Zeiten besonders intensiv zu speichern. Um nicht Adipositas, wohl aber die vermeintlichen Folgekrankheiten wirksam in den Griff zu bekommen, sei es notwendig, dass Adipöse motiviert würden, Sport zu treiben.

Ebenso notwendig sei ein Verzicht auf jede Form der Diät. Gesundes, abwechslungsreiches, nicht zu fettiges und vitaminhaltiges Essen sollte Fehlernährung vorbeugen, nicht aber der Gewichtsreduktion dienen. Tatsächlich hat die jahrzehntelange praktische Erfahrung mit Diäten das Gros der Mediziner von der Nutzlosigkeit und Gefährlichkeit von rigiden Kostplänen überzeugt. Die Abkehr vom Primat des Gewichtsverlusts und eine behutsame Umstellung von Bewegungs- und Ernährungsverhalten gelten auch für den medizinischen Mainstream als bessere Alternative. Selbst die staatlichen Gesundheitsbehörden propagieren mittlerweile offen „Active at any Size" (WIN 2004), freilich ohne die gesundheitliche Notwendigkeit einer generellen Gewichtsabnahme infrage zustellen. Und auch aus Sicht der überwiegenden Mehrheit der Mediziner bleibt Adipositas unabhängig vom Ernährungs- und Bewegungsverhalten der Betroffenen eine Krankheit.

„Adipositas als körperliche Vielfalt" ist weniger ein Erklärungsansatz als der Versuch, die Kategorien Adipositas und Übergewicht aufzuheben und den BMI zu einer Fußnote der Medizingeschichte werden zu lassen. Streng konstruktivistisch betrachtet existiert ein Problem nur solange, wie es als solches wahrgenommen wird. Fraglich, wie realistisch dieser Anspruch, angesichts einer jahrhundertealten Problematisierung von Körpern in den unterschiedlichsten Kontexten ist (vgl. dazu Klotter i. d. B.).

Schluss

Seit einem Jahrzehnt dringt die Wahrnehmung von „Adipositas als Epidemie" ins öffentliche Bewusstsein und es sieht ganz danach aus, als würde sie sich nach und nach institutionalisieren und materialisieren. Es vergeht kein Tag, an dem nicht in irgendeinem Land der Erde Softdrink- und Snackautomaten aus Schulen verbannt, Lebensmittelwerbung eingeschränkt, Kampagnen für gesündere Ernährung und mehr Bewegung lanciert, Warnhinweise auf Lebensmittel propagiert und Fett- bzw. Zuckersteuern diskutiert werden. Sowohl die Problematisierungsvariante „Adipositas als Epidemie" als auch die Problematisierungsvariante „Adipositas als Sucht" können dies als Erfolg für sich verbuchen.

Die Wahrnehmung von „Adipositas als abweichendem Verhalten" steht dem nur oberflächlich betrachtet entgegen. Zwar mögen sich deren Anhänger über populationsbezogene Maßnahmen wie Fettsteuern und Werbeverbote ärgern, ihrer größten Sorge aber, sie müssten womöglich die Behandlungskosten unvernünftiger Mitbürger mitfinanzieren, könnten sie dennoch ledig werden. Ein Szenario, das die ersten drei Problematisierungsvarianten miteinander versöhnen würde, lässt sich am Besten als Politik von „Zwieback und Peitsche" beschreiben.

Der Zwieback ersetzt das Zuckerbrot, denn er macht weder dick noch süchtig. Die Peitsche trifft diejenigen, die – gleich ob durch Zwieback oder Zuckerbrot – dennoch dick geblieben bzw. geworden sind. Getroffen werden sie gleich zweifach: durch die gesellschaftliche Ächtung ihrer Körper und durch die finanzielle Haftung für Krankheiten, die ihrem vorgeblich selbstverschuldeten Übergewicht angelastet werden. Leider ist dieses Szenario angesichts der gegenwärtigen politischen Großwetterlage recht wahrscheinlich.

Bleibt die vierte Wahrnehmung von „Adipositas als körperlicher Vielfalt": Immerhin ist die Size-Acceptance-Bewegung ein nicht mehr wegzudenkender Teil des Diskurses um Adipositas geworden. Die Bewegung muss dabei auf akademische Unterstützung nicht verzichten. Die Veröffentlichungen, die in Sachen Adipositas gegen den Strom schwimmen, werden mehr. Schon bieten US-amerikanische Universitäten sog. Fat Studies an. Doch die aufstrebende Disziplin wird mit Argwohn beäugt. Kritiker unterstellen, Fat Studies dienten einzig dazu, Entschuldigungen für das eigene Körpergewicht zu suchen und sich als Opfer zu inszenieren.

Tatsächlich aber sind Fat Studies und Size-Acceptance ein wichtiges Korrektiv in einer Gesellschaft, in der der Umgang mit Übergewicht immer restriktiver wird. Die Fat Studies sind angetreten, die sozialen und politischen Konsequenzen der vorherrschenden Wahrnehmung von Adipositas und Übergewicht zu untersuchen. Sie sehen sich in der Tradition der Gender und Queer Studies, der Behindertenstudien und den Studien zu ethnischen Minderheiten; alles Disziplinen, die sich mit Menschen befassen, die vom gesellschaftlichen Mainstream benachteiligt und unterdrückt werden (Ellin 2006).

Doch die Fat Studies werden sich auch daran messen lassen müssen, ob sie in der Lage sind, ihren Mittelstandsbias zu überwinden. Geht es nur um die Diskriminierung abweichender Körper oder auch um Übergewicht als Ausdruck sozialer Ungleichheit? Entspricht „Fit at any Size" der Lebensrealität der großen Mehrheit der materiell schlechtergestellten, nichtakademischen Übergewichtigen?

In Kürze wird der erste Fat Studies Reader erscheinen. Er wird zeigen, ob die Fett Studien nur der Ausdruck einer spontanen Empörung sind, oder ob sie das Potential haben, eine echte Alternative zum gegenwärtigen Kreuzzug gegen Fette zu etablieren.

Literatur

Antipatis, V./Gill, T. (2001): Obesity as a global problem. In: Björntorp (Hrsg.): International Textbook of Obesity. Chichester, S. 3-22.
Balko, R./Brownell, K./Nestle M. (2004): Are you responsible for your own weight? http://www.time.com/time/subscriber/covers/1101040607/article/are_you_responsible_for01_print.html
Brownell, K./Horgen, K. (2003): Food Fight: The Inside Story of the Food Industry, America's Obesity Crisis, and What We Can Do about It. New York.
Campos, P. (2004): The Diet Myth. New York.
Center for Disease Control and Prevention– CDC (2005): Frequently Asked Questions about Calculating Obesity-Related Risk. www.cdc.gov/PDF/Frequently_Asked_Questions_About_Calculating_Obesity-Related_Risk.pdf
Critser, G. (2003): Fat Land. How Americans Became the Fattest People in the World. New York.
Deutsche Gesellschaft für Ernährung – DGE (1992): Ernährungsbericht 1992. Bonn.
Economist (2003): The shape of things to come. 13.12.2003.
Ellin, A. (2006): Big people on campus. http://www.nytimes.com/2006/11/26/fashion/26fat.html?ex=1183521600&en=26efeee82c21d52f&ei=5070
Ells, L./Hillier, F./Sumerbell, C. (2006): A systematic review of the effect of nutrition,
diet and dietary change on learning, education and performance of children of relevance to UK schools. www.food.gov.uk/multimedia/pdfs/systemreview.pdf
Flegal, K./Graubard, B./Williamson, D./Mitchell, G. (2005): Excess Deaths Associated With Underweight, Overweight, and Obesity. In: Journal of the American Medical Association 293, S. 1861-67.
Food Standards Agency (2007): Restriction on TV advertising of foods to children come into force. www.food.gov.uk/news/newsarchive/2007/mar/tvads

Fox, C. (2006): Starving kids' TV of funds – and fun. http://www.spiked-online.com/index.php?/site/article/1492/
Fumento, M. (1997): The Fat of the Land: The Obesity Epidemic and How Overweight Americans Can Help Themselves. New York.
Gaesser, G. (2002): Big Fat Lies. The Truth about your Weight and your Health. Carlsbad CA.
Gard, M./Wright J. (2005): The Obesity Epidemic. Science, morality and ideology. London/New York.
Gartz, Nina (2006): Die Bekämpfung der Adipositas in den USA. Inaugural-Dissertation zur Erlangung des Doktorgrades der Philosophie an der Ludwig-Maximilians-Universität Fakultät für Sprach- und Literaturwissenschaften München. http://edoc.ub.uni-muenchen.de/archive/00005503/01/Gartz_Nina.pdf
Gesch, B./Hammond, S./Hampson, S./Eves, A./Crowder, M. (2002): Influence of supplementary vitamins, minerals and essential fatty acids on the antisocial behaviour of young adult prisoners. In: British Journal of Psychatry 181, S. 22-28.
Gregg, E./Cheng, Y./Cadwell, B./Imperatore, G./Williams, D./Flegal, K./Narayan, V./Williamson, D. (2005): Secular Trends in Cardiovascular Disease Risk Factors According to Body Mass Index in US Adults. In: Journal of the American Medical Association 293, S. 1868-74.
Helmert, U./Schorb F. (2006): Die Bedeutung verhaltensbezogener Faktoren im Kontext der sozialen Ungleichheit der Gesundheit. In: Richter, M./Hurrelmann, K. (Hrsg.): Gesundheitliche Ungleichheit. Grundlagen, Probleme, Perspektiven. Wiesbaden, S. 125-139.
Helmert, U./Schorb, F. (2007): Übergewicht und Adipositas: Fakten zur neuen deutschen Präventions-Debatte. In: Gesundheitsmonitor Sonderausgabe 2007. Gütersloh.
Hibbeln, J./Nieminen, L./Lands, W. (2004): Increasing homicide rates and linoleic acid consumption among five western countries, 1961–2000. In: Lipids 39: S.1207-13.
Hooper, L./ Thompson, R./Harrison, R./Summerbell, C./Ness, A./Moore, H./ Worthington, H./Durrington, P./Higgins, J./Capps, N./Riemersma, R./Ebrahim, S./Smith, G. (2006): Risks and benefits of omega 3 fats for mortality, cardiovascular disease, and cancer: systematic review. In: British Medical Journal 332, S. 752-755.
International Obesity Task Force – IOTF (2003): Call for obesity review as overweight numbers reach 1.7 billion. http://www.iotf.org/media/iotfmar17.pdf
International Obesity Task Force – IOTF (2006): Global strategies to prevent childhood obesity: Forging a societal plan that works. www.iotf.org/documents/iotfsocplan 251006.pdf
James, P./Jackson-Leach, R./Mhurchu, C./Kalamara, E./Shayeghi, M./Rigby, N./Nishida, C./Rodgers, A. (2004): Overweight and Obesity (High Body Mass Index). In: Ezzati, M./ Lopez, A./Rodgers, A./Murray, C.: Comparative Quantification of Health Risks Global and Regional Burden of Disease Attributable to Selected Major Risk Factors Volume 1, S. 497-596.
John, J./ von Lengerke, T. (2005): Übergewicht belastet die deutsche Wirtschaft mit fünf Milliarden. http://www.innovations-report.de/html/berichte/wirtschaft_finanzen/bericht-42390.html

Klotter, C. (1990): Adipositas als wissenschaftliches und politisches Problem. Zur Geschichte des Übergewichts. Heidelberg

Klüver, R. (2006): Die Lizenz zum Zunehmen. Süddeutsche Zeitung 27.12.2006. S. 3.

Kohlmeier, L./Kroke, A./Pötzsch, J./Kohlmeier, M./Martin, K. (1993): Ernährungsabhängige Krankheiten und ihre Kosten. Baden-Baden.

Kuczmarski, R./Flegal, K. (2000): Criteria for definition of overweight in transition: background and recommendations for the United States. In: The American Journal of Clinical Nutrition 72, S. 1074-81.

Kotynek, M. (2007): Zank um deutsche Bäuche. http://www.sueddeutsche.de/gesundheit/artikel/422/113309/

Künast, R. (2004): Die Dickmacher. Warum die Deutschen immer fetter werden und was wir dagegen tun müssen. München.

Lawrence, F. (2006): Omega-3 junk food and the link between violence and what we eat. http://www.guardian.co.uk/science/story/0,,1924153,00.html

Mokdad, A./Marks, J./Stroup, D./Gerberding, J. (2004): Actual Cause of Death in the United States, 2000. In: Journal of the American Medical Association 291, S. 1238-45.

Nestle, M. (2002): Food Politics: How the Food Industry Influences Nutrition and Health. Berkley.

Pape, D./Schwarz, R./Gilessen, H. (2001): Gesund, Vital, Schlank. Köln.

Netzeitung (2005): Krümmelmonster auf Diät gesetzt. http://www.netzeitung.de/medien/333071.html

Nolte, Paul (2004): Generation Reform. Jenseits der blockierten Republik. München.

Oakeshott, I. (2006): Plan to give pupils fish oil capsules. http://www.timesonline.co.uk/tol/news/uk/article673739.ece

Petermann, F./Pudel, V. (2003): Übergewicht und Adipositas. Göttingen.

Pudel, V. (2003): Adipositas. Göttingen.

Richardson, S. (2006): They Are What You Feed Them: How Food Can Improve Your Child's Behaviour, Mood and Learning. London.

Saguy, A./Riley, W. (2005): Weighing Both Sides: Morality, Mortality, and Framing Contest over Obesity. In: Journal of Health Politics, Policy and Law 30, S. 869-921.

Schlosser, E. (2001): Fast Food Nation: The Dark Side of the All-American Meal. New York.

Singapore Government (2005): Revision of Body Mass Index (BMI) cut-offs in Singapore. http://www.hpb.gov.sg/hpb/default.asp?TEMPORARY_DOCUMENT=1769&TEMPORARY_TEMPLATE=2

Stollberg, G. (2001): Medizinsoziologie. Bielefeld.

Sutter, P. (2002): Checkliste Ernährung. Stuttgart/New York.

Sydney Morning Herald (2006): Crime, punishment and a junk food diet. www.smh.com.au/news/national/crime-punishment-and-a-junk-food-diet/2006/11/15/1163266639865.html

Weight-control Information Network – WIN (2004): Active at Any Size. win.niddk.nih.gov/publications/PDFs/ActiveatAnySize_04.pdf

World Health Organization – WHO (1997): Obesity: Preventing and managing the Global Epidemic – Report of a WHO Consultation on Obesity, 3-5 June 1997. Executive Summary.http://www.who.int/nutrition/publications/obesity_executive_summary.pdf

World Health Organization – WHO (2000): Obesity: Preventing and managing the Global Epidemic. Report of a WHO Consultation. Genf.

World Health Organization – WHO (2002): The World Health Report 2002: Reducing Risks. Promoting Healthy Life. Genf.

World Health Organization – WHO (2004): Appropriate body-mass index for Asian populations and its implications for policy and intervention strategies. In: The Lancet 363, S. 159-163.

World Health Organization – WHO (2006): The challenge of obesity in the WHO European Region and the strategies for response. www.euro.who.int/document/mediacentre/fs1305e.pdf

Wirth, A. (2000): Adipositas: Epidemiologie, Ätiologie, Folgekrankheiten, Therapie. Berlin/Heidelberg.

Die „Adipositas-Epidemie" in Deutschland – Stellungnahme zur aktuellen Diskussion

Uwe Helmert

„Jetzt geht's los. Die Deutschen sind nicht nur Exportweltmeister, sondern sie sind auch die Dicksten in Europa: Fast 37 Millionen Erwachsene und zwei Millionen Kinder sind nach jüngsten Untersuchungen zu fett" (Klein 2006). Mit diesen Worten beginnt der Leitartikel der Wochenzeitung „Das Parlament" in der Ausgabe vom 14./21. Mai 2007. Dabei geht es um den Auftakt des von Horst Seehofer, Bundesminister für Ernährung, Landwirtschaft und Verbraucherschutz, in seiner Regierungserklärung im Bundestag am 10. Mai 2007 verkündeten „Nationalen Aktionsplan zur Prävention von Fehlernährung, Bewegungsmangel und Übergewicht". In der gleichen Ausgabe der Wochenzeitschrift „Das Parlament" findet sich zwei Seiten später ein Artikel zum Nichtraucherschutz (Münstermann 2007), in dem Minister Seehofer von einem „Quantensprung" im Hinblick auf gesetzliche Rauchverbote in der Öffentlichkeit und in öffentlichen Einrichtungen spricht.

Es hat somit den Anschein, dass die Bundesregierung das individuelle Gesundheitsverhalten der Bundesbürger in sehr starkem Maße gesetzlich maßregeln will, nachdem es in der Vergangenheit im Bereich der Prävention seitens der Politik nur selten gelungen war, über das Niveau von Sonntagsreden hinaus zu gelangen. Man denke in diesem Zusammenhang nur daran, dass es trotz jahrelanger Debatten über ein zu verabschiedendes Präventionsgesetz bis heute nicht gelungen ist, dieses Vorhaben tatsächlich umzusetzen.

Im Hinblick auf den Alkoholkonsum, auf Grund dessen in Deutschland jährlich etwa 42 000 Personen sterben (Robert Koch-Institut 2002; Nolte et al. 2003; Britton et al. 2003), gibt Minister Seehofer allerdings überraschenderweise Entwarnung: „Vor zwei Wochen bin ich Botschafter des Bieres geworden. Niemand wird bestreiten, dass durch den bestimmungsgemäßen Gebrauch, also den mäßigen Gebrauch, von Bier keinerlei Gesundheitsgefahren hervorgerufen werden" (Seehofer 2007). Dass es mit dem „bestimmungsgemäßen Gebrauch" des Bieres aber in Deutschland ein großes Problem geben könnte, zeigt sich daran, dass die „jüngste Untersuchung", auf die sich der Seehofersche Aktionsplan zur Ernährung in erster Linie stützt (IASO 2007), zu dem Befund gelangte, dass in den „klassischen Biertrinker-Ländern" Deutschland und Tschechien die höchsten

Prozentwerte für Übergewichtige erzielt werden. Bei Männern ergibt sich zudem zwischen dem Pro-Kopf-Verbrauch an Bier in Litern pro Jahr (Die Welt 2006) und der Prävalenz für Übergewicht in 13 europäischen Ländern ein sehr hoher Korrelationskoeffizient von 0.878 (Abbildung 1). Bei den Frauen beträgt der entsprechende Wert 0.807.

Abbildung 1: Übergewicht (BMI >=25) und Bierkonsum in 13 EU-Ländern - Männer

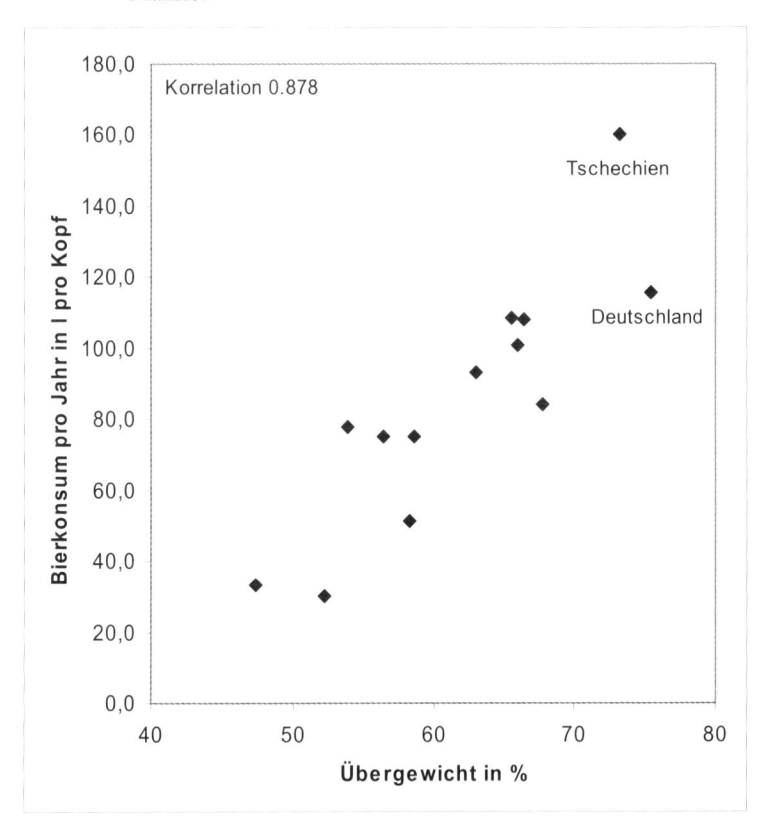

Selbstverständlich dürfen derartige bivariate Zusammenhänge nicht überbewertet werden, aber sie geben dennoch Hinweise darauf, dass der Bierkonsum der Herausbildung von Übergewicht in Europa sehr förderlich sein dürfte. Auch für die

USA gibt es deutliche wissenschaftliche Belege für einen derartigen Zusammenhang (Duncan 1995).

Im Folgenden soll der Fragestellung nachgegangen werden, auf welcher empirischen Basis die Ausrufung des Nationalen Aktionsplans „Prävention von Fehlernährung, Bewegungsmangel und Übergewicht" eigentlich beruht. Dies geschieht vor dem Hintergrund, dass bereits das einleitende Statement von Michael Klein (s.o.) mehrere Fehler enthält: (1) Die Deutschen sind nicht die Dicksten in Europa. (2) In Deutschland sind nicht 37 Millionen Menschen zu fett (!), sondern allenfalls übergewichtig. (3) Die jüngsten Untersuchungen, auf die verwiesen wird, sind keinesfalls neu, sondern bereits mindestens drei Jahre alt.

Kleine Chronologie zur „Adipositas-Epidemie" in Deutschland

Bis zum 14. März 2005 gab es in Deutschland zwar ein ausgeprägtes Problembewusstsein dafür, dass die seit etwa 30 Jahren ansteigende Prävalenz des Übergewichts nicht zu vernachlässigende negative Konsequenzen für die gesundheitliche Situation der Bevölkerung in Deutschland hat. Aber am 15. März 2005 sah die Situation plötzlich ganz anders aus. An diesem Tag verkündete der Luxemburgische Gesundheitsminister Mars Di Bartolomeo in den CBS News: „The time when obesity was thought to be a problem on the other side of the Atlantic has gone by" (CBS News 2005), und der EU Health Commissioner Markos Kyprianos ergänzte eilfertig: „We can have diasastrous effects from obesity on health and the national economy" (ebd.).

Beide stützten ihre Aussagen auf ein Briefing der „EU Platform on Diet, Physical Activity and Health", das von der European Association for the Study of Obesity (EASO) erstellt worden war (IOTF 2005). Gemäß dieses Briefings sind die Griechen in Europa am stärksten von Übergewicht betroffen. Deutschland nimmt hier Rang 2 ein. Ergänzt wird sogleich von der IOTF, dass Übergewicht nicht nur ein Problem der Erwachsenen ist: „The IOTF estimates that among the EU's 103 million youngsters the number of overweight children rises by 400,000 each year. More than 30 percent of children aged between 7 and 11 years are overweight in Italy, Portugal, Spain and Malta" (CBS News 2007). Während diese Aussagen der IOTF in den USA in den Massenmedien mit Genugtuung aufgenommen wurden, weil die Amerikaner demnach nicht mehr weltweit die Nummer 1 der Übergewichtigen waren, war 2005 in den Deutschen Massenmedien und auch bei den deutschen Gesundheitspolitikern diese Botschaft anscheinend noch nicht angekommen. Dies geschah erst zwei Jahre später.

Am 19. April 2007 erschien in der Süddeutschen Zeitung ein Artikel mit dem Titel „Die Deutschen sind die Dicksten in Europa" (Kotynek 2007). Dort war zu lesen, dass 75% der Männer und 59% der Frauen in Deutschland übergewichtig seien. Der Artikel bezog sich auf die Ergebnisse einer Studie der International Association for the Study of Obesity (IASO) und sorgte für große Aufregung in Deutschland. Im Wesentlichen handelte es sich um die bereits im März 2005 vorgestellten Resultate der IOTF (siehe oben). Dass es sich dabei tatsächlich nicht um eine eigenständige Studie der IASO, sondern um eine Zusammenstellung unterschiedlicher nationaler Surveys zum Übergewicht handelte, ging in der aufgeregten Debatte zum Übergewicht in Europa in der Regel unter. Dabei hatte die IASO (2007) deutlich darauf hingewiesen, dass wegen fehlender Altersstandardisierung, unterschiedlicher Erhebungszeitpunkte und Erhebungsmethoden (Selbstauskünfte und tatsächliche Messung) die internationale Vergleichbarkeit der Ergebnisse eingeschränkt sei.

Internationaler Vergleich: Adipositas in den OECD-Staaten anhand der aktuellen Daten der Weltgesundheitsorganisation (WHO)

Die IASO-Daten sind aufgrund der geschilderten Problematik für seriöse internationale Vergleiche unbrauchbar. Daher soll im Folgenden eine andere, verlässlichere Datenquelle herangezogen werden, um zu ermitteln, wie Deutschland im Vergleich zu anderen Industrienationen hinsichtlich der Übergewichtsproblematik positioniert ist. Basierend auf den aktuellen Daten des „Weltgesundheitsberichts der WHO 2007" (2007) werden in Tabelle 1 die Prävalenzen für die Adipositas (BMI>=30) für 24 der 30 OECD-Länder dargestellt. Berücksichtigt wird in allen Ländern die Altersgruppe der über 15-Jährigen. Allerdings handelt es sich nicht um altersstandardisierte Werte. Es wird jedoch zwischen Befragungsdaten und tatsächlichen Messdaten unterschieden. Bei den Daten für Deutschland handelt es sich im Übrigen um den telefonischen Gesundheitssurvey des Robert-Koch-Institus.

Wie zu erwarten war, ergibt sich für die Länder mit Messdaten im Mittel eine deutlich höhere Adipositasprävalenz als für die Länder mit Befragungsdaten. Die USA weisen insgesamt mit Abstand die höchste Adipositasprävalenz auf (Männer 31.1%, Frauen 33.2%). Die beiden folgenden Ränge nehmen Griechenland und Neuseeland ein. Deutschland befindet sich unter den Ländern mit Befragungsdaten im Mittelfeld (Männer Rang 5, Frauen Rang 6). Es kann also keinesfalls davon gesprochen werden, dass Deutschland im Hinblick auf die Adipositas im internationalen Vergleich eine exponierte Stellung einnimmt. Extrem niedrige Adipositasprävalenzen ergeben sich für die beiden asiatischen Länder Japan und Südkorea.

Die „Adipositas-Epidemie" in Deutschland

Tabelle 1: Prävalenz der Adipositas in 24 OECD-Staaten (Angaben in %)*

Männer					
Befragungsdaten			Messdaten		
Land	BMI>=30	Zeitpunkt	Land	BMI>=30	Zeitpunkt
1. Irland	19,8	1999/2001	1. USA	31,1	2003/2004
2. Ungarn	17,1	2003/2004	2. Griechenland	26,0	2004
3. Kanada	15,9	2003	3. Neuseeland	21,9	2002/2003
4. Tschechien	13,7	2002	4. Finnland	21,2	200/2001
5. Deutschland	13,6	2002/2003	5. Australien	19,4	1999/2000
6. Island	12,4	2002	6. Mexiko	18,6	2000
7. Belgien	11,9	2004	7. Polen	15,7	2000
8. Schweden	10,4	2002/2003	8. Spanien	13,0	2003
9. Dänemark	9,8	2000	9. Türkei	12,9	1997
10. Italien	9,3	2003	10. Niederlande	10,2	2004
11. Schweiz	7,9	2002	11. Japan	2,9	2001
12. Norwegen	6,8	1998	12. Südkorea	1,7	1998
Mittelwert	12,4		Mittelwert	16,2	
			Mittelwert ohne Japan/Südkorea	19,0	

Frauen					
Befragungsdaten			Messdaten		
Land	BMI>=30	Zeitpunkt	Land	BMI>=30	Zeitpunkt
1. Irland	25,4	1999/2001	1. USA	33,2	2003/2004
2. Ungarn	18,2	2003/2004	2. Türkei	29,9	1997
3. Tschechien	16,3	2002	3 Mexiko	28,1	2000
4. Kanada	13,9	2003	4. Finnland	23,5	2000/2001
5. Belgien	13,4	2004	5. Neuseeland	23,2	2002/2003
6. Deutschland	12,3	2002/2003	6. Australien	22,0	1999/2000
7. Island	12,3	2002	7. Polen	19,9	2000
8. Schweden	9,5	2002/2003	8. Griechenland	18,2	2004
9. Dänemark	9,1	2000	9. Spanien	13,5	2003
10. Italien	8,7	2003	10. Niederlande	11,9	2004
11. Schweiz	7,5	2002	11. Japan	3,0	2001
12. Norwegen	5,8	1998	12. Südkorea	3,3	1998
Mittelwert	12,7		Mittelwert	19,1	
			Mittelwert ohne Japan/Südkorea	22,9	

*keine Angaben für die OECD-Länder Frankreich, Großbritannien, Luxemburg, Portugal, Österreich, Slowakei

Aus den präsentierten Resultaten wird ersichtlich, dass die in der sog. Europadatentabelle der IASO (2007) dargestellten Prävalenzen für Übergewicht und Adipositas in 25 europäischen Ländern die tatsächliche Verbreitung von Übergewicht und Adipositas in Europa nicht sachgerecht wiedergeben.

Aber es gibt Hoffnung, dass sich die Datenlage zu dem vordringlichen europäischen Gesundheitsproblem Übergewicht und Adipositas bessert. So schreibt die Komission der Europäischen Gemeinschaften (2007: 10) in ihrem Weißbuch „Ernährung, Übergewicht, Adipositas: Eine Strategie für Europa" zutreffend: „Die nationalen Daten über Adipositas- und Übergewichtsindikatoren werden in wenig harmonisierter Art und Weise erhoben, was einen Vergleich innerhalb der gesamten EU erschwert". Beginnend mit dem Jahr 2007 soll eine Europäische Gesundheitsumfrage (EHIS) stattfinden, in der unter anderem Selbstangaben zu Körpergröße und Körpergewicht enthalten sind. Auf Grund der eingeschränkten Validität von Selbstangaben in diesem Bereich wird es dann spätestens 2010 eine europäische Gesundheitsuntersuchungserhebung (EHES) geben, um diesem Problem zu begegnen. Es wird also noch drei Jahre dauern bis valide und international vergleichbare Daten zur Prävalenz von Adipositas, Übergewicht und Untergewicht in den Mitgliedsländern der EU vorliegen.

Ökonomische Aspekte von Übergewicht und Adipositas

Die Kosten für die Behandlung von Krankheiten, die durch Fehlernährung und Übergewicht *mit*bedingt sind, werden in Deutschland immer wieder auf 30% der Gesamtausgaben im Gesundheitssektor beziffert (z.B. Seehofer 2007). Dass dies eine maßlose Überschätzung bzw. eine verwirrende Information ist, weil nicht genau nachvollziehbar ist, was *mit*bedingt bedeutet, wird aus realistischeren Schätzungen deutlich. So kommt das Robert-Koch-Institut zu dem Ergebnis, dass für direkte und indirekte Krankheitskosten auf Grund von Übergewicht nur zwischen 3.1 und 5.5% der Kosten im Gesundheitswesen aufgewandt werden.

In diesem Zusammenhang fragt man sich allerdings auch, warum die Ökonomen noch keine Schätzungen darüber vorgelegt haben, in welchem Maße die Übergewichtigen und Adipösen zur von vielen herbei gewünschten Steigerung der Binnennachfrage beitragen. Die Deutschen werden immer dicker, weil sie immer mehr essen. Würden alle Übergewichtigen ihre Ernährung in dem Maße einschränken, wie es in der Leitlinie der Deutschen Adipositasgesellschaft (DAG) gefordert wird (Reincke et al. 2006), wären deutliche finanzielle Einbußen in der Ernährungsindustrie unvermeidlich und massive Arbeitsplatzverluste stünden auf der Tagesordnung. Außerdem fehlen ökonomische Analysen hinsichtlich der Profiteure der „Adipositasepidemie", als da sind Kliniken mit Fachabteilungen zur Adipositasbehandlung und zur Behandlung von Essstörungen, bestimme Ärztegruppen und Therapeuten, Medien und die Werbeindustrie, aber auch Wissenschaftler, die es auf Grund der medialen und politischen Dramatisierung der Adipositasproblematik nicht schwer haben, staatliche Forschungsgelder zu dieser Thematik zu akquirieren. Allein die europäische Diätindustrie erzielt jährliche Umsätze in der Höhe von etwa 100 Milliarden Euro. Wenn man die Leitlinie der Deutschen Adipositagesellschaft, die alle Personen mit einem BMI-Wert über 25 für behandlungsbedürftig ansieht, einmal ernst nimmt, kämen auf die Krankenkassen enorme Kosten zu. Bei einer konservativen Schätzung müssten für 30 Millionen übergewichtige Erwachsene in Deutschland 6 Milliarden Euro aufgebracht werden, wenn man unterstellt, dass für die „Behandlung" eines Übergewichtigen lediglich 200 Euro zu veranschlagen sind.

Die Kehrseite der Medaille: Untergewicht und Essstörungen

Im Hinblick auf die Ernährungssituation in Deutschland ist aus dem Bericht „Gesundheit in Deutschland" zu erfahren, dass die Ernährung der Deutschen in den 1990er Jahren gesünder geworden sei (Robert Koch-Institut 2006: 97). Als Beleg dafür wird der Anstieg des Konsums von frischem Obst und Gemüse, ballaststoff- und kohlenhydratreicher Kost und nichtalkoholischer Getränke angeführt. Diese wohl etwas geschönte Sicht hinsichtlich der Ernährungsweise der Bevölkerung in Deutschland blendet zudem aus, dass in Deutschland nicht nur das Übergewicht, sondern auch Untergewicht und ess- und ernährungsbedingte Störungen in den letzten Jahren zugenommen haben. Derartige Probleme finden in dem Kapitel Ernährung in dem RKI-Bericht keine Erwähnung. Auch in dem ausführlicheren Bericht des Robert Koch-Instituts zum Ernährungsverhalten in Deutschland wird das bedeutsame Problem von krankhaften Essstörungen nur beiläufig in der Einleitung erwähnt (Mensink et al. 2002). In dem Bericht wird ausführlich dargestellt, welche Nährstoffe, Vitamine, Mineralstoffe und Lebensmittel die Bevölkerung in Deutschland im Mittel konsumiert. Dabei wird auch nach Alter und Geschlecht differenziert. Bei dieser Art der Betrachtungsweise erfährt man allerdings nichts darüber, wie groß die Varianz des Ernährungsverhaltens in Deutschland ausfällt. Doch genau hier könnte der Grund dafür liegen, dass es trotz einer auf der Ebene der Gesamtbevölkerung gesünderen Ernährungsweise in Deutschland einen beträchtlichen Anteil an Über- und Untergewichtigen gibt, der noch um den Anteil von Personen mit sonstigen Ernährungs- und Essstörungen ergänzt werden muss.

Dabei steht außer Frage, dass in Deutschland das Übergewicht quantitativ eine weitaus größere Bedeutung hat als das Untergewicht. Dies gilt aber nicht für alle sozialen Gruppierungen. So zeigte sich in einer neueren Untersuchung zum Essverhalten von Frauen in Führungsposition von Habermann-Horstmeier (2007), dass für diesen speziellen Personenkreis Untergewicht häufiger auftritt als Übergewicht. Von den insgesamt 295 befragten Frauen im Alter von 25-65 Jahren waren 88.1% normal- oder leicht übergewichtig (BMI 18.5 bis unter 30.0), lediglich 4.7% adipös (BMI >=30) und immerhin 7.5% untergewichtig (BMI<18.5). 2.4% der Befragten wiesen sogar einen BMI-Wert unter 17.5 auf und erfüllten damit eines der Diagnosekriterien der Anorexia nervosa.

Bei jungen Frauen im Alter von 18-20 Jahren stellt Untergewicht (BMI < 18.5) ein größeres Problem dar als Übergewicht. Für diese Personengruppe betrug im Jahr 2003 basierend auf den Daten des Mikrozensus der Anteil der Untergewichtigen 13%, während lediglich 12% übergewichtig waren (BMI>=25) (Cornelißen 2005: 504). Die große Bedeutung von Essstörungen lässt sich daran erkennen, dass Magersucht zusammen mit Bulimie die häufigste psychische Störung bei Mädchen und jungen Frauen darstellt (Mieck 2005). Zudem ist die Magersucht von allen psychischen Erkrankungen diejenige mit dem höchsten Sterberisiko. Stark gefördert werden Magersucht und Bulimie durch das überzogene gesellschaftliche Schlankheits- und Schönheitsideal. So gaben z.B. in einer Studie aus Jena 42% der befragten Schülerinnen an, sie seien übergewichtig, obwohl dies tatsächlich nur bei 8% der Fall war (Heine 2005).

Resümee

Ingesamt bleibt festzuhalten, dass sich die Datengrundlagen zum Themenfeld Übergewicht/Adipositas, aber auch zu Untergewicht/Essstörungen als eher verwirrend dargestellt haben. Dies überrascht zum einen, weil die Messung von Körpergewicht und Körpergröße methodisch keine besondere Herausforderung darstellt, und zum anderen, weil seit Jahren der Anstieg des Anteils übergewichtiger Menschen von der Gesundheitspolitik zu Recht als ein vordringliches Gesundheitsproblem bezeichnet wird. Dass sich dies in naher Zukunft zum Positiven hin ändern könnte, ist bisher nicht abzusehen. Des Weiteren ist es bisher – trotz der Fülle der Daten der Gesundheitsberichterstattung – sträflich vernachlässigt worden, wissenschaftlich exakt zu evaluieren, in welchem Maße Untergewicht, Übergewicht, Adipositas und die verschiedenen Formen von Essstörungen zur Erhöhung der Morbidität- und Mortalitätslast beitragen. Kennzeichnend für die gegenwärtige Situation ist auch die vorherrschende Eindimensionalität der Betrachtungsweise, bei der häufig lediglich auf das Missverhältnis von Kalorienaufnahme und der Verausgabung von Kalorien verwiesen wird. Zu wenig Betrachtung hat zudem bisher die soziale Dimension der Übergewichtsproblematik erlangt.

Literatur

Britton, A./Nolte, E./White, IR./Gronbaek, M./Powles, M./Cavallo, F./McPherson, K. (2003): A comparison of the alcohol-attributable mortality in four European countries. European Journal of Epidemiology 18, S. 643-651.
CBS News (2007): Europeans' mirth over girth ends. Brussels, March 15, 2005.
Cornelißen, W. (Hg.) (2005): Gender Datenreport. Kommentierter Datenreport zur Gleichstellung von Männern und Frauen in der Bundesrepublik Deutschland. München.
Die Welt (2007): Bier Report. 16.01.2006.
Duncan, BB./Chambless, LE./Schmidt MI. et al. (1995): Association of waist-to-hip ratio is different with wine than with beer or hard liquor consumption. American Journal of Epidemiology 142, S. 1034-1038.
Habermann-Horstmeier, L. (2007): Restriktives Essverhalten bei Frauen in Führungspositionen. Ein gesundheitlicher Risikofaktor? Arbeitsmedizin, Sozialmedizin und Umweltmedizin 42: S. 326-337.
Heine, C. (2005): Die Waage belohnt oder bestraft. In: Deutscher Bundestag (Hg.): Das Parlament Nr. 3, 17.01.2005.
IASO (2007). International Association for the Study of Obesity. www.easoobesity.org/documents/Europedatatable.pdf
IOTF (2005): EU Platform on Diet, Physical Activity and Health. International Obesity Task Force: EU Platform Briefing Paper prepared in collaboration with the European Association for the Study of Obesity. Brussels, March 15, 2005. <http://ec.europa.eu/health/ph_determinants/life_style/nutrition/documents/iotf_en.pdf>
Klein, M. (2007): Schmecken soll es trotzdem. Ernährung: Fit statt fett. Regierung will die Menschen mit einem Aktionsplan in Bewegung bringen. Das Parlament 57, 14./21.06.07, S. 1.
Komission der Europäischen Gemeinschaften (2007): Weißbuch „Ernährung, Übergewicht, Adipositas: Eine Strategie für Europa". Brüssel, 30.05.2007.
Kotynek, M. (2007): Deutsche sind die dicksten Europäer. Süddeutsche Zeitung, 19.04.2007.
Mensink, G./Burger, M./Beitz, R./ Henschel, Y./ Hintzpeter, B. (2002): Was essen wir heute? Ernährungsverhalten in Deutschland. Beiträge zur Gesundheitsberichterstattung des Bundes. Berlin: Robert Koch-Institut.
Mieck, I. (2005): Essstörungen – Zahlen und Fakten. In: Deutsche Hauptstelle für Suchtfragen (Hg.): Jahrbuch Sucht.
Münstermann, K. (2007): Im Exil auf die Straße. Nichtraucherschutz: Bund und Länder finden viele Wege dorthin. Das Parlament 57, 14./21.06.07, S. 3.

Nolte, E./Britton, A./McKee, M. (2003): Trends in mortality attrubutable to current alcohol consumption in east and west Germany. Social Science and Medicine 56, S. 1358-1395.

Pollmer, U. (2007): Esst endlich normal! Das Anti-Diat-Buch. München.

Reincke, M./Beuschlein, F./Slawik, M. (2006): Die Behandlung sollte bei einem BMI von 25 beginnen. Neue Leitlinien zur Adipositas-Therapie. Münchner Medizinische Wochenschrift 148, S. 2-7.

Robert Koch-Institut (Hg.) (2002): Kosten alkoholassoziierter Krankheiten. Beiträge zur Gesundheitsberichterstattung des Bundes. Berlin.

Robert Koch-Institut (2006): Gesundheit in Deutschland. Gesundheitsberichterstattung des Bundes. Berlin.

Seehofer, H. (2007): Regierungserklärung: Gesunde Ernährung und Bewegung. 97. Sitzung des Deutschen Bundestages am 10. Mai 2007. In: Das Parlament 57, 14./21.06.07, Debattendokumentation, S. 1-2.

Anti-Fett-Politik[1]
Übergewicht und staatliche Interventionspolitik in den USA

Rogan Kersh & James Morone

Der Aufruf des *Surgeon Generals*[2] beginnt dramatisch: „Übergewicht und Adipositas haben epidemische Ausmaße erreicht...." (Satcher zit. nach Mokdad 2001). Wissenschaftler, Regierungssprecher, Medienexperten, Journalisten und Lobbygruppen stimmen zunehmend lauter in diesen alarmistischen Chor ein. Im Gegensatz aber zu vielen anderen Public-Health-Problemen ist Adipositas zu großen Teilen individuellen Verhaltensweisen wie Essen und Trinken geschuldet. In den Vereinigten Staaten mit ihrer starken Kultur des Individualismus wird Privates oft als Tabuzone für staatliche Interventionen betrachtet: „Die Regierung sollte sich aus den persönlichen Entscheidungen, die ich treffe, heraushalten", schreibt der Washingtoner Universitätsprofessor Robert Russel, „meine bzw. deine Essgewohnheiten rechtfertigen nicht, dass mir die Regierung in den Kochtopf guckt" (zit. nach St. Louis Dispatch: 21.03.2002).

Die zuständigen Regierungsbehörden indes haben bisher kaum auf die befürchteten Folgen der Adipositas-Epidemie reagiert. Trotzdem hat das Thema – das anfangs lediglich Hohn über „Big Chocolate"[3] auslöste – mit erstaunlicher Geschwindigkeit seinen festen Platz auf der politischen Agenda gefunden. Einige Bundesstaaten und größere Städte haben bereits Anti-Adipositas-Verordnungen verabschiedet, und auf Bundesebene wurden kürzlich mehrere Gesetzentwürfe gestartet. Wird die Regierung eines Tages den Fettgehalt unseres Essens regulieren?[4]

---

[1] Der Text wurde von Friedrich Schorb übersetzt.
[2] Der *Surgeon General* ist so etwas wie der oberste Arzt der Nation und ist mit seinem Team innerhalb des Gesundheitsministeriums angesiedelt. Er hat kaum Entscheidungsbefugnisse, spielt aber in der öffentlichen Wahrnehmung eine wichtige Rolle. (F.S.)
[3] Eine Anspielung auf „Big Tobacco". So wurden in der vor allem gerichtlich geführten Auseinandersetzung um Entschädigungen für ehemalige Raucher die Tabakfirmen bzw. ihre Interessensverbände bezeichnet. (F.S.)
[4] Nicht anders als bei vielen anderen Krankheiten hat auch die Adipositas verschiedene Ursachen. Unser Schwerpunkt liegt auf Ernährung als einem wesentlichen Auslöser (vgl. u.a. Mc Ginnis/Williams-Russo/Knickman 2002). An dieser Stelle sei noch darauf hingewiesen, dass wir in

Im folgenden Beitrag vertreten wir die These, dass dies möglicherweise schon bald der Fall sein wird. Denn abseits des Mythos von der Eigenverantwortung existiert in den USA eine lange Tradition der staatlichen Interventionen in private Verhaltensweisen. Von der Prohibition der 1920er Jahre bis zum Krieg gegen den Tabak in der jüngsten Vergangenheit waren individuelle Verhaltensweisen Gegenstand staatlicher Intervention, Regulation und Prohibition.

Wir beginnen unseren Aufsatz mit einer historischen Analyse, denn stets geht eine spezifische Konstellation politischer Bedingungen der staatlichen Einflussnahme in private Bereiche voraus. Wir benennen sieben Stufen, die vor einem Eingriff des Staates überwunden werden müssen, und überlegen, welche dieser Stufen die Public-Health-Aktivisten im Fallbeispiel Adipostias bereits erklommen haben. Im Anschluss wenden wir uns der Ernährungspolitik der Regierung zu, um herauszufinden, was diese derzeit unternimmt und welche Schritte sie in Zukunft unternehmen könnte.

Die Kontrolle „privaten" Verhaltens

Was bringt die amerikanische Regierung dazu, individuelle Verhaltensweisen zu regulieren? Im Folgenden werden wir im Rahmen einer historischen Analyse sieben Voraussetzungen für eine großflächige Regierungsintervention identifizieren. Stets waren diese sieben Voraussetzungen notwendig, um politische Interventionen in die Privatsphäre auslösen zu können. Sie sind nicht auf allen Ebenen vergleichbar, und in welcher Reihenfolge und in welchem Ausmaß diese Voraussetzungen erfüllt werden, ist von Fall zu Fall verschieden. Dennoch beinhalten die untersuchten politischen Maßnahmen in vier privaten Bereichen – Alkohol, Drogen, Tabak und Sexualität bzw. Familienplanung – typischerweise alle sieben Faktoren (vgl. dazu ausführlicher Kersh/Morone 2002; Morone 2003). Nach der Beschreibung jeder einzelnen dieser Voraussetzungen, wenden wir uns dem eigentlichen Thema „Adipositas und Essgewohnheiten" zu, um festzustellen, welche der Voraussetzungen, die zu einer möglichen Intervention führen, bereits erfüllt sind. Die ersten drei sind – wie wir zeigen werden – bereits erfüllt, die letzten vier sind Gegenstand unterschiedlich weit fortgeschrittener Auseinandersetzungen.

Übereinstimmung mit der üblichen medizinischen Definition unter Übergewicht einen BMI größer 25 und unter Adipositas einen BMI größer 30 verstehen.

1. Soziale Ächtung: Mobilmachung gegen unerwünschtes Verhalten beginnt in der Zivilgesellschaft. Seit Tocqueville haben Beobachter der amerikanischen Gesellschaft die eindrucksvolle Macht sozialer Normen und der öffentlichen Meinung in den USA beschrieben. Lange bevor die Regierung handelt, verdammen private Akteure Praktiken und Konsummuster. Aus Sorge um die selbstzerstörerischen Folgen des Alkoholkonsums von Arbeitern im frühen 19. Jahrhundert predigten Fabrikbesitzer und die städtischen Eliten Enthaltsamkeit. Im späten 19. Jahrhundert glauben die amerikanischen Männer, dass sexuelle Zurückhaltung ihrer Gesundheit schade; in jeder größeren Stadt entstanden ausgedehnte Rotlichtviertel. Dagegen wiederum protestierten Viktorianische Feministinnen, die Tugendkampagnen organisierten und sich daran machten, die Bordelle zu schließen und die gesellschaftlichen Erwartungen an männliches Verhalten grundlegend zu verändern.

In diesem Fall, genau wie im Fall des Konsums von Tabak und illegalen Drogen, sind es soziale Bewegungen, die zuvor weitgehend akzeptierte Praktiken als erste problematisieren. Manchmal wird die Verurteilung solcher Praktiken mehrheitlich unterstützt. In anderen Fällen ist die Problematisierung entlang von Klassen-, Rassen- Geschlechter- und/oder geographischen Gräben umkämpft. Doch die Angriffe auf individuelle Verhaltensweisen beginnen stets mit sich verändernden gesellschaftlichen Normvorstellungen.

Adipositas wird seit mehr als einem Jahrhundert gesellschaftlich missbilligt. Die Kritik an den übergewichtigen Körpern begann recht unvermittelt am Ende des 19. Jahrhunderts. Plötzlich wurden Adipositas und Übergewicht, die lange Zeit nicht nur in den USA, sondern auch in anderen Teilen der Welt ein Zeichen von Wohlstand waren, als „taktlos und beinahe schon kriminell" (so die beliebte Zeitschrift Living Age Magazine im Jahr 1914) angesehen. Diese Sicht auf Fett setzte sich mit kurzen Atempausen während der Wirtschaftsdepression Anfang der 1930er Jahre und während des zweiten Weltkriegs kontinuierlich fort und wurde dabei immer wirkmächtiger (Stearns 1997). Der Aufstieg der Diätindustrie – deren Gesamtumsatz auf über 40 Milliarden US-Dollar geschätzt wird – ist Ausdruck der Sorge der Amerikaner um ihr Körpergewicht. Ein steter Strom an Meldungen zeigt die weit verbreitete Ablehnung Übergewichtiger innerhalb der Gesellschaft. Diese Ablehnung hat nicht nur Einfluss auf das Selbstbewusstsein der Übergewichtigen, sondern auch auf die Wahrscheinlichkeit, dass sie in die Universität aufgenommen oder zum Vorstellungsgespräch eingeladen werden (vgl. Kraig/Peel 2001; Puhl/Brownell 2001). Die erste Stufe auf dem Weg zur politischen Regulierung privater Verhaltensweisen ist im Fall Adipositas schon längst überschritten.

2. Medizin: Kreuzzüge im Namen der Gesundheit basieren typischerweise auf wissenschaftlichen Erkenntnissen. Gerade medizinisches Wissen, das lange Zeit akzeptierte soziale Praktiken in Frage stellt, kann dabei die gesellschaftlichen Normvorstellungen schnell verändern. So zogen die Amerikanischen Bürger des frühen 18. Jahrhunderts beispielsweise Rum und Apfelwein dem Konsum von Wasser vor, das (oft nicht zu unrecht) als ungesund galt. Als die Ärzteschaft ab etwa 1830 vor zu hohem Alkoholkonsum warnte, sank der Rumkonsum in den USA in nur drei Jahrzehnten um 75% (Rorabaugh 1979; Blocker 1989). In der jüngsten Vergangenheit führten die medizinischen Befunde über die Gefahren des Tabaks zu verstärktem Druck auf die Raucher und zu radikal veränderten Konsumgewohnheiten in kaum mehr als einer Generation.

Dabei müssen wissenschaftliche Erkenntnisse keineswegs eindeutig sein, um Einfluss zu entfalten. Zwar sind die Befunde manchmal durchaus zuverlässig: (Tabak ist z.B. wirklich schädlich), manchmal sind sie aber auch nur teilweise richtig (Alkohol z.B. kann zwar sehr wohl gesundheitliche Probleme hervorrufen, ist aber kein Gift, wie die Prohibitionisten behaupteten). Die wissenschaftlichen Erkenntnisse können allerdings auch rein fiktiv sein, wie im viktorianischen Zeitalter, als Ärzte davor warnten, Selbstbefriedigung und zuviel Sex könne zu Erblindung, Verstümmelung und sogar zum Tode führen.

In jedem Fall aber reicht medizinisches Wissen alleine nicht aus, um eine Reaktion der Politik zu provozieren. Der Schlüssel zum Erfolg der Problemwahrnehmung liegt in politischen Multiplikatoren, welche die medizinischen Erkenntnisse verbreiten. So spielte z.B. der Einsatz des *Surgeon Generals*, des obersten Arztes der Nation, eine wichtige Rolle bei der Verbreitung der mit Tabakkonsum assoziierten Gefährdungen. Und die ersten Industriellen Amerikas propagierten an führender Stelle die neue Sicht auf Alkoholkonsum und Nüchternheit, da sie negative Auswirkungen der Trinkgewohnheiten ihrer Arbeiter auf die Produktivität fürchteten.

Bei der umfassenden Problematisierung von Adipositas dauerte der beschriebene Prozess allerdings schon sehr lange: Während die gesellschaftliche Missachtung von Adipositas bereits in den 1890ern Jahren begann, sollte es noch über ein halbes Jahrhundert dauern, bis sich im Fall Adipositas eine tragfähige medizinische Problematisierung entwickelte (Sobal 1995). Die zweite Voraussetzung für das Eingreifen der Regierung wurde sogar erst nach 1950 erfüllt, und nachdem ein medizinischer Konsens erst einmal entstanden war, verbreiteten sich die wissenschaftlichen Erkenntnisse mit großer Geschwindigkeit – auch wenn immer noch mehr als zwei Jahrzehnte vergehen sollten, bis die staatlichen Akteure auf die Gesundheitswarnungen reagierten. Erst in den 1970er Jahren setzten Regierungsbehörden öffentliche Mittel ein, um vor den Gefahren der

Adipositas zu warnen. Dieser Entwicklung werden wir uns im folgenden Absatz zuwenden.

3. Selbsthilfe: Im Kontext sozialer Ächtung und medizinischer Warnungen vor ungesunden Verhaltensweisen entstehen häufig Selbsthilfegruppen, die Menschen dazu motivieren wollen, gesünder zu leben. Auch dieses Bedürfnis, sich und andere zu einem gesünderen Lebensstil anzuregen, ist tief in der amerikanischen Geschichte verwurzelt. Die städtischen Arbeiter gründeten z.B. in den 1830er Jahren die *Washington Temperance Societies*, um sich gegenseitig dabei zu helfen, dem Alkohol abzuschwören; Frauen gründeten mit den *Martha Washington Societies* die ersten weiblichen Abstinenzgruppen. Die Erben dieser frühen Selbsthilfetrends sind auch im modernen Amerika heute noch allgegenwärtig. Die Anonymen Alkoholiker sind das wohl bekannteste Beispiel von tausenden von Selbsthilfegruppen, zu denen mittlerweile sogar schon virtuelle on-line Selbsthilfegemeinschaften als neueste Innovation dieser alten amerikanischen Tradition zählen (Hendley 2002).

Die meisten dieser Gruppen, die sich zum Ziel gesetzt haben Übergewichtigen zu helfen, zielen dabei auf das individuelle Verhalten, insbesondere natürlich auf die Ess- und Konsumgewohnheiten. Manche, wie die *Overeaters Anonymus* setzen auf eine quasi-religiöse Geisteshaltung; andere, wie die *Weight Watchers* bieten gemeinschaftliche Diätprogramme an. Fest steht allerdings, dass die dritte Stufe auf dem Weg zur staatlichen Intervention im Bereich Essgewohnheiten und Adipositas schon in den 1960er Jahren, als die erste Welle von Selbsthilfegruppen für Übergewichtige auftauchte, genommen worden ist.

Soziale Ächtung, medizinische Forschung und Selbsthilfegruppen sind allesamt Aktivitäten des privaten Sektors. Aber zusammengenommen führen sie zur Wahrnehmung von Gesundheitsthemen durch die Politik, wobei die Reformer – frustriert von der Renitenz gegenüber ihren Botschaften zur individuellen Besserung – auf staatliche Sanktionen drängen. Zur Hochzeit der Anti-Alkohol-Kampagne behaupteten mittelständische Abstinenzler, dass sich die sozialen Problemlagen in den Städten durch weitgehende Enthaltsamkeit leichter lösen ließen, und in den besonders optimistischen Utopien einer abstinenten Gesellschaft verschwanden dabei die städtischen Probleme gar völlig. Doch die Unverbesserlichen verweigerten ihnen trotz dieser Aussicht auf Erlösung die Gefolgschaft, womit sie aus Sicht der Temperenzler nicht nur sich selbst geschadet, sondern auch die Gesellschaft gefährdet hatten (Morone 2003). Diese Wahrnehmung der Armen als aufsässig und widerspenstig hat sich bis heute erhalten. Und sie schafft damit den Nährboden für die problematischste und zugleich wirkmächtigste Voraussetzung für die staatliche Regulation privater Verhaltensweisen.

4. *Der dämonisierte Konsument:* Reformer haben in allen von uns angeführten Beispielen – Alkohol, Drogen, Tabak, sexuelle Übertretungen – die von ihnen Verurteilten gedrängt, bessere Menschen zu werden. Diese verlorenen Seelen leben oft am sozialen und ökonomischen Rand der Gesellschaft. Gemeint sind „Fremde", ethnische Minderheiten, die Bewohner der Massenquartiere der großen Städte, die Unterschicht. Dieser Umstand gab den reformerischen Moralpredigten gegen sie eine rassistische und elitäre Konnotation, wobei sich die Missbilligungen regelmäßig in massiven rassistischen und/oder klassenbezogenen Vorverurteilungen und Dämonisierungen entluden.

So betrachtet entpuppt sich z.B. die Geschichte des amerikanischen Kriegs gegen Drogen als Aufeinanderfolge rassischer und ethnischer Wahnvorstellungen. Das Verbot des Opiumrauchens wurde durch die in den 1870er Jahren aufkommende Angst vor chinesischen Immigranten angefeuert (Charles/Mc Clain 1996). Die Kokainpanik der 1910er Jahre wurzelte in Fantasien von drogenberauschten Afroamerikanern: „Kugeln, abgefeuert auf lebenswichtige Körperteile, die jeden normalen Menschen stoppen würden, lassen einen mit Kokain voll gepumpten Neger nicht einmal langsamer werden", berichtete die New York Times (Williams 1914; Musto 1999). Der Kongress reagierte auf diese rassistischen Hirngespinste mit dem *Harrison Narcotic Act* von 1914. Zur Zeit der großen Depression kamen dann an der amerikanischen Westküste Berichte von Amerikanern mexikanischer Herkunft auf, die nach dem Genuss von Marihuana in Raserei verfallen sein sollen. 1937 wurde Marihuana trotz des Protests der Amerikanischen Medizinischen Gesellschaft, die auf die medizinische Bedeutung von Cannabis verwies, verboten (Musto 1999).

Die Dämonisierung von Konsumenten, vor allem dann, wenn es sich um Arme und Minderheiten handelt, die trinken, Drogen nehmen oder an sexuell übertragbaren Krankheiten leiden, war stets einer der stärksten Antriebe für prohibitives Regierungshandeln in der amerikanischen Geschichte. Nichts überwindet so schnell die Trägheit amerikanischer Politik, wie die Angst vor dem gefährlichen Fremden.

Im Verlauf der letzten zehn Jahre haben die öffentlich vorgetragenen Sorgen bezüglich der ökonomischen Folgekosten von Adipositas – wozu nicht allein die gestiegenen Krankenversicherungsprämien zählen, sondern auch die vielen Milliarden Dollar, welche die amerikanische Wirtschaft jedes Jahr zusätzlich in ihre Betriebskrankenversicherungen investieren und für Arbeitsausfälle und Arbeitsunfähigkeitsversicherungen ausgeben muss – große Aufmerksamkeit erfahren (Kersh/Morone 2005).

Doch obwohl übergewichtige Amerikaner seit mehr als einem Jahrhundert durch die öffentliche Meinung diskriminiert werden, hat die Kritik an der Völlerei noch nicht zu einer Dämonisierung geführt. Die Anti-Adipositas-Lobby porträtiert Übergewichtige nicht als Gefahr für die Gesellschaft, wie das bei Drogensüchtigen oder Rauchern der Fall ist. Dies mag daran liegen, dass nach Angaben des *Center for Disease Control and Prevention* (CDC) die Mehrheit der Amerikaner übergewichtig und fast jeder dritte adipös ist (CDC 2007). Gegen diese These allerdings spricht, dass sich jedes der von uns genannten Beispiele gegen weit verbreitete alltägliche Praktiken richtete. So waren 1965 geschätzte 43% der erwachsenen Bevölkerung in den USA regelmäßige Raucher – eine Zahl, die mit der Änderung sozialer Normen, den regulativen Anstrengungen der Regierung und der sozialen Ächtung von Rauchern bis an die Grenze zur Dämonisierung, stark zurückgegangen ist (CDC 1999). Eine Gemeinsamkeit im Vergleich zu früheren Dämonisierungsvarianten ist im Fall Adipositas besonders augenfällig. Geringverdiener und Minderheiten sind häufiger adipös als andere Amerikaner (Mc Tigue/Garrett/Popkin 2002). Wenn wir uns den historischen Verlauf der Problematisierung der anderen vorgeblich privaten Konsumpraktiken noch einmal vor Augen führen, sind die Möglichkeiten einer Dämonisierung durchaus gegeben. Doch bislang hat die Anti-Adipositas-Lobby auf eine Dämonisierung der Übergewichtigen verzichtet.

5. Die dämonisierte Industrie: In jedem unserer vier Vergleichsfälle haben Aktivisten die Hersteller und Lieferanten problematisierter Produkte bekämpft. Sie haben den industriellen „Bösewichten" vorgeworfen, Gewinn aus dem Handel mit giftigen Substanzen zu ziehen oder – schlimmer noch – gezielt Kinder zu zerstörerischen Verhaltensweisen zu verführen. Die Anti-Tabak-Kampagne ist dafür ein typisches Beispiel: Sie erzählt von einer rücksichtslosen Industrie, die *Joe Camel*[5] vom Stapel lässt, um Amerikas Jugend zu verführen. Auf ganz ähnliche Weise hat die Prohibitionsbewegung Kraft durch ihre Attacken gegen die Alkoholindustrie gewonnen. Angesichts der starken Konkurrenz eröffneten Brauereien im 19. Jahrhundert eigene Gaststätten, in denen sie Bier zu Spottpreisen an den Kunden brachten. Die Befürworter der Prohibition, unter ihnen die *Anti-Saloon-League*, dämonisierten daraufhin den Saloon als Gefahr für amerikanische Werte wie Fleiß und Moral. Ein weiteres Beispiel sind die Auseinandersetzungen um die Abtreibung: Als die Amerikanische Medizinische Gesellschaft in den 1870ern eine Kampagne gegen Abtreibung organisierte, attackierte sie nicht die lokalen Hebammen, sondern die profitorientierte Abtreibungsindustrie. Im berühmtesten Gerichtsfall aus dieser Zeit zum Thema Abtreibung, der gleichzeitig das Ende der legalen Schwangerschaftsabbrüche im 19. Jahrhundert markieren sollte, ging es um eine Frau, die Abtreibungskliniken in Philadelphia,

---

[5] Joe Camel war eine Werbefigur der Zigarettenmarke Camel in den USA, die von 1987 bis 1997 eingesetzt wurde. Die coole und lustige Ausstrahlung der Figur stand von Anfang an in der Kritik, da ihr nachgesagt wurde, insbesondere Kinder und Jugendliche anzusprechen. (F.S.)

New York und Boston betrieb. Und in der zweiten Hälfte des 20. Jahrhundert wurde der Drogenhändler, der sich in der Nähe des Schulhofs herumdrückt, ein klassisches Symbol für moralische Verkommenheit.

Dämonisierte Konsumenten und skrupellose Industrien waren in der gesamten Geschichte der Vereinigten Staaten wichtige Auslöser für politische Interventionen. Im Fall von Adipositas und ungesunden Lebensmitteln tauchte diese Problematisierungsfacette Ende der 1990er Jahre in den politischen Auseinandersetzungen auf. Die Fast Food Industrie ist das sichtbarste Ziel dieses Problematisierungsaspekts, so beruht z.B. Eric Schlossers überraschend erfolgreiches und mittlerweile sogar verfilmtes Buch „Fast Food Nation" (2001; vgl. dazu auch Nestle 2002; Critser 2003; Brownell/Horgen 2003) auf klassischen Dämonisierungsargumenten: Eine zynische Industrie nimmt Kinder ins Visier, verändert ihre Essensvorlieben (da es „äußerst profitabel ist, die Portionsgrößen und ihren Fettgehalt zu vergrößern") und fördert damit eine Epidemie („keine andere Nation ist in so kurzer Zeit, so dick geworden"). Schlosser hält der Industrie eine lange Liste von Schandtaten vor: Sie hat die amerikanische Landschaft zerstört, die Kluft zwischen Arm und Reich vergrößert, das gesamte Schlachtgewerbe umstrukturiert (die detaillierten Beschreibungen der Arbeitsbedingungen sind nicht weniger entsetzlich als das, was man in Upton Sinclairs Buch „Der Dschungel"[6] lesen kann) und in zynischer Weise die Adipositas Epidemie befördert. Mit den bekannten Folgen für die Betroffenen, wie einem geringen Selbstwertgefühl, psychischer Beeinträchtigungen und gravierender Folgekrankheiten bis hin zum Tod. Vor der Veröffentlichung von Fast Food Nation blieben Kritiker der Nahrungsmittelindustrie sowohl in der Öffentlichkeit als auch in der Politik weitgehend ungehört. Mittlerweile aber ist es chic geworden, Fast Food, Junk Food und Soft Drinks zu dämonisieren. Morgan Spurlocks unglaublich populärer Dokumentarfilm aus dem Jahr 2004, Super Size Me, „überzeugte" Mc Donald's davon, die gleichnamigen Großportionen von der Speisekarte zu streichen. Signale einer veränderten Wahrnehmung werden auch in der Politik sichtbar, wie z.B. der Deal zwischen dem früheren Präsidenten Bill Clinton und der Getränkindustrie zeigt, der die Verbannung zuckerhaltiger Limonaden aus den Getränkeautomaten in den Schulaulen zum Inhalt hatte.

Mit dem Aspekt der „dämonisierten Industrie" beginnt Adipositas von einem privaten Gesundheitsproblem zu einem politischen Thema zu werden. Wis-

---

[6] Der 1906 erschienene und mittlerweile in über 60 Sprachen übersetzte Roman handelt von den menschenunwürdigen Arbeitsbedingungen in den Chicagoer Schlachthöfen. Dem überzeugten Sozialisten Upton Sinclair war es mehr um das Schicksal der Arbeiterinnen und Arbeiter, als um die Missstände der Viehwirtschaft zu tun gewesen. Doch die öffentliche Meinung rezipierte sein Werk anders als von ihm erwartet. O-Ton Sinclair: „Ich zielte auf die Herzen der Menschen, und zufällig traf ich ihre Mägen". (F.S.)

senschaftliche Befunde haben niemals dasselbe Gewicht, wie das Bild von einem Schurken, der Amerikas Jugend gefährdet. Wenn Kritiker erfolgreich Teile der Industrie angreifen, sind weit reichende politische Interventionen wahrscheinlich, denn wenn die Industrie dämonisiert wird, geraten plausible Gegenargumente wie der Schutz der Privatsphäre, Bürgerrechte, Eigentumsrechte und das Recht der Gewohnheit ins Wanken. Die Anti-Adipositas-Politik konzentriert sich zunehmend auf diesen Aspekt, womit als nächster Schritt eine Lawine von Gerichtsverfahren gegen die dämonisierte Industrie zu erwarten ist. Von den folgenden Aspekten hängt ab, wie weit die Kritiker der Lebensmittelindustrie damit kommen werden.

6. *Massenbewegung:* Ist ein Übel erst einmal in der Welt, organisieren sich die Amerikaner gerne in Massenbewegungen, um eine Reaktion einzufordern. Aktive, die sich in großen Gruppen verbünden, können Barrieren auf dem Weg zu politischer Einflussnahme durch die Aufmerksamkeit, die sie in der Politik erregen, beseitigen. Als z.B. einige wenige Frauen in den 1870ern vor den Trinkhallen beteten, ernteten sie nichts weiter als Spott und Häme, nachdem aber die *Women's Christian Temperance Union* (WCTU) 200.000 Mitglieder im Kampf gegen den Alkohol hatte gewinnen können – die christlichen Temperenzlerinnen waren die erste Massenbewegung von Frauen in den USA überhaupt – wurden sie zu Treffen mit politischen Führern eingeladen (vgl. Gusfield 1963; Parsons 2004). Massenbewegungen lösen politische Aktivitäten aus. Sie überwinden tief verwurzelte industrielle Macht (Tabak, Brauereien) und damit zugleich die Trägheit der amerikanischen Politik.

Die Anti-Fett-Politik hat nie zu einer so breiten Mobilisierung der Bevölkerung geführt, wie z.B. die Temperenzler-Bewegung oder die *Just Say No* Antidrogenkampagne. Als die Zeitschrift *New York Republic* einen prominenten Befürworter einer staatlichen Anti-Adipositas-Regulierung, den Yale Professor Kelly Brownell, porträtierte, betonte sie: „Brownell führt keine Massenbewegung durch die Straßen New Havens[7] und hat auch diesbezüglich keinerlei Ambitionen" (Rosin 1998)[8]. Doch prinzipiell gilt: Dämonisierung geht der Mobilisierung von Massen voraus. Ist die Dämonisierung der Industrieprodukte erfolgreich, wird eine Massenbewegung wahrscheinlicher. Wird das Trinken eines großen Becher Colas und der Verzehr einer Riesenportion Pommes Frites erst einmal als ebenso problematisch angesehen, wie das Rauchen einer Zigarette, lässt eine größere Mobilisierung womöglich nicht mehr lange auf sich warten.

---

[7] New Haven ist der Sitz der Yale Universität. (F.S.)
[8] Tatsächlich sieht es zur Zeit eher danach aus, als käme eine zukünftige Massenbewegung aus der umgekehrten Richtung von Gruppen wie der *National Association to Advance Fat Acceptance* (NAAFA) (vgl. Saguy/Riley 2005).

Momentan allerdings ist diese Stufe im Fallbeispiel Adipositas noch nicht erreicht.

An dieser Stelle eine Zusatznote: wie wir an anderer Stelle gezeigt haben (Kersh/Morone 2005), gibt es möglicherweise ein zeitgemäßes Gegenstück zur Politik von Massenbewegungen in Form der Sammelklage. Die Juristin Deborah Hensler beschreibt eine Veränderung hin zu einer neuen Form von Gerichtsverfahren, die durch die Artikulation sozialpolitischer Anliegen charakterisiert werden können: „Zusätzlich zu einer monetären Kompensation für Individuen und öffentliche Rechtspersönlichkeiten", schreibt Hensler, „fordern diese neuartigen Gerichtsverfahren industrieübergreifende Veränderungen von Praktiken und Produkten, die Lobbyisten in bundesstaatlichen oder föderalen Gesetzgebungsprozessen nicht durchsetzen konnten (...) diese Verfahren haben eine politische Dimension, die andere Massenklagen normalerweise nicht beinhalten" (Hensler zit. nach Egan 2002). Im Fall des Tabaks haben solche Verfahren eine bedeutende Rolle für die Nichtraucherbewegung gespielt (vgl. Derthick 2002); Sammelklagen könnten als Katalysator für eine Massenbewegung gegen Adipositas fungieren oder sie sogar ersetzen. „Der Gerichtssaal könnte das nächste Schlachtfeld sein", erklärte die New York Times im Mai 2002. „Alle Voraussetzungen, um Lebensmittel, die zum [Adipositas-] Problem beitragen, zur Gefahr zu erklären, sind erfüllt" (Egan 2002). Sammelklagen sind eine moderne Variante um Druck auf politische Entscheidungsträger zu erzeugen, Druck, der klassischer Weise von Massenbewegungen ausgeht. Ob nun in der Form von Gerichtsverfahren oder als klassische Protestbewegung, Massenbewegungen agitieren nicht nur im großen Stil, sondern provozieren politische Reaktionen, die zum Fall der letzten Hürde führen können.

7. Aktivität von Interessensverbänden: Emotional besetzte Begriffe („Big Tobacco", „Fast Food Nation") und Massenbewegungen erheischen die Aufmerksamkeit der großen Politik. Interessensverbände übersetzen den diffusen Volkszorn in ausgefeilte Beschwerden und detaillierte Anfragen. Im Kampf gegen Alkohol errang die *Women's Christian Temperance Union* (WCTU) die volle Aufmerksamkeit des politischen Establishments, aber erst ihr Nachfolger, die *Anti-Saloon-League* (ASL), setzte die Prohibition im Kongress durch. Anstatt auf Unterstützung durch Graswurzelorganisationen zu bauen, beauftragte die ASL Anwälte und Lobbyisten; statt zu demonstrieren, unterstützte sie Gesetzgebungsverfahren. Die Methoden der „Liga" illustrieren die ganze Breite an Möglichkeiten um soziale Ächtung von Konsummustern oder Praktiken in Regierungshandeln zu verwandeln. Interessensgruppen destillieren gewissermaßen sozialen Protest und übersetzen ihn in das enge Geben-und-Nehmen legislativer Politik. Die Bedeutung (und die Verbreitung) von Interessensgruppen ist stetig angewachsen und auch ihre Strategien werden immer ausgefeilter. Statt sich damit zufrieden zu geben, die Gesetzgeber mit Argumenten zu überzeugen, setzen moderne Interessensgruppen auf professionelle Medien/PR Kampagnen, schalten themenspezifische Anzeigen und versuchen ihre Absichten auf einer Vielzahl von Wegen durchzusetzen, die den Anforderungen an eine zeitgemäße politische Lobbyarbeit „rund um die Uhr" gerecht werden.

An der Adipositasfront unterstützen medizinische Verbände, wie etwa die Amerikanische Herz Gesellschaft (AHA) oder das Nationale Krebs Institut, Initiativen zur Ernährungsumstellung. Seit die AHA 1952 Adipositas als einen wesentlichen Risikofaktor für kardiovaskuläre Erkrankungen identifiziert hat, wirbt sie für fett- und cholesterinarme Ernährung und mehr Bewegung (Nestle/ Jacobson 2000). Erst kürzlich haben Kritiker der Nahrungsmittelindustrie, wie das *Center for Science in the Public Interest* Anti-Adipositas-Kampagnen bei der Zentralregierung in Washington gestartet. Die Robert Wood Johnson Stiftung (nach Eigendarstellung größte Stiftung zur Verbesserung der Gesundheitsfürsorge in den USA) hat Adipositas und den dazugehörigen Lebensstil zu einem neuen Schwerpunkt erklärt. Doch die gemeinsamen Anstrengungen der medizinischen Interessensverbände haben noch nicht zu stärkeren Regulierungsanstrengungen der Regierung geführt, was zum Teil auch an der intensiven und cleveren Lobby-Politik der Lebensmittelindustrie und ihrer Unterstützer liegt (Kersh/Morone 2002).

Obwohl Sozialwissenschaftler dazu neigen, die föderale amerikanische Regierung als schwach darzustellen, war sie in ihrem Bestreben private Verhaltensweisen zu regulieren bzw. zu verbieten wesentlich konsequenter als die meisten anderen westlichen Regime. Die Politik sozialer Kontrolle beinhaltet normalerweise die sieben hier genannten Auslöser. Natürlich bietet unser Schema keine Garantie, da die Politikgeschichte keine Kausalketten kennt – dennoch glauben wir, dass unser Versuch, in den thematisch und zeitlich differierenden Diskursen über abweichende Verhaltensweisen und Konsummuster nach Parallelen zu suchen, einen brauchbaren politischen Wegweiser darstellt. Natürlich spielt auch der Kontext eine wichtige Rolle: In jedem Beispiel staatlicher Intervention erfolgt politische Einflussnahme nur dann, wenn sich ein „Fenster der Möglichkeiten" öffnet. Selbst wenn alle sieben Auslöser zusammenkommen, können politische Maßnahmen scheitern. Ohne die passenden Umstände, den richtigen Zeitpunkt, Glück, oder ein brauchbares politisches Konzept, dass nur noch darauf wartet, im richtigen Moment umgesetzt zu werden, wird es nicht funktionieren. Die geplante Gesundheitsreform der Clinton Administration von 1993-94 ist eine lehrreiche Geschichte von Reformern, die scheinbar alle Hürden überwunden hatten und dennoch auf der Zielgeraden ins Wanken gerieten.

Politische Antworten auf Adipositas

Drei Voraussetzungen für staatliche Interventionen sind vollständig erfüllt und die verbleibenden vier sind zumindest in Angriff genommen worden. Politische Anstrengungen, die Adipositasproblematik in den Griff zu bekommen, werden weiterhin große Aufmerksamkeit auf sich ziehen und in der Zukunft womöglich konkrete Maßnahmen zeitigen. Momentan aber geht die Ernährungspolitik der Regierung eher in die umgekehrte Richtung, die staatliche Regulierung von fettreichen Lebensmitteln ist noch weitgehend auf die Kontrolle der Reinheit der Produkte beschränkt. Hinzukommen seit relativ kurzer Zeit Hinweise auf den Nährwert der Produkte. Auf der anderen Seite haben sowohl lokale als auch nationale Behörden und Regierungen aktiv die Produktion und den Konsum stark fetthaltiger Lebensmittel, insbesondere Fleisch- und Milchprodukte, befördert. Das folgende Kapitel bewertet die Regierungsaktivitäten der letzten hundert Jahre in diesem Bereich.

Lebensmittelreinheit

Obwohl eine Antifettkultur bis in die 1890er Jahre zurückreicht, war das zentrale politische Anliegen in der Ernährungspolitik zunächst die Reinheit der Lebensmittel. Upton Sinclairs „Der Dschungel" erzeugte zu seiner Zeit soviel öffentlichen Ärger, dass der Widerstand der Industrie gebrochen werden konnte. Nach etlichen fehlgeschlagenen Versuchen verabschiedete der Kongress 1906 nicht nur ein Gesetz zur Lebens- und Arzneimittelreinheit, sondern institutionalisierte zudem eine auf der Ebene der Bundesregierung angesiedelte Lebensmittelkontrollinstanz. Im folgenden Jahrzehnt setzten progressive Reformer weitere qualitätssichernde Maßnahmen durch. Durch die gesetzlich verbindliche Festlegung von Maßeinheiten und Nettogewichten bekämpften sie z.B. irreführende Werbung. Schon 1895 wies der Kongress das Landwirtschaftsministerium an, „den Nährwert der Lebensmittel unter besonderer Berücksichtigung einer vollwertigen, gesundheitsfördernden und genießbaren Zuteilung zu untersuchen" (US Statues 1895: 271). Doch aus dem frommen Wunsch folgte keine Gesetzesinitiative.

Heute konzentriert sich das Regierungshandeln stärker auf die Reinheit der Lebensmittel als auf deren Nährwerte. 1999 entwickelte ein Konsortium aus Regierungsbeamten, Akademikern und kommerziellen „Weight-Loss" Organisationen neue Ernährungsrichtlinien zur Orientierung der Konsumenten. Die bundesstaatliche Handelskommission beschäftigte sich zudem mit falschen bzw. irreführenden Diätversprechungen. Obwohl Kritiker schon die Standards der

Lebensmittelkontrolle für unzureichend halten, sind diese immer noch deutlich weitgehender als Maßnahmen zur Eindämmung der Adipositas und des Konsums ungesunder Nahrungsmittel. Verglichen mit der Aufmerksamkeit, die Alkohol, Drogen und Tabak von staatlicher Seite entgegengebracht wird, ist die Antwort auf problematisierte Konsummuster im Bereich Ernährung kläglich.

Warnhinweise

Obwohl die medizinische Wissenschaft der Anti-Fett-Welle in den USA bis in die Mitte des 20. Jahrhunderts hinterherhinkte, gelten die Zusammenhänge zwischen der Ernährungsweise und den Folgen für die Gesundheit heute als gesichert. Ärzte und Ernährungswissenschaftler haben diverse Risikofaktoren für Adipositas identifiziert und den Zusammenhang von Übergewicht bzw. Adipositas und kardiovaskulären Erkrankungen, Diabetes und anderen Lebensstilkrankheiten scheinbar zweifelsfrei nachgewiesen. Die Bundesregierung registrierte den Zusammenhang zwischen Ernährung und chronischen Erkrankungen erst, nachdem 1969 eine Konferenz des Weißen Hauses zu den Themen Lebensmittel, Ernährung und Gesundheit stattgefunden hatte. Doch aus der Erkenntnis folgten keine konkreten Maßnahmen, stattdessen beschränkte man sich darauf, Informationen zu sammeln, Forschungsergebnisse zu verbreiten und weitergehende Forschung zu finanzieren. Und obwohl dies für gewöhnlich keine Maßnahmen sind, die Kontroversen auslösen, haben sie im Bereich der Ernährungspolitik für große Aufregung gesorgt: wie z.B. das vermeintlich unverfängliche Thema der Nahrungsmittelkennzeichnung. Es wurde vom Kongress schon 1906 (als Teil des *Pure Food and Drug Act*) autorisiert und in einem Statut aus dem Jahre 1938 mit deutlichen Worten empfohlen. Die Behörde für Nahrungs- und Arzneimittel startete 1973 ein freiwilliges Kennzeichnungsprogramm. Angestachelt von den Bundesstaaten Kalifornien und New York ordnete der Kongress 1990 verpflichtende Nährwertangaben auf Lebensmittelpackungen an (vgl. Caswell/Krarner 1994). Zum Teil haben Bundesstaaten und größere Städte strengere Kennzeichnungspflichten durchgesetzt. So hat die Stadt New York 2006 alle Fast Food Restaurants mit mehr als 20 Filialen dazu verpflichtet, den Kalorien- und Nährwertgehalt ihrer Produkte auszuweisen, eine Maßnahme, die von der Nahrungsmittellobby entschieden bekämpft wird (Rivera 2007). New York ist auch Vorreiterin im Kampf gegen die als besonders schädlich geltenden Transfettsäuren. Seit dem 1. Juli 2007 darf in den ca. 24.000 Restaurants der Stadt nicht länger mit transfettsäurehaltigen Ölen und Fetten frittiert und gebraten werden, ab dem 1. Juli 2008 müssen auch die Bäckereien der Stadt auf die künstlich erzeugten Fette verzichten (Okie 2007).

Regierungsbehörden haben zudem damit begonnen, vor bestimmten Lebensmitteln zu warnen, so wie das schon seit langem von Ärzten, Versicherungen und Interessensverbänden gefordert wurde (vgl. dazu unseren Absatz 2 und 7). 1977 begann die Bundesregierung, Ernährungsleitlinien mit einer groß angelegten Werbekampagne einer breiteren Öffentlichkeit bekannt zu machen (Davis/ Saltos 1996). Und dieser Ansatz ist womöglich durchaus zielführend: Ökonometrische Analysen belegen, dass regierungsoffizielle Warnungen, die Fettkonsum und Herzkrankheiten in einen Zusammenhang stellten, den Fettkonsum zwischen 1977-1985 signifikant absenken konnten (Ippolito/Mathios 1995). Trotz prinzipiell positiver Resultate bleibt der Elan der Bundesregierung – gemessen an den bereit gestellten Mitteln – aber überschaubar. Der Landwirtschaftsminister Dan Glickmann klagte 2000 öffentlich: „Wir kommunizieren die Ernährungsleitlinien nicht ausreichend. Wir hätten gerne die dafür notwendigen Ressourcen (zit. nach Kondracke 2000)." Laura Sims zeigte in ihrer ausgewogenen wissenschaftlichen Untersuchung der US-amerikanischen Ernährungspolitik, dass der Inhalt der Ernährungsbotschaften durch den Einfluss zu vieler organisierter Interessen derart verwässert wurde, dass die Botschaften den Konsumenten im Alltag keine Hilfe bei der Suche nach gesunden Lebensmitteln bieten konnten (Sims 1998: 272).

Regulierung

Föderale und bundesstaatliche Akteure beeinflussen an vielen Stellen die Produktion, Verteilung und den Konsum von Nahrungsmitteln. Das Landwirtschaftsministerium wurde schon unter Präsident Lincoln gegründet, und Themen, die mit Ernährung zusammenhängen, werden von unzähligen Abteilungen und Ämtern bearbeitet, unter ihnen die Föderale Handelskommission, das Handelsministerium und eine Reihe von Abteilungen innerhalb des Gesundheitsministeriums. Trotzdem gibt es bis heute keine Regulierung der Produktion und des Konsums von nährwertarmer und fett- bzw. zuckerreicher Nahrung; nicht einmal innerhalb von Regierungsprogrammen. Nehmen wir z.B. die Schulverpflegung für unterernährte Kinder. Studien aus den 1990er Jahren haben gezeigt, dass der Fettanteil der von der Regierung genehmigten Mittagsverpflegung die empfohlenen Grenzwerte bei weitem übersteigt. Aufrufe, dies zu ändern, blieben bis dato ohne Folgen (Sims 1998).

Die Regulierung von hochkalorischem, stark fetthaltigem und nährstoffarmem Essen scheint angesichts der unklaren Zuständigkeiten in der Ernährungspolitik nur schwer umsetzbar. Zwar könnte als Resultat der gestiegenen Aufmerksamkeit und einer sich abzeichnenden Dämonisierung schon bald ein Regulierungssystem entstehen, doch bevor wir uns dieser Entwicklung widmen, wenden wir unsere Aufmerksamkeit Regierungsaktivitäten zu, die eher geeignet scheinen, den Anstieg der Adipositasprävalenz sogar noch zu beschleunigen.

Unterstützen und Anstiften

Anstatt den Umsatz mit stark fetthaltigen Lebensmitteln zu kontrollieren, unterstützt ihn die Regierung – manchmal sogar auf Kosten von fettarmen Alternativen. Die drei primären Fettquellen in der Ernährung eines durchschnittlichen Amerikaners sind rotes Fleisch, Pflanzenöl und Milchprodukte. Die Hersteller aller drei Produktgruppen werden subventioniert oder anderweitig von der Bundesregierung, den Bundesstaaten und lokalen Verwaltungen unterstützt. Zum Teil begünstigt der Staat sogar fettreiche Lebensmittel: Stark fetthaltige Milchprodukte z.B. waren lange Zeit sowohl Teil des föderalen Lebensmittelunterstützungsprogramms als auch des nationalen Schulessens. Die Unterstützung der stark fetthaltigen amerikanischen Durchschnittsdiät durch die offizielle Regierungspolitik ist sicherlich nicht beabsichtigt, doch wird der Zusammenhang selten anerkannt. „Die Anti-Fett-Politik", so fasst es Sims zusammen, „hat sich auffällig wenig um die Maßnahmen des Landwirtschaftsministeriums gekümmert". Wenn der Kongress 2007 erneut seine in fünfjährigen Intervallen stattfindende Überarbeitung der Agrargesetzgebung präsentieren wird, ist die Wahrscheinlichkeit, dass zukünftig gesündere Produkte wie Obst und Gemüse stärker gefördert werden, gering (Burros 2007).

Fazit: Was kann die Regierung tun?

Wenn die Regierung wirklich gegen Adipositas vorgehen wollte, was würde sie dann tun? Der Umgang der Regierung mit Alkohol, Tabak und Drogen beinhaltet vier Regulierungsstrategien: den Verkauf örtlich, zeitlich und altersmäßig zu beschränken bzw. bestimmte Produkte ganz aus dem Handel zu nehmen; die Preise über sog. „Sündensteuern" zu erhöhen; Hersteller ungesunder Produkte mit Strafen zu belegen, die dann für gesundheitsfördernde Maßnahmen verwendet werden können, und schließlich Marketing und Werbung einzuschränken. Wie wir bereits erwähnt haben, unterstützt die Regierung durch Aufklärungskampagnen und Warnhinweise Alternativen zu ungesunder Ernährung. Verstärkte Anstrengungen in diesem Bereich könnten von der Regierung finanzierte „Entziehungskuren" bei Menschen mit zwanghaftem Essverhalten und/oder die direkte Subventionierung gesunder Alternativen sein. Eine Kombination dieser

Politiken – wie sie jetzt für Tabak, Alkohol und Drogen bereits existieren – könnte auf den Bereich ungesunder, nährstoffarmer Ernährung ausgedehnt werden (Brescoll/Kersh/Brownell 2007).

Schon heute sind die ersten Anzeichen einer Bewegung hin zu einer föderalen Regulierungspolitik vorhanden. Eric Schlossers Buch „Fast Food Nation" und anderen sensationellen Enthüllungen aus der Fast Food Industrie sowie dem Wahlsieg der Demokraten 2006, der ihnen die Mehrheit in beiden Häusern verschafft hat, ist es zu verdanken, dass es in jüngster Zeit eine ganze Reihe von Gesetzesentwürfen und Anhörungen gab, mit dem Ziel, Adipositas besonders bei Kindern zu bekämpfen.

Doch die Aktionen sind größtenteils rein rhetorischer Natur; die meisten Gesetzgeber betrachten eine Fettsteuer bzw. andere für die Lebensmittelindustrie schmerzhafte Maßnahmen nicht als brauchbare politische Alternativen. Zwar sind die meisten Voraussetzungen erfüllt, besonders die Dämonisierung der Industrie und der Aufstieg von Interessensverbänden kann als weitgehend abgeschlossen betrachtet werden, doch eine entschiedene Regulierung würde noch stärkeren politischen Druck benötigen. Wenn man aus der amerikanischen Geschichte irgendetwas lernen kann, dann dass eine wachsende soziale Ächtung, ein beweiskräftiges medizinisches Wissen und eine weit reichende Kritik an der Industrie (möglicherweise einhergehend mit einer verschärften Diskriminierung Adipöser) das Flämmlein der Interessensvertretungen anfachen und in einer weitergehenden Regulierung als ungesund eingestufter Lebensmittel resultieren kann. Derartige Sanktionen wären ein Alptraum für Libertäre und die Nahrungsmittelindustrie. Für viele Public-Health-Experten bedeuten sie einen notwendigen Schutz gegen das, was einer von ihnen als „sitzenden Selbstmord der Nordamerikaner" (Collis 2002: 1) bezeichnete. Die politische Schlacht hat gerade erst begonnen.

Literatur

Blocker, J. (1989): American Temperance Movements. Boston.
Brescoll, V./Kersh, R./Brownell, K. (2007): Assessing the Impact and Feasibility of Anti-Obesity-Policies. In: Annals of the American Academy of Political and Social Sciences.
Brownell, K./Horgen, K. (2003): Food Fight: The Inside Story of the Food Industry, America's Obesity Crisis, and What We Can Do about It. New York.
Burros, M. (2007): The Debate Over Subsidizing Snacks. In: New York Times. 04.07.2007.

Caswell, J./ Kraner, C. (1994): Food Quality: Safety, Nutrition and Labeling. In: Halberg, M./Robert, S./Ray, D. (Hrsg.): Food Agriculture and Rural Policy into the Twenty First Century. Boulder Colorado.
Center for Disease Control and Prevention – CDC (1999): Tobacco Use – United Staates 1900-1999. In: Morbidity and Mortality Weekly Report, S. 988.
Center for Disease Control and Prevention – CDC (2007): Prevalence of Overweight and Obesity Among Adults: United States, 2003-2004.www. http://0-www.cdc.gov. mill1.sjlibrary.org/nchs/products/pubs/pubd/hestats/overweight/overwght_adult_03. htm
Charles, J./Mc Clain, J. (1996): In Search of Equality : The Chinese Struggle against Discrimination in Nineteenth-Century America. Berkley.
Collis, M. (2002): When Lifestyle Becomes a Deathstyle and Nobody Seems to Care. Well Newsletter 4:1, S. 1.
Critser, G. (2003): Fat Land. How Americans Became the Fattest People in the World. New York.
Davis, C./Saltos, E. (1996): The Dietary Guidelines for American: Past, Present, Future In: Family Economics and Nutrition Review 9, S. 4-13.
Derthik, M. (2002): Up in Smoke: From Legislation to Litigation in Tobacco Politics. Washington.
Egan, T. (2002): In Bid to Improve Nutrition, Schools Expel Soda and Chips. In: New York Times 20.05.2002.
Gusfield, J. (1963): Symbolic Crusade: Status Politics and the American Temperance Movement. Chicago.
Hendley, N. (2002): On-Line Self Help Groups Break Down Barriers to Care and Support. In: Journal of Addiction and Mental Health 5, S. 10-11.
Ippolito, P./Mathios, A. (1995): Information and Advertising. The Case of Fat Consumption in the United States. In: American Economic Review 85, S. 91-95.
Kersh, R./Morone, J. (2002): How the Personal Becomes Political: Prohibitions, Public Health and Obestiy. In: Studies in American Political Development 16, S. 162-175.
Kersh, R./Morone, J. (2005): Obesity, Courts, and the New Politics of Public Health. In: Journal of Health Politics, Policy and Law 30, S. 839-68.
Kondrake, M. (2000): Obesity is a Killer. So Why Not Enact a Junk Food. Tax? In: Roll Call (June 1, 2000), S. 5.
Kraig, K./Peel, P. (2001): Weight-Based Stigmatization in Children. In: International Journal of Obesity 25, S. 1661-66.
Living Age Magazine (1914): Editorial. Dezember-Ausgabe, S. 21-22.
Mc Ginnis, J./Williams-Russo, P./Knickman, J. (2002): The Case for More Active Policy Attention to Health Promotion. In: Health Affairs (03/04 2002), S. 78-93.
Mc Tigue, K./Garret, J./Popkin, B. (2002) : The Natural History of the Developement of Obesity. In: Annals of Internal Medicine 136, S. 12.
Mokdad, A./Bowman, B./Ford, E./Vinicor, F./Marks, J./Koplan, J. (2001): The Continuing Epidemics of Obesity and Diabetes in the United States. In: Journal of the American Medical Association 286, S. 1195-1200.
Morone, J. (2003): Hellfire Nation: The Politics of Sin in American History. New Haven.
Musto, D. (1999): The American Disease: Origins of Narcotics Control. New York.

Nestle, M./Jacobson, M. (2000): Halting the Obesity Epidemic: A Public Health Policy Approach. In: Public Health Reports.

Nestle, M. (2002): Food Politics: How the Food Industry Influences Nutrition and Health. Berkley.

Okie, S. (2007): New York to Trans Fats: You're Out! In: New England Medical Journal 356, S. 2017-21.

Parsons, E. (2004): Fallen Drunkards and Redeeming Women in the Nineteenth-Century United States. Baltimore.

Puhl, R./Brownell, K. (2001): Bias, Discrimination and Obesity. In: Obesity Research 9, S. 788-805.

Rorabaugh, W. (1979): The Alcoholic Republic. New York.

Rosin, H. (1998): The Fat Tax. In: The New Republic. 18.05.1998.

Rivera, R. (2007): City Council May Change Menu Rule on Calories. In: New York Times. 07.02.2007.

Saguy, A./Riley, W. (2005): Weighing Both Sides: Morality, Mortality, and Framing Contest over Obesity. In: Journal of Health Politics, Policy and Law 30, S. 869-921.

Sobal, J. (1995): The Medicalization and Demedicalization of Obesity. In: Maurer/Sobal (Hrsg.): Eating Agendas: Food and Nutrition as Social Problems. New York.

Sims, L. (1998): The Politics of Fat: Food and Nutrition Policy in America. In: Sims, L./ Sharpe, M.: The Politics of Fat: Food and Nutrition Policy in America: People, Power and Food and Nutrition Policy (Bureaucracies, Public Administration, & Public Policy). New York.

Schlosser, E. (2001): Fast Food Nation: The Dark Side of the All-American Meal. New York.

Stearns, P. (1997): Fat History: Bodies and Beauty in the Modern West. New York.

US Statues at Large (1895): 28, S. 271.

Williams, E. (1914): Negro Cocaine Fiends are New Southern Menace. In: New York Times 08.02.1914, S. 12.

Keine „Happy Meals" für die Unterschicht!
Zur symbolischen Bekämpfung der Armut

Friedrich Schorb

Einleitung

Der Strukturwandel der postindustriellen Gesellschaften lässt einen immer größeren Teil der Bevölkerung in ökonomischer Hinsicht überflüssig werden. Umso offensichtlicher dieses Phänomen zu Tage tritt, umso stärker ist die Tendenz, die Ursachen dafür im Verhalten der Betroffenen selbst zu suchen. Im Diskurs der neuen Unterschichten, wie er derzeit in der Bundesrepublik Deutschland geführt wird, sind es vor allem passive Verhaltensweisen wie falscher Medienkonsum, falsche Ernährung, falsche Freizeitmuster, falsche Erziehung, d. h. weniger eine abweichende Moral als ein abweichender, schlechter und schädlicher Geschmack, wird zur Ursache von Armut erklärt. Sichtbarer Ausdruck dieser kritisierten Konsummuster ist der „dicke Bauch". Die diskursiv vorgegebenen verhaltensbedingten Ursachen für Adipositas und Armut sind dabei größtenteils identisch. Ihre Ablehnung durch die gesellschaftlichen Funktionsträger ist aber auch Ausdruck einer symbolischen Ordnung von Lebensstilen, einer Selbstvergewisserung und Abgrenzung der verunsicherten Mittelschichten von den unteren Rändern. Im Folgenden wird zunächst die Genese des behavioristischen Unterschichtsdiskurses dargelegt. Aus diesem Diskurs ergeben sich mediale Bilder von Unterschicht, die abhängig von den jeweiligen gesellschaftlichen Problemkonjunkturen variieren können. In der aktuellen gesellschaftlichen Debatte über eine neue Unterschicht spielt Adipositas die Rolle eines mehrere Verhaltensweisen umschließenden Symbols für selbstverschuldete Armut. Die den diskursiv erzeugten Bildern zugrunde liegende Annahme, Adipositas verursachende Verhaltensweisen hätten keine materiellen Ursachen und entstünden durch Ignoranz bzw. mangelndes Wissen, wird anhand von Beispielen kritisch hinterfragt.

Unterschicht und die Kultur der Armut im Wohlfahrtsstaat

Mit dem Begriff „underclass" bezeichnete der spätere Nobelpreisträger für Wirtschaftswissenschaften, Gunnar Myrdal, in den frühen 1960er Jahren ein wachsendes Heer dauerhaft aus dem Arbeitsmarkt Ausgeschlossener. Er befürchtete, dass der Produktivitätszuwachs im verarbeitenden Gewerbe den Bedarf an angelernten und ungelernten Arbeitskräften stark verringern würde, während auf der anderen Seite neu entstehende hochqualifizierte Stellen aufgrund ihrer hohen Anforderungen an die Arbeitskräfte nicht besetzt werden könnten. Myrdals Antwort auf diesen „Challenge to Affluence" (1962) war eine „entschiedene Verbindung von keynesianischer Nachfragepolitik, Sozialreform und Bildungsoffensive" (Kronauer 2002: 54f.). „Underclass", so wie Myrdal den Begriff benutzt, ist keine moralische Zuschreibung, sondern eine sozioökonomische Feststellung, kein individuell verschuldetes Schicksal, sondern Resultat ökonomischer Entwicklungen, denen nur mit gesamtgesellschaftlichen Reformprojekten entgegengesteuert werden kann.

Dennoch bekam der Begriff „underclass" seit den 1970er Jahren in der US-amerikanischen Debatte einen pejorativen Beigeschmack (Gans 1995: 28 ff). Dies ist in erster Linie auf die Rezeption der Arbeiten von Oscar Lewis zurück zu führen. Der Sozialanthropologe Lewis hatte ab den 1940er Jahren u.a. in Mexiko und Puerto Rico langjährige Untersuchungen über die Lebensumstände, Einstellungen, Verhaltensweisen und Moralvorstellungen der städtischen Armutsbevölkerung angestellt (1963; 1966). Mit dem Konstrukt einer „culture of poverty" suchte er den Ergebnissen seiner intensiven qualitativen Forschungstätigkeit einen theoretischen Rahmen zu verleihen.

Lewis Kultur der Armut ist eine Parallelkultur mit nur schwachen Verbindungen zum gesellschaftlichen Mainstream, deren moralische Vorstellungen von denen der Mehrheitsgesellschaft abweichen. Vertrauen in die staatlichen und zivilgesellschaftlichen Institutionen ist ebenso wenig vorhanden wie die Fähigkeit zur Selbstorganisation. Ein entscheidendes Merkmal der Kultur der Armut ist, dass sie von Generation zu Generation weitergegeben wird. Weil die in der Subkultur der Armut lebende Bevölkerung neue sich abzeichnende Erwerbschancen und Lebensmöglichkeiten nicht wahrnehmen kann, besteht sie selbst bei einer Veränderung der sozioökonomischen Rahmenbedingungen weiter (Goetze 1992: 91). Aus der Feststellung, dass sich die Kultur der Armut perpetuiert, folgerte Lewis, dass allein finanzielle Maßnahmen nicht ausreichen, um sie zu beseitigen.

In den 1970er Jahren nahm der Begriff „underclass" in den US-amerikanischen Diskursen immer stärkere Anleihen an Lewis „culture of poverty"-Konzept, auch wenn Lewis dem stets skeptisch gegenüberstand. Komplett

„auf den Kopf gestellt" (Kronauer) wurde Myrdals „underclass"-Begriff in den Folgejahren u. a. durch den konservativen Journalisten Auletta, dessen Buch „The Underclass" 1982 erschien. „Underclass" im Sinne Auletas war ein „umbrella label" (Gans) für eine Vielzahl abweichender Verhaltensweisen, die der städtischen Armutsbevölkerung zugeschrieben wurden.

Zwei Jahr später folgte die sozialwissenschaftliche Konsequenz aus dem „underclass" Diskurs: Charles Murrays berühmtes „Losing Ground". Wohl kaum ein Buch hatte stärkeren Einfluss auf die Sozialpolitik eines Landes als Murrays Vision eines Amerikas ohne „welfare". Myrdals „underclass" Terminologie ist hier bis zur Unkenntlichkeit verzerrt. Die Sozialhilfe selbst wird in einem rationalen choice Modell zur Ursache von Armut erklärt, weil sie abweichendes Verhalten belohne. Gefordert wird nicht weniger als die Abschaffung aller Sozialleistungen, um die Kultur der Armut wirksam trockenzulegen.

Unberührt von den US-amerikanischen Debatten tauchte die „Kultur der Armut" in deutschsprachigen sozialwissenschaftlichen Veröffentlichungen der 1970er und 1980er Jahre nur sporadisch auf (vgl. Goetze 1992; Kardorff/Koenen 1985) und blieb ohne große gesellschaftliche Resonanz. Öffentlichkeit und Politik in der BRD beharrten auf der Vorstellung einer „nivellierten Mittelstandsgesellschaft", in der Armut als Massenphänomen nicht vorgesehen war. Auch für die bundesdeutschen Sozialwissenschaften war der strukturelle Ausschluss weiter Bevölkerungsteile vom Arbeitsmarkt lange Zeit kein Thema. Auf dem Soziologentag 1982 wird die „Krise der Arbeitsgesellschaft" noch in die Zukunft projiziert und „zugleich abgemildert durch die zuversichtliche Erwartung, daß objektiv wie subjektiv die Erwerbsarbeit ohnehin an gesellschaftlicher Bedeutung verlieren werde" (Kronauer 1996: 54). Als in den 1990er Jahren die andauernde Massenarbeitslosigkeit die populäre Theorie vom „Fahrstuhleffekt" (Beck) ad absurdum führte, wurde das Thema von der Soziologie wieder aufgegriffen. Die Ergebnisse verschiedener Längsschnittstudien konnten die These einer sich verfestigenden Schicht dauerhaft von der Erwerbsarbeit Ausgeschlossener allerdings nicht bestätigen (vgl. u. a. Leibfried et al. 1995). Dennoch zog Kronauer 1996 das Fazit, das neben einer hohen Fluktuation auch eine beträchtliche Kontinuität für Armut und Sozialhilfebezug in Deutschland charakteristisch sei (Kronauer 1996: 65).

Weitgehend unabhängig von den Debatten innerhalb der Sozialwissenschaften, nahm sich die politische und publizistische Öffentlichkeit dann Ende der 1990er Jahre dem Thema „Kultur der Abhängigkeit" an. Die Diskussion wurde vor allem durch das Beispiel Großbritanniens angestoßen. Dort hatte „New Labour" ganz in der Tradition des US-amerikanischen „underclass" Diskurses den negativen Einfluss einer jede Eigeninitiative erstickenden Abhängigkeit von Sozialhilfe zur Begründung einer verschärften Sozialgesetzgebung gemacht (vgl.

Field 2001). Angeregt vom britischen Vorbild suchte die Wochenzeitung „Die Zeit" 1998 unter der Überschrift „Macht Sozialhilfe süchtig?" in Deutschland nach der „Kultur der Abhängigkeit".

Eine Abhängigkeit von Sozialhilfe trete dort auf, so das Fazit der Reportage, wo es keine Stigmatisierung mehr gebe und die Sozialhilfe zur „Lebensform" werde. Analogien zur „Kultur der Armut" sind unübersehbar, wenn auch der Anteil des „Sozialhilfeadels", auf den die Kultur der Abhängigkeit uneingeschränkt zutrifft, mit ca. 70.000 Menschen von den Autoren als sehr gering eingestuft wird (Rückert/Willeke 1998: 19).

2001 erweitert der Berliner Geschichtsprofessor Paul Nolte das gesellschaftspolitische Vokabular um die „neue Unterschicht" (Nolte 2001). Noltes Unterschicht umfasst mehr als ein paar zehntausend Sozialhilfedynastien. Sie bezeichnet alle Menschen in diesem Land, die sich nicht der „bürgerlichen Leitkultur" zugehörig fühlen und deren Werte und Normen von denen der Mehrheitsgesellschaft abweichen. Die Frage der Abhängigkeit, im Zeit-Dossier noch auf den engen Rahmen dauerhaften, generationenübergreifenden Sozialhilfebezugs beschränkt, wird hier über alle Maßen gedehnt. Als Ursache für die massenhafte Abhängigkeit gilt Nolte die Politik der „fürsorglichen Vernachlässigung", welche die Angehörigen der Unterschicht zwar materiell absichert, sie aber sonst sich selbst überlässt. Der Staat verhält sich in diesem Modell gegenüber den Leistungsempfängern wie die überforderten Eltern gegenüber ihren Kindern, er geht dem Konflikt aus dem Weg, indem er ihn mit Geld zu lösen sucht, verschärft ihn dadurch aber nur. „Fürsorgliche Vernachlässigung" fängt für Nolte aber nicht erst bei der Sozialhilfe an, schon die gesetzliche Krankenversicherung fördere die Unverantwortlichkeit, „weil sie die Klienten in völliger Unmündigkeit [über die Behandlungskosten] hält" (Nolte 2004: 177).

Gerade weil Nolte nicht genau festlegt, wen die neue Unterschicht umfasst, kann sich jeder seine Definition für den jeweiligen Zweck auf die Fahnen schreiben. Entscheidend ist jedenfalls nicht allein das Haushaltseinkommen, wie Nolte in einem Radiointerview unmissverständlich feststellt: „Nicht jeder der arbeitslos ist, gehört zu dieser neuen Unterschicht (…). Der Architekt, der Ingenieur, der promovierte Historiker, der arbeitslos ist, gehört in der Regel nicht dazu, weil er (…) durch bestimmte Standards der Lebensführung (…) immer wie oben auf der Suppe schwimmt, wie so ein Fettauge" (Nolte 2005).

Bilder von Unterschicht

Sowenig Noltes unscharfer Unterschichtsbegriff für die Sozialwissenschaften anschlussfähig ist, so sehr eignet er sich als Steilvorlage für Politiker und Journalisten. Gerade letzte füllen den Begriff mit Leben, indem sie in bildreichen Reportagen die neue Unterschicht porträtieren: „Der neue Prolet schaut den halben Tag fern, weshalb die TV-Macher bereits von ‚Unterschichtenfernsehen' sprechen. Er isst viel und fettig, er raucht und trinkt gern. (...). Er ist kinderreich und in seinen familiären Bindungen eher instabil. (...). Er besitzt keine Bildung, und er strebt auch nicht danach. (...). Anders als der Prolet des beginnenden Industriezeitalters, der sich in Arbeitervereinen organisierte, die zugleich oft Arbeiterbildungsvereine waren, scheint es, als habe das neuzeitliche Mitglied der Unterschicht sich selbst abgeschrieben. Selbst für seine Kinder unternimmt er keine allzu großen Anstrengungen, die Tür in Richtung Zukunft aufzustoßen. (...). Die Amerikaner sprechen in der ihnen eigenen Direktheit von ‚white trash', weißem Müll" (Steingart 2006: 256f.).

Zwei Jahr nach Noltes „Generation Reform", zeichnete der Spiegel-Redakteur und Bestseller-Autor Gabor Steingart dieses Sittenbild der neuen Unterschicht. Es umfasst alles was dem bürgerlichen Wertekanon entgegensteht und spricht in der „dem Amerikaner" untergeschobenen Direktheit das aus, was diese Unterschicht für die Gesellschaft ist: nämlich Müll. Aber nicht irgendein Müll, sondern „weißer Müll". Eine Feststellung, die nicht selbstverständlich ist, denn vor Nolte war das mediale Bild einer bedrohlichen urbanen Unterschicht dunkler. So war in einer Stern Reportage aus dem Jahr 2002 über den Niedergang deutscher Problemstadtteile vorrangig von türkischen oder arabischen Jugendbanden, von „Männern mit schwarzen Haaren, schwarzen Augen und schwarzen Bärten" und den dazu gehörigen Frauen, von denen „nur noch ihre ernsten Augen zu sehen sind", die Rede. Nur „ganz, ganz selten, verirrt sich ein Deutscher ins Straßenbild [der verslumenden Stadtviertel]: unrasierte Gestalten mit schmutzigen Jogginghosen, laut und mit schwerer Zunge redend" (Albes/Kohlbecher 2002: 36).

Dieser ungepflegte Deutsche, der sich da „ganz, ganz selten" in die fremde Welt vor unserer Haustür verirrt, ist im neuen Unterschichtsdiskurs wieder in der Mehrzahl und er ist längst nicht mehr nur Junkie, obdachlos oder Alkoholiker. Nicht mehr allein Alkohol und Drogen lassen die Unterschicht verelenden, Unterhaltungselektronik, Fast Food und Süßigkeiten erfüllen denselben Zweck. Die „neue Unterschicht" ist weißer, deutscher, häuslicher, weiblicher und vor allem dicker geworden.

Zwei gesellschaftliche Reformprojekte, die auf den ersten Blick wenig miteinander zu tun haben, nämlich die Hartz IV-Arbeitsmarktreformen und die Initiative der ehemaligen Verbraucherschutzministerin Renate Künast zur Verbesserung der Ernährungslage der Bevölkerung, verbanden sich 2004 zu einem neuen medialen Unterschichtsdiskurs. Dieser Diskurs verknüpfte die Bilder einer unflexiblen, den Herausforderungen der Globalisierung apathisch gegenüberstehenden, besitzstandswahrenden Bevölkerung, die nicht einsehen mag, das Hartz IV ihre letzte Chance auf Heilung ist, mit den Bildern einer zunehmend verfettenden, unsportlichen und undisziplinierten Bevölkerung, die nicht erkennen kann, dass sie sich selbst, ihren Kindern und damit letztlich der ganzen Gesellschaft durch ihr eigenes Verhalten jede Chance auf Aufstieg und ein lebenswertes Leben nimmt.

In der allgemeinen Bestürzung über den „Abstieg des Superstars Deutschland" (Steingart 2005) genügte schon der Anblick einer „eigentlich hübschen, aber viel zu dicken Mutter" mit ihren „zwei eigentlich hübschen, aber viel zu dicken Buben", die bei Mc Donald's „drei Sparmenüs zu vier Euro neunundreißig bestellt", statt auf dem Wochenmarkt für weniger Geld die Zutaten für ein „gesundes und köstliches Mittagessen plus Nachtisch" einzukaufen (Roll 2004), um die Notwendigkeit radikaler Reformen zu illustrieren. Noch plastischer wird das Bild der „neuen Unterschicht" in Walter Wüllenwebers preisgekrönter Reportage über die Sozialhilfe Hochburg Essen-Meerkamp. Wüllenweber begegnet ebenfalls keinen kriminellen Jugendbanden, die alte Frauen überfallen und mit Drogen dealen, sondern dem „white trash" von nebenan: Männern wie Udo Hupa, der seine Zeit damit verbringt, für die Nachbarschaft Pornos zu kopieren, und sich trotz Diabetes und Adipositas regelmäßig Weingummis am „Büdchen" holt, und Müttern wie Heike, die ihre 2-jährige Tochter Sydney schon vormittags vor die Glotze setzt und mit Süßigkeiten voll stopft.

„Würde sich etwas ändern", fragt Wüllenweber rhetorisch, „wenn man jeder Familie im Meerkamp ein paar hundert Euro mehr Sozialhilfe auszahlen würde?" Die Antwort kommt wenig überraschend: „Die Zukunftsaussichten der (...) Fußballmannschaft blieben weiter jämmerlich. Sydneys Mutter würde ihre Kinder häufiger zu McDonald's einladen. Der dicke Herr Hupa würde sich mehr Weingummis vom Büdchen holen."

Wüllenweber denkt das, was Nolte mit seiner Theorie der fürsorglichen Vernachlässigung angestoßen hat, konsequent zu Ende. Nicht Armut macht krank, sondern Mangel an Disziplin, und die Lebensformen der Unterschicht sind nicht Folge ihrer Armut, sondern „die Armut ist eine Folge ihrer Verhaltensweisen, eine Folge der Unterschichtskultur" (ebd.).

Adipositas als Symbol

Die medialen Bilder der Unterschicht zeichnen ein phlegmatisches Kollektiv. Die „couch potatoe" prägt das Bild dieser neuen Unterschicht und steht sinnbildlich für alles, was dem gesellschaftlichen Leitbild der „Aktivgesellschaft" (Lessenich 2006) widerspricht: körperliche Untätigkeit, exzessiver Medienkonsum, der übermäßige Verzehr von Fast Food und Fertignahrung, Süßem und Fettigem sowie mangelnde Konsequenz in der Erziehung der Kinder. Adipositas ist sichtbarer Ausdruck für fast alle der kritisierten Verhaltensweisen, sogar für den Bereich Erziehung und Manieren, da bürgerliche Tischsitten und regelmäßige Mahlzeiten als in hohem Maße Adipositas vorbeugend gelten (vgl. Künast 2004).

In der Fachliteratur werden die Ursachen für Adipositas als komplexes Zusammenspiel von genetischen Veranlagungen, individuellen Verhaltensweisen und Umwelteinflüssen beschrieben, wobei zu letzteren etwa die zunehmende Automobilisierung, Verstädterung und der Rückgang harter, körperlicher Arbeit sowie die permanente Verfügbarkeit hochkalorischer Lebensmittel zählen. Der medizinische Diskurs definiert Adipositas als Epidemie und damit als ein Problem, dass die Gesellschaft als ganze betrifft. Zwar wird in den Schriften der WHO (2000; 2002) und den Standardwerken zu Adipositas die besondere Betroffenheit sozialer Randgruppen betont, das Problem an sich aber immer als ein gesamtgesellschaftliches definiert.

Im neuen Unterschichts-Diskurs verschwimmen die Feinheiten des medizinischen Diskurses. So wird die komplexe Ätiologie der Krankheit Adipositas auf den Risikofaktor Verhalten reduziert und kulturell aufgeladen. Es sind „bürgerliche Ideale der Leistung, der Schlankheit, der Selbstkultivierung", die hier für „besser" befunden werden (Nolte 2004: 63). Die bürgerliche Gesellschaft müsse sich fragen dürfen, inwieweit sie bereit ist, diese schlechteren und falschen Verhaltensweisen zu tolerieren. „Das gilt für die Ernährung ebenso wie für Gewaltvideos" (ebd.: 64). Adipositas gilt im neuen Unterschichtsdiskurs nicht als Folge einer „Mc Donaldisierten" Moderne, die Randgruppen stärker treffen mag, aber letztlich ein globales Problem bleibt, „sondern vor allem [als] ein Klassen-, ein Unterschichtenproblem – unbeschadet der Tatsache, dass man auch einzelne reiche Dicke finden wird" (ebd.: 63).

Das Problematisierungsmuster der WHO steht dieser These diametral entgegen: Adipositas als Epidemie ist für sie eben genau keine Unterschichtenpathologie, sondern vielmehr die Verfettung der ganzen Erde als totales Phänomen, von dem langfristig über die Hälfte der Bevölkerung in den Industrie- und Schwellenländern betroffen sein wird. Das zunächst vor allem die unteren Schichten infiziert werden, ist für eine Epidemie alles andere als untypisch.

Der Unterschichtsdiskurs von Nolte, Steingart, Wüllenweber und Co. hingegen greift zwar Teile des medizinischen und epidemiologischen Adipositas-Diskurses auf, stellt aber vor allem Verbindungen zu Diskurs-Aspekten her, die gesellschaftliche Missstände auf individuelles Verhalten zurückführen, so etwa zum kriminologischen Diskurs von Pfeiffer (2003), der in unkontrolliertem Fernsehkonsum nicht nur den Grund für schlechte Schulleistungen, sondern auch die

Keimzelle zukünftiger Kriminalität entdeckt; oder auch den Thesen von Fields (2001) oder Murray (1984), die in der Verfasstheit der Sozialgesetzgebung die Ursache für abweichendes Verhaltens sehen.

Das Besondere am Symbol Adipositas ist, dass es die Verknüpfung der Diskurse sichtbar macht. Adipositas wird – wenigstens in Kombination mit anderen optischen Insignien wie Hot Pants, Leggins oder Jogginghosen – zum sichtbaren Ausdruck der neuen Unterschicht.

Die beiden messbaren Merkmale Arbeitslosigkeit und BMI machen dagegen weder für sich genommen noch in Kombination per se eine Unterschichtszugehörigkeit aus. Sie werden erst in Verbindung zu einem kulturellen Milieu wirksam. Beide Stigmata können so gesehen auch zurückgewiesen werden. Akademische Arbeitslose sind ebenso wenig Unterschicht wie akademische Adipöse. Der Unterschichtsdiskurs entpuppt sich in dieser Hinsicht als ideale Abgrenzung der Mittelschichten von den unteren Gesellschaftsrändern. Die Überlegenheit mittelständischer Lebensweisen kann auch bei offensichtlichem Scheitern an gesellschaftlichen Imperativen aufrechterhalten werden, da mag der Rechtfertigungsdruck innerhalb des soziokulturellen Milieus noch so groß sein. Es macht eben einen Unterschied, ob man sich den dicken Bauch bei Mc'Donalds oder beim Edel-Italiener angefressen hat und es ist nicht dasselbe, wenn ein Hartz IV-Empfänger zum Einschlafen Dostojewski liest statt Big Brother zu gucken.

Junk Food-Mütter

Statistisch gesehen hat Nolte Recht, Adipositas bei Kindern und Jugendlichen ist tatsächlich in erster Linie ein Unterschichtenproblem. In der Bundesrepublik ist der Prozentsatz adipöser Unterschichtskinder etwa dreimal so hoch wie bei Kindern aus höheren Einkommensschichten (Kurth/Schaffrath Rosario 2007). Die landläufige Erklärung für diesen Zusammenhang lautet, Kinder aus Unterschichtenfamilien treiben weniger Sport und werden schlechter ernährt. Da die Einflussnahme auf Ernährung und Bewegung in der Familie schwierig ist, setzt man auf den Setting Ansatz. In Kindertagesstätten, in Schulen oder im Hort ist es einfacher auf das Ernährungs- und Bewegungsverhalten der Kinder Einfluss zu nehmen. Sie so früh wie möglich an einen gesundheitsfördernden Lebensstil heranzuführen, gilt als besonders erfolgversprechend. Warum man nicht früh genug ansetzen kann, erklärt der Vorsitzende der Plattform Ernährung und Bewegung (peb), Erik Harms: „Offenbar bilden sich schon im Vorschulalter falsche Regelkreise, Teufelskreise, die durch Therapie nicht zu durchbrechen sind. Die Problemanalyse legt ganz eindeutig einen primär präventiven Lösungsansatz nahe, mit dem Eltern und Kinder erreicht werden müssen. Primäre Prävention muss im Vorschulalter einsetzen, um zu verhindern, dass sich falsche Regelkreise bilden. (...). Primäre Prävention muss rechtzeitig die Weichen stellen und dazu erziehen, dass eine gesunde Ernährung und Bewegung ins Gleichgewicht gebracht und gehalten werden" (Harms 2006: 9).

Ganz ähnlich hatte Künast in ihrem Buch „Die Dickmacher" argumentiert: „Für die Politik sind auch bei sozial schwachen und Migrantenfamilien die Kinder nach meiner Meinung der entscheidende Schlüssel beim Kampf gegen die Volkskrankheit Adipositas. Die Zeiten, in denen Kleinkinder und Kinder geprägt werden in ihrem Geschmack, ihren Gewohnheiten und ihrem Lebensstil, sind am erfolgsversprechenden. Kinder jedoch bedürfen ab den ersten Jahren einer Anleitung" (Künast 2004: 222).

Da Eltern, gerade in unteren Sozialschichten, häufig nicht in der Lage seien, diese Anleitung zu geben, müsse die Intervention bereits im Kindergarten ansetzen. Weil die deutschen Schulen noch überwiegend Vormittagsschulen sind, bleiben die Möglichkeiten in diesem Setting allerdings begrenzt.

Anders in England, hier hat Schulessen Tradition. Im Zuge der rigiden Spar- und Privatisierungspolitik Margaret Thatchers wurde das Gros der Schulküchen allerdings geschlossen, woraufhin große Cateringfirmen das Geschäft mit der Versorgung der Schulkinder übernahmen. Einziges Auswahlkriterium für die Schulen war häufig der Preis, den die Cateringunternehmen für jedes geliefertes Mittagessen verlangten, und der war entsprechend niedrig. Er lag z.T. bei nur 37 Pence pro Mahlzeit (BBC 2005). Lange Zeit störte sich niemand an diesen Fakten. Erst als dem Thema Adipositas bei Kindern und Jugendlichen verstärkt Aufmerksamkeit gezollt wurde, geriet auch das Schulessen in die Kritik. 2004 sammelte der Starkoch Jamie Oliver insgesamt 270.000 Unterschriften für seine Petition mit dem Titel „Feed me better!", die sich zum Ziel gesetzt hatte, die Qualität der Schulversorgung zu verbessern. Denn Olivers Meinung nach unterstützt das Schulessen „die Entwicklung der Kinder zu fetten, kränkelnden Bastarden" (Oliver zit. nach Burkel 2006). Tony Blair, der damalige britische Premierminister, war von Olivers Initiative höchst angetan und versprach ihm finanziell unter die Arme zu greifen. Auch der beliebte Fernsehsender Channel 4 schloss sich Olivers Mission an und begleitete ihn regelmäßig zur besten Sendezeit in Aktion.

Doch Olivers Experiment stieß auf größere Schwierigkeiten als erwartet. Die ohnehin chronisch unterbezahlten Servicekräfte (die sog. Dinner Ladies) waren über den unbezahlten Mehraufwand – bisher mussten sie die Fertignahrung nur aufwärmen und austeilen – wenig begeistert (O' Neill 2006). Oliver hingegen machte das immer noch knappe Budget für die Nahrungsmittel zu schaffen und die Kinder mussten sich auch erst an das neue Essen gewöhnen. An vielen Schulen flohen die Schüler vor dem gesünderen, aber auch teureren Essen und versorgten sich an mobilen Imbissbuden oder brachten sich Verpflegung von zu Hause mit; die Zahl der Mittagesser in den Schulkantinen sank um bis zu 30% (Simpson 2006).

Im nordenglischen Rawmarsh eskalierte die Situation schließlich. Die örtliche Schule hatte mit Einführung der neuen Mittagsverpflegung den Schülern das Verlassen des Schulgeländes untersagt. Offensichtlich fürchtete man, die Kinder könnten sich außerhalb der Schule mit Junk Food versorgen, und so das gesunde Mittagessen sabotieren. „Anders als die dankbaren Strolche aus der populären Fernsehsendung Jamies School Dinner, beschwerten sich die Kinder aus Rawmarsh bei ihren Eltern über eklige Tomaten, übertreuerte Ofenkartoffeln und zuwenig Pommes Frites" (Hattersley 2006). Einige Mütter brachten ihren Schützlingen daraufhin die vertrauten Leckereien an den Schulzaun. Ihr Angebot war so populär, dass sich bald über 60 Schüler von den drei rebellischen Müttern versorgen ließen. Doch dem Treiben wurde schnell Einhalt geboten, der Schuldirektor holte kurzerhand die Polizei. Fernsehen und Presse fielen in Massen in die kleine Ortschaft in der nordenglischen Peripherie ein, und sie staunten nicht schlecht über das, was sie da sahen. Rawshmar sei „Jamies Alptraum": ein Ort, in dem sich „niemand Gedanken darüber macht, dass Kinder, die jeden Tag Pommes Frites essen am Ende des Jahres mehr als fünf Liter Küchenöl zu sich genommen haben werden", ein Ort, in dem sich „in den Supermarktregalen Cherry Cola an Cherry Cola reiht", in dem „Kleinkinder Riesen-Burger verdrücken", in dem „die Einheimischen entweder o-beinig oder extrem fett sind" und sich – so „wie der Fettwanst, der sich seines T-Shirts entledigt hat, um in der Sonne seine panierte Wurst genießen zu können" – dafür offensichtlich „nicht einmal schämen" (Hattersley 2006).

„Sinner Ladies sell kids junk food" (Perrie 2006), titelte Großbritanniens größte Boulevardzeitung The Sun und veröffentlichte in der selben Ausgabe eine Karikatur von extrem adipösen, tätowierten Frauen in Leggins und Bikini, die ebenso dicken Kindern Burger und Pizza durch den Schulzaun reichten, obwohl das Foto auf der Titelseite, dem die Zeichnung offensichtlich nachempfunden war, normalgewichtige und -angezogene Kinder und Mütter zeigte (vgl. Abb. 1). Oliver ließ den „Junk Food Müttern" über die Medien ausrichten, wenn sie ihre Kinder umbringen wollten, sollten sie nur so weitermachen. Er sei lange genug politisch korrekt mit den Eltern umgegangen. „Wenn ihr euren kleinen Kindern Softdrinks gebt, seid ihr verdammte Arschlöcher und Wichser. Wenn ihr ihnen Kartoffelchips gebt, seid ihr Idioten" (Oliver zit. nach White 2006). Der Besitzer der schulnahen Imbissbude wurde bezichtigt „Blutgeld" anzunehmen und gefragt „wie er Nachts schlafen könne" (Norfolk 2006). Hätten die Mütter von Rotherham ihren lieben Kleinen Heroin durch den Schulzaun geschmuggelt, die Empörung wäre kaum größer gewesen.

Keine „Happy Meals" für die Unterschicht! 117

Abbildung 1: The Sun 16.09.2006

"You wanna give 'em pizza, it goes through the bars much easier."

Die Anführerin der „Fritten-Revolte" (Rolff 2006), Julie Critchlow – ihrerseits ebenfalls nicht zimperlich in der Wortwahl – bezeichnete das neue Schulessen als „widerlichen, übertcuerten, fettarmen Müll". Mehr als am Essen selbst, stört sie sich aber an der Person Jamie Oliver, dem Snob aus London, der Eltern vorschreibt, wie sie ihre Kinder zu erziehen respektive zu ernähren haben. „Ich mag ihn nicht und ich mag nicht wofür er steht. Er zwingt unsere Kinder dazu beim Essen pingeliger zu werden", gab sie der Presse zu Protokoll (White 2006). Hamshaw, eine weitere „Junk Food-Mutter", ist der Meinung, die Schule sollte sich auf ihren Bildungsauftrag konzentrieren und die Erziehung den Eltern überlassen: „Als nächstes durchsuchen sie unsere Küchenschränke und schreiben uns vor, was wir unseren Kindern kochen sollen", befürchtet sie (Hattersley 2006). Die Mütter sind sich durchaus im Klaren, dass eine Ernährung, die ausschließlich aus Burgern und Pommes Frites besteht, nicht gut für die Gesundheit ihrer Kinder ist. Doch sie wehren sich gegen den Vorwurf, schlechte Eltern zu sein und nicht zu wissen, was sie ihren Kindern erlauben können und was nicht: „Lambert [der Schuldirektor] hat uns als Junk Food-Dealer bezeichnet, dabei würde niemand von uns seinen Kindern jeden Tag Fast Food geben", sagt Hamshaw. Auf die Frage, ob in den Lunchpaketen mit denen sie tagelang die Schüler beliefert hatten nicht vor allem Pommes Frites und Burger gewesen wären, antwortet Critchlow: „Das ist eine Lüge, wir haben den Kindern alles mögliche mitgebracht – u.a. Ofenkartoffeln, Salat und Thunfischsandwichs. Versuchen sie mal ein pubertierendes Mädchen dazu zu bringen, jeden Tag einen Hamburger zu essen. Die meisten Mädchen in dem Alter rühren so etwas nicht an."

Das Beispiel der „Junk Food-Mütter" zeigt, wie symbolisch aufgeladen die Diskussion um das „richtige" Essen ist und welche Rolle dabei Klassenunterschiede spielen. Eva Barlösius weist in ihrer Soziologie des Essens daraufhin, dass das, was als gesunde Ernährung gilt, „keineswegs sozial neutral [ist], wie durch den Bezug auf naturwissenschaftliche Zusammenhänge unterstellt wird", sondern „weitgehend den in mittleren Lagen verbreiteten Vorstellungen vom ‚guten Essen und Leben'" entspricht (Barlösius 1999: 224f.). „Dies bedeutet, daß die Ernährungsaufklärung diesen Eßstil nicht nur als ‚unrichtig' abstempelt, weil er nicht dem aktuellen Ernährungswissen entspricht, sondern zudem, ohne dass dies ihre bewußte Absicht ist, ihn auch kulturell entwertet und damit in den Prozeß der sozialen Differenzierung eingreift. Insofern könnte der Eindruck stimmen, daß sich hinter dem geringen Erfolg der Ernährungsberatung in unteren sozialen Lagen sozialer Protest verbirgt. Dieser bezieht sich wahrscheinlich weniger auf das ernährungspolitisch angestrebte Körperbild und die propagierte Ernährungsweise. Vielmehr drückt sich darin die Wertschätzung der eigenen kulturellen Vorstellungen von einem ‚guten Essen und Leben' aus, die entschieden verteidigt werden. Von der Ernährungsaufklärung und -erziehung wird dies häufig als Uneinsichtigkeit und Trotzigkeit interpretiert und nicht als soziales Ringen um einen eigenen Lebensstil, der kulturelle Identität herstellt und sichert" (ebd.: 225).

Aus dieser Warte wird das vermeintlich sture und irrationale Verhalten der Mütter von Rawmarsh verständlicher. Die „Fritten-Revolte" wird so zum Symbol einer zunehmend aggressiver geführten Auseinandersetzung um den richtigen Lebensstil. Einer Schlacht, die wie Critchlow sagt, gerade erst begonnen hat (Hattersley 2006).

Ernährung und Armut

Ernährung in den unteren sozialen Schichten ist nicht allein durch abweichende Vorlieben geprägt, sondern auch durch ökonomische Bestimmungsfaktoren.

Weil die Wahlmöglichkeiten eingeschränkter sind als in mittelständischen Haushalten, ist ein „Geschmack des Notwendigen" (Bourdieu), der auf begrenzte Ressourcen ebenso Rücksicht nimmt wie auf den Wunsch nach kultureller Identität und Einheit, in ärmeren Familien vorherrschend. Im Diskurs um eine neue Unterschicht erscheinen Verhaltensweisen und Konsumentscheidungen dagegen immer als frei gewählt. Geschmacksentscheidungen, die von mittelständischen Vorstellungen abweichen sind im behavioristischen Unterschichtsdiskurs allein durch Ignoranz oder Mangel an Bildung erklärbar. Mangelnde Ressourcen als Grund für abweichenden Konsum ist im Unterschichtsdiskurs nicht vorgesehen, und Armut wird nur als absolute Armut wahrgenommen. Absolute Armut im Fall Ernährung bedeutet aber, dass eine Familie erst dann arm ist, wenn sie Hunger leidet (vgl. Feichtinger 2000: 21).

In den USA führt das Ministerium für Landwirtschaft (USDA) Statistiken über die Ernährungslage der Bevölkerung. 2005 hatten 11% der Haushalte einen eingeschränkten Zugang zu Nahrungsmitteln (food insecurity); ein Drittel davon, 3,9%, waren Haushalte in denen die Nahrungsaufnahme reduziert und die gewöhnliche Mahlzeitenfolge unterbrochen werden musste (very low food security) (vgl. Nord, Andrews, Carlson 2006). In der BRD gibt es keine vergleichbaren Statistiken, sondern lediglich Einzeluntersuchungen. Ernährung ist „spätestens seit der Umstellung der Berechnung der Sozialhilfesätze vom Warenkorbmodell zum Statistikmodell aus der Armutsforschung mehr oder weniger verschwunden" (Feichtinger 2000: 21). Angesichts der im internationalen Vergleich niedrigen Lebensmittelpreise wird häufig pauschal davon ausgegangen, eine ausgewogene und gesunde Ernährung sei auch in Deutschland Sozialhilfe- und Niedriglohnempfängern grundsätzlich möglich. Die einseitige Ernährungsweise von Armutshaushalten, so wird unterstellt, erfolge aus Desinteresse oder mangelnden hauswirtschaftlichen Fähigkeiten (ebd.: 24).

Unberücksichtig bleibt in dieser Darstellung, dass Ernährungskosten in armen Haushalten einen der größten Einzelposten darstellen und sie im Gegensatz zu Wohnungskosten und Versicherungen auch variabel sind, was dazu führt, „dass das Ernährungsbudget oft als stille Reserve eingesetzt wird, aus der unvorhergesehene Kosten finanziert werden, weil woanders kein nennenswerter Betrag eingespart werden kann" (ebd.).

Hinzukommt, dass Essen neben der Funktion der Nährstoffzufuhr auch kulturelle, soziale und psychische Funktionen hat. Der vergleichsweise teure Mc Donald's Besuch der alleinerziehenden Mutter und ihrer zu dicken Kinder beispielsweise ist eine der wenigen Extravaganzen, die sich Sozialhilfeempfänger und Niedriglohnbezieher leisten können. Im Vordergrund steht dabei weniger der Wunsch nach gesunder oder besonders hochwertiger Ernährung als vielmehr das Bedürfnis, der Enge der eigenen Wohnung für einen Moment zu entfliehen und den Kindern etwas bieten zu können. Ähnlich verhält es sich mit dem Kauf von Markenartikeln. Die Mehrausgabe erscheint zunächst überflüssig und angesichts der ohnehin knappen Mittel unsinnig. Sie macht dann Sinn, wenn man bedenkt, dass Markenartikel Kindern aus armen Familien dabei helfen, ein Stück weit ihren Außenseiterstatus ablegen zu können und zwar in dem einzigen Bereich, in dem der Kauf von Prestigemarken selbst Menschen mit sehr geringen finanziellen Mitteln überhaupt möglich ist (Kamensky 2000: 40).

In einer Ulmer Studie zum Ernährungsverhalten von Sozialhilfeempfängerinnen gaben die Befragten an, „dass sie gerne mehr frische statt abgepackter Ware kaufen möchten, wenn die Haushaltskasse das erlauben würde" (ebd.). Die Sozialhilfeempfängerinnen seien sich durchaus bewusst, dass sie sich eigentlich gesünder ernähren sollten, schlussfolgerten die Verfasser der Studie. Ihre ungesunde Ernährung begründeten sie durchweg mit ihren knappen Ressourcen. Einen zweiten Aspekt stellten fast alle Befragten heraus: „Ernährung ist nicht Problem Nummer eins. Die Bewältigung der Alltagsprobleme hat in jedem Fall Priorität vor einer Umstellung des Essverhaltens" (Kamensky 2000: 41). Eine vergleichbare Studie aus Gießen kam ebenfalls zu dem Schluss, dass sich die Eltern theoretisch durchaus im Klaren darüber sind, dass sie ihren Kindern viel Milch, Obst und Gemüse zukommen lassen müssten, gesunde Ernährung aber faktisch kein Thema ist, mit dem sich die Befragten im Alltag vorrangig beschäftigen (Lehmkühler 2000: 34f.).

Die beiden Studien sind nicht repräsentativ, sie können aber Hinweise darauf geben, woran Ernährungsaufklärung in den unteren sozialen Schichten scheitert. Demnach nimmt die Unterschichtsbevölkerung den Problemkomplex einseitige und ungesunde Ernährung zwar als solchen wahr, setzt aber angesichts ihrer prekären Gesamtsituation häufig andere Prioritäten. Darauf durch ein aggressiveres Herantragen von Ernährungsimperativen zu reagieren, führt offensichtlich nicht zu größerer „Einsicht", sondern eher zu einer Verteidigung abweichender Vorlieben und Geschmäcker.

Schluss

Ernährung in Armutshaushalten ist hochkomplex und nur schwer veränderbar, gute Ratschläge von außen sind da wenig hilfreich. Vor allem dann nicht, wenn sie nach Mittelschichtspaternalismus müffeln, wie die Grünen Politikerin Göring-Eckardt treffend beobachtet: „Wer heute von ALG II lebt, muss mit sehr wenig Geld auskommen, und alle die guten Ratschläge, wie günstig der selbst gemachte Gemüseeintopf ist, kommen von Leuten, die locker mal Freunde zu einem 3-Gänge-Menu beim Italiener einladen können" (2006). Hinzukommt noch, dass unser Verdauungssystem nicht zwischen Fischstäbchen und Kaviar unterscheidet, und dass der Nährstoffgehalt eines Big Macs nicht schlechter ist als der eines mit Rucola und Parmaschinken belegten Paninis.

Es stimmt zwar, dass Unterschichtkinder statistisch gesehen öfter adipös sind, an falscher Ernährung allein liegt es aber nicht. Kinder aus Unterschichtfamilien treiben weniger Sport, was sicher auch mit Vereinsgebühren – Kinder aus sozial benachteiligten Familien sind drei mal seltener Mitglieder in Sportvereinen als Kinder aus besser gestellten Familien –, Kosten für Ausrüstung und der Wohnlage zu tun hat (Lampert et al. 2007). Kinder aus einkommensschwachen Haushalten leiden doppelt so häufig unter Essstörungen (Höllig/Schlack 2007) und Depressionen (Ravens-Sieberer et al. 2007) wie Kinder aus wohlhabendem Elternhaus. Die Gründe für diese physischen wie psychischen Beeinträchtigungen sind vielschichtig und individuell unterschiedlich, die große Differenz bei der Betroffenheit hängt aber mit Sicherheit auch mit den prekären Zukunftsaussichten und den durch die materielle Not verschärften Alltagsproblemen von Kindern und Jugendlichen aus einkommensschwachen Familien zusammen. Adipositas ist so gesehen nur eine von vielen Ausdrucksformen zunehmender sozialer und gesundheitlicher Ungleichheit.

Was kann man also guten Gewissens tun? Zunächst sollten die selbstgefälligen und elitären Attacken auf Burger, Chips, Cola und Co. aufhören. Weder handelt es sich bei diesen Produkten um Gesundheits-Killer, noch sind sie das eigentliche Problem. Außerdem steht hinter der Missbilligung dieser Produkte oft kaum kaschiert die Geringschätzung ihrer vermeintlichen Konsumenten. Dabei wird übersehen, dass die problematisierten Produkte ebenso Produkte der bürgerlichen Gesellschaft sind wie das, was als hochwertig gilt. „Die Eigentümer von Fastfoodketten, Gameboyproduzenten und Bildzeitung sind Vertreter jener Klasse, die Nolte hier zum Vorbild machen will. (...). Es ist ein simpler Trick: den eigenen Dreck auszusondern, um sich selbst als sauber stilisieren zu können" (Nauert 2006).

Sollte bei diesen Vorzeichen auf Ernährungsunterricht besser verzichtet werden? Ernährungsunterricht, der vorrangig über die Gefahren des Essens „aufklärt", ist wie Sexualkundeunterricht, der nur mit Krankheiten und ungewollten Schwangerschaften droht. Er sollte besser unterbleiben. Andererseits böten Ernährungsunterricht und eine Ganztagsschule mit Mittagessen und Kochmöglichkeiten Kindern und Jugendlichen die Chance, Neues kennen zu lernen und auszuprobieren. Das wird aber nur dann funktionieren, wenn „Wohlgeschmack nicht autoritär angeordnet, sondern immer wieder ausgehandelt wird" (Rose 2006: 27).

Literatur

Albes, A./Kohlbecher, V. (2002): Wer hier lebt, hat verloren. In: Stern 46/2002. S. 27-40.
Auletta, K. (1982): The Underclass. New York.
Barlösius, E. (1999): Soziologie des Essens. Weinheim/München.
BBC (2005): School dinner 'gimmick' denied. In: BBC News 21.03.2005. http://news.bbc.co.uk/2/hi/uk_news/politics/4367485.stm
Burkel, A. (2005): Die dicken Kinder von London. http://www.spiegel.de/schulspiegel/ 0,1518,366258,00.html
Feichtinger, E. (2000): Ernährung in Armut. In: Suppenküche im Schlaraffenland. Armut und Ernährung von Familien und Kindern in Deutschland. Hannover.
Field, F. (2001): Making Welfare Work. New Bruinswick/London.
Gans, J. (1995): The Underclass and Antipoverty Policy. New York.
Goetze, D. (1992): „Culture of Poverty" – Eine Spurensuche. In: Leibfried, S./Voges, W. (Hrsg.): Armut im modernen Wohlfahrtsstaat. Opladen, S. 88-103.
Harms, E. (2006) Die deutsche Strategie zur Prävention von Übergewicht bei Kindern und Jugendlichen, www.ernaehrung-und-bewegung.de/site/downloads/201_176_Rede_ Prof_Harms_deutsch_komplett.pdf
Hattersley, G. (2006): We know what food the kids like and it's not polenta. In: The Sunday Times 24.09.2006.
Hölling, H./Schlack, R. (2007): Essstörungen im Kindes und
Jugendalter. Erste Ergebnisse aus dem Kinder- und Jugendgesundheitssurvey (KiGGS). In: Bundesgesundheitsblatt 50, S: 794-799.
Kamensky, J. (2000): Ernährung und Sozialhilfe: Ergebnisse eines Forschungsprojektes. In: Suppenküche im Schlaraffenland. Armut und Ernährung von Familien und Kindern in Deutschland. Hannover.
Kronauer, M. (1996): „Soziale Ausgrenzung" und „Underclass": Über neue Formen der gesellschaftlichen Spaltung. In: SOFI-Mitteilungen 24/1996, S. 53-69.
Kronauer, M. (2002): Exklusion. Die Gefährdung des Sozialen im hoch entwickelten Kapitalismus. Frankfurt a.M.
Künast, R. (2004): Die Dickmacher. Warum die Deutschen immer fetter werden und was wir dagegen tun müssen. München.
Kurth, B./Schaffrath Rosario, A. (2007): Die Verbreitung von Übergewicht und Adipositas bei Kindern und Jugendlichen in Deutschland. Ergebnisse des bundesweiten Kinder- und Jugendgesundheitssurveys (KiGGS). In: Bundesgesundheitsblatt 50, S. 736-743.
Lampert, T./Mensink, M./Romahn, N./Woll, A. (2007): Körperlich-sportliche Aktivität von Kindern und Jugendlichen in Deutschland. Ergebnisse des Kinder- und Jugendgesundheitssurveys (KiGGS). In: Bundesgesundheitsblatt 50, S. 634-642.
Lehmkühler, S. (2000) „Was bedeutet es, sich mit wenig Geld zu ernähren?" Ergebnisse einer Untersuchung in einem Giessener sozialen Brennpunkt. In: Suppenküche im Schlaraffenland. Armut und Ernährung von Familien und Kindern in Deutschland. Hannover.

Lessenich, S. (2006): Beweglich – Unbeweglich. In: Lessenich, S./Nullmeier, F. (Hrsg.): Deutschland – eine gespaltene Gesellschaft. Frankfurt a.M./New York.
Lewis, O. (1963): Die Kinder von Sanchez. Selbstporträt einer mexikanischen Familie. Düsseldorf/Wien.
Lewis, O. (1966): La Vida. A Puerto Rican Family in the Culture of Poverty – San Juan and New York. New York.
Leibfried, S./Leisering, L./Buhr, P./Ludwig, M. (1995): Zeit der Armut, Lebensläufe im Sozialstaat, Frankfurt a. M.
Murray, C. (1984): Losing ground. American social policy 1950-1980. New York
Myrdal, G. (1962): Challenge to Affluence. New York.
Nauert, M. (2006): Verwahrlosung der Unterschicht? Leitbildfunktion der Oberschicht? Fragen zur neuen Fürsorglichkeit. In: Forum für Kinder- und Jugendarbeit 3/2006.
Nolte, P. (2001): Unsere Klassengesellschaft. In: Die Zeit 02/2001. http://zeus.zeit.de/text/2001/02/200102_essay_-_nolte.xml
Nolte, P. (2004): Generation Reform. Jenseits der blockierten Republik. München.
Nolte, P. (2005): Aus materieller wird „sozial-kulturelle Armut". In: Deutschlandradio Kultur. 15.03.05. http://www.dradio.de/dkultur/sendungen/kulturinterview/356301/
Nord, M./ Andrews, N./Carlson, S. (2006): Household Food Security in the United States, 2005. http://www.ers.usda.gov/Publications/ERR29/ERR29.pdf
Norfolk, A. (2006): School refuses to compromise with junk food mums. In: The Times 19.09.2006.
O'Neill, B. (2006): Jamie leaves nasty aftertaste. In: The New Statesman 08.05.2006.
Perrie, R. (2006): Sinner ladies sell kids junk food. The Sun 16.09.2006.
Pfeiffer, C. (2003): Bunt flimmert das Verderben. In: Die Zeit 39/2003.
Ravens-Sieberer, U./Wille, N./Bettge, S./Erhart, M. (2007): Psychische Gesundheit von Kindern und Jugendlichen in Deutschland. Ergebnisse aus der BELLA-Studie im Kinder- und Jugendgesundheitssurvey (KiGGS). In: Bundesgesundheitsblatt 50, S. 871-878.
Rolff, Martin (2007): Die Fritten-Revolte. In: Süddeutsche Zeitung 20.09.2006.
Roll, E. (2004): Der Hypochonder wacht auf. In: Süddeutsche Zeitung 11./12.04, S. 3.
Rose, L. (2005): „Überfressene Kinder – Nachdenklichkeiten zur Ernährungs- und Gesundheitserziehung. In: Neue Praxis – Zeitschrift für Sozialarbeit, Sozialpädagogik und Sozialpolitik 35, S. 19-34.
Rückert, S./Willeke, S. (1998): Macht Sozialhilfe süchtig? In : Die Zeit 22/1998, S. 17-20.
Simpson, R. (2006): Is Jamie driving pupils from school canteen? In: Western Mail 07.11.2006. http://icwales.icnetwork.co.uk/0100news/health/tm_headline=is-jamie-driving-pupils-from-schoolcanteen%2D%26method=full%26objectid=18055066%26siteid=50082-name_page.html
Steingart, G. (2005): Deutschland. Der Abstieg eines Superstars. München.
Steingart, G. (2006): Weltkrieg um Wohlstand: Wie Macht und Reichtum neu verteilt werden. München.
v. Kardorff E./ Koenen, E. (1985): Armenpolitik und Selbstorganisation. In: Leibfried, S./ Tennstedt, F. (Hrsg.). Die Spaltung des Sozialstaats. Frankfurt a.M.
White, S. (2006): School Dinners. Protesting mums supply meals-on-wheel junk food for children. In: The Mirror. 16.09.2006.

World Health Organization – WHO (2000): Obesity: Preventing and managing the Global Epidemic. Report of a WHO Consultation. Genf.
World Health Organization – WHO (2002): The World Health Report 2002: Reducing Risks. Promoting Healthy Life. Genf.
Wüllenweber, W. (2004): Das wahre Elend. 52/2004.

„Im Gleichgewicht für ein gesundes Leben" – Präventionsstrategien für eine riskante Zukunft

Stefanie Duttweiler

> „Die anrollende Epidemie ist eine tickende Zeitbombe, die die Lebensqualität von Millionen Menschen beeinträchtigt und zudem Milliarden zusätzlicher Kosten verschlingen wird."[1]

Die Katastrophe scheint unmittelbar bevor zu stehen: Wir werden überrollt von einer Welle dicker Kinder und Erwachsener, die in ihrer Gefräßigkeit Milliarden verschlingen und deren Gewicht die sozialen Systeme fast erdrückt. Darüber, dass es dies mit vereinten Kräften einzudämmen gilt, herrscht Einigkeit; ebenso darüber, wie dies zu geschehen hat: „Angesichts der zunehmenden Probleme mit Übergewicht benötigen wir eine *Verhaltens- und Bewusstseinsveränderung* bei Verbrauchern. Dazu müssen alle Akteure an einem Strang ziehen."[2]

In der „Plattform Ernährung und Bewegung e.V." (*peb*) haben sich unter der Ägide des Bundesministeriums für Ernährung, Landwirtschaft und Verbraucherschutz (BMELV) nahezu alle gesellschaftlichen Akteure zusammengeschlossen, um mittels eines „Nationalen Aktionsplans Ernährung und Bewegung"[3] diese Verhaltens- und Bewusstseinsveränderungen bei Kindern und Jugendlichen einzuleiten. Geplant ist der „Aufbau einer Präventionskette von der Geburt bis zur Berufsausbildung, die dem Alltag der Familien (…) gerecht wird, sie über die verschiedenen institutionellen Übergänge begleitet und die Bildungs- und Entwicklungschancen der Kinder vergrößert."[4] Als Prävention von Adipositas verfolgt *peb* ausschließlich ein Ziel: „peb fördert einen gesunden Lebensstil, der ausgewogene Ernährung und viel Bewegung umfasst" (peb 2006a: 3).

Im folgenden Artikel wird am Beispiel dieser „Plattform Ernährung und Bewegung e.V." die wirkmächtige Konstruktion von Adipositas vorgestellt und

---

[1] http://www.kig-adipositas.net/main_frameset.htm
[2] Bundesminister Horst Seehofer (BMELV) auf dem von peb, BMELV sowie dem BLL initiierten Kongress „Lebensmittel & Ernährung der Zukunft – Produkte · Verbraucher · Märkte" am 7./ 8. 11. 2006 in Berlin, http://www.lebensmittel-der-zukunft.de/kongress.html
[3] http://www.bmelv.de/cln_044/nn_752314/DE/03-Ernaehrung/01-Aufklaerung/EckpunktepapierAktionsplanErnaehrung/EckpunktepapierErnaehrung.html
[4] So beispielhaft ausgeführt für ein Berliner Projekt http://www.ernaehrung-und-bewegung.de/peb.php?view=detail&id_item=177

diskursanalytisch untersucht. Die Grundannahme, die dieses Vorgehen leitet, versteht die Plattform als ein Element im Netz derjenigen Praktiken und Strategien, durch die Gesundheit und Gewicht der Einzelnen als individuelles *und* gesellschaftliches Risiko gedeutet werden. *Peb* erweist sich damit als ein wesentliches Element aktueller „Bio-Politik der Bevölkerung" (Foucault 1983: 166), in der die „Disziplinen des Körpers und die Regulierung der Bevölkerung" die Pole einer Macht bilden, deren höchste Funktion, „die vollständige Durchsetzung des Lebens ist" (ebd.). Dabei sind es die Konstruktion eines zweiseitigen Risikos sowie der Versuch, ihm präventiv im Spannungsfeld von Subjekt und System (vgl. Vobruba 1983) zu begegnen, die diesen biopolitischen Zugriff als solchen etablieren. Diese spezifische Ausformung der Bio-Politik ist wesentliches Element aktueller Strategien zur Gesundheitsförderung (New Public Health) und deren Macht-Wissens-Regime: „The new public health can be seen as but the most recent of a series of regimes of power and knowledge that are oriented to the regulation and surveillance of individual bodies and the social body as a whole" (Peterson/Lupton 1996: 3). Ausschlaggebend sind dabei nicht die einzelnen Maßnahmen, sondern vielmehr das Level der Analyse: die Bevölkerung (vgl. ebd., 4). *Theoretisch* schlägt sich dies nieder in der Unterscheidung zwischen primärer bzw. Verhältnisprävention, die am System, und sekundärer bzw. Verhaltensprävention, die am Subjekt ansetzt; *praktisch* bedeutet dies die Adressierung sämtlicher gesellschaftlicher Akteure sowie jedes Einzelnen. Auch und gerade durch den Versuch der Beeinflussung intimer, alltäglicher Verhaltensweisen, hier: der Nahrungs- und Bewegungsgewohnheiten, wird die Bevölkerung als solche zu erreichen versucht.

Am konkreten Beispiel der Präventionsstrategien der „Plattform Ernährung und Bewegung e.V." lässt sich ein Charakteristikum dieses biopolitischen Zugriff darlegen: Das folgenreiche Verwischen, besser: die Neuverhandlung der Grenzen von Prävention. Indem sie die Selbst- und Lebensführung der Einzelnen zu organisieren versuchen, unterlaufen sie die Grenzziehung öffentlich/privat – sie sind Strategien, die „der Macht Zugang zum Körper verschaffen" (Foucault 1983: 170). Darüber hinaus verwischen sie die Grenzen zwischen gesellschaftlichen Bereichen und Funktionen – alle gesellschaftlichen Akteure werden auf das Ziel „gesunde Kinder und Jugendliche" verpflichtet, und auch die Grenze zwischen krank und gesund wird unklar – es kommt zu einer Ausweitung des Gesundheitsbegriffes. Diese Bewegung der Ausdehnung findet sich auch im Hinblick auf die Zielgruppe präventiver Maßnahmen: Adressiert werden zugleich einzelne Zielgruppen und jeder Einzelne der Bevölkerung – es kommt zu einer Universalisierung des Verdachtes. Doch diese entdifferenzierende Expansion politischer Interventionen trägt, so die These, nicht dazu bei, gesellschaftliche Akteure oder die Einzelnen zu entmündigen, vielmehr produziert sie im Gegenteil eine Steigerung ihrer Verantwortlichkeit – für sich selbst sowie die Gesellschaft im Ganzen.

Um diese These zu entfalten, wird im Folgenden zunächst die Organisationsform von *peb* vorgestellt und die Frage nach dem Macht- und Wissensregime aufgeworfen, um in einem zweiten Schritt die sie informierenden Lenkungsfantasien von Prävention und Gesundheit und die damit einhergehenden Entdifferenzierungen auszuleuchten. In einem dritten Schritt werden deren responsibilisierende Effekte untersucht.

peb: Organisation von Wissen und Ermöglichungsbedingungen

Was verbindet den Kaugummi-Verband mit dem Fachverband Fußverkehr Deutschland e.V. oder mit der Deutschen Gesellschaft für Sozialpädiatrie und Jugendmedizin, den deutschen Tischtennisverbund mit der Coca-Cola GmbH? Sie alle sahen sich offenbar aufgerufen, Teil eines Netzwerkes zu werden, das sich die Prävention von Adipositas zum Ziel gesetzt hat; sie alle folgten dem Aufruf des Bundesministeriums für Ernährung, Landwirtschaft und Verbraucherschutz zur Beteiligung an einem Netzwerk zu diesem Zwecke. Im September 2004 wurde die „Plattform Ernährung und Bewegung e.V." ins Leben gerufen, deren Gründungsmitglieder nahezu alle gesellschaftlichen Felder wie Medizin (Deutsche Gesellschaft für Kinderheilkunde und Jugendmedizin), Wirtschaft (Centrale Marketing-Gesellschaft der deutschen Agrarwirtschaft mbH sowie die Gewerkschaft Nahrung, Genuss, Gaststätten), Sport (Deutscher Sportbund), Rechtswesen (Bund für Lebensmittelrecht und Lebensmittelkunde, BLL) und Familien (Bundeselternrat) vertreten. Gemäß eines der vordringlichen „Aktionsfelder" von *peb,* nämlich „die Plattform [zu] verbreiten" (peb 2004: 1), konnten Anzahl und Heterogenität der Mitglieder und Aktionen im Laufe der Zeit enorm ausgeweitet werden: Im Februar 2006 wurde auf bundesweit 300 Aktionen verwiesen (peb 2006a: 6), und im März 2007 sind 101 Mitglieder[5] auf der homepage verzeichnet.[6] Hinzugewonnen wurden die Vertretungen von Bundesländern und medizinischer Verbände, der Landfrauenverband, Anbieter von Gemeinschaftsverpflegung und Diätprodukten, die Süßstoff- und Zuckerindustrie sowie die weight-watchers. Als Vorsitzender des 22-köpfigen Vorstandes fungiert der Vizepräsident der Deutschen Gesellschaft für Kinderheilkunde und Jugendmedizin e.V.; stellvertretende Vorstände sind der Parlamentarische Staatssekretär des

---

[5] http://www.ernaehrung-und-bewegung.de/peb.php?view=viewcompiler&id_view=24
[6] Zur Analyse werden daher neben der der Plattform auch die Aktivitäten der Mitglieder herangezogen.

BMELV, ein Vorstandsmitglied des BLL und der Vorsitzende der Deutschen Sportjugend.

Die Aktionen, die *peb* selbst durchführt, bestehen entsprechend ihrer Anlage als Plattform vor allem in der Dokumentation, Distribution sowie Präsentation von Wissen und Information über Ursachen und Präventionsansätze von Übergewicht sowie in der Qualifizierung, Zertifizierung und Vernetzung von Akteuren sowie der Erprobung neuer Ansätze (vgl. peb 2004). Neben wissenschaftlichen Workshops, der Erstellung einer Expertise zur Erreichbarkeit von Eltern in Zusammenarbeit mit dem Bundeselternrat sowie der Vorstellung der Plattform auf (inter-)nationalen Präventionsforen hat *peb* in Kooperation mit dem Fernsehsender Super RTL („dem Lieblingssender der Kinder") selbst ein Aufklärungsprojekt lanciert und kindgerechte TV-Clips zum Thema Ernährung und Bewegung erstellt.[7]

Der Fokus liegt ausschließlich auf der Prävention, denn neben den größeren Erfolgsaussichten für die Gesundheit der Einzelnen werden ihr positive Folgen für die Sozialkassen bescheinigt: „25 bis 30 Prozent der Gesundheits-Ausgaben könnten durch gezielte Prävention eingespart werden", prognostiziert ein nicht näher bezeichneter „Sachverständigenrat Gesundheitswesen" der Kampagne „Deutschland bewegt sich."[8] Dementsprechend wird „wegen der oft nur mäßigen therapeutischen Erfolge von Übergewicht ... besonderes Augenmerk auf die Verbesserung der Prävention gelegt."[9] Diese Verbesserung wird vor allem in einer Ausweitung der Adressierung zu erreichen versucht: Es wird erstens in sachlicher Dimension auf die *Gesamtheit* der individuellen Lebensführung gezielt, die zweitens in zeitlicher Dimension auf den gesamten Lebenslauf inklusive Kindheit und Jugend ausgedehnt wird. Begonnen wird schon im Kindergarten, denn „die Chancen, das Ernährungsverhalten in dieser Altersstufe erfolgreich zu beeinflussen, sind besonders groß ... und die Eltern, die unbedingt dahinter stehen müssen, sind noch gut erreichbar bzw. motivierbar."[10] Die Kinder werden dabei selbst zu Veränderungsagenten erklärt: „Die Aktivierung der Kinder ist ein wichtiger Baustein in der Elternarbeit. Wenn Kinder in den Einrichtungen von zuhause abweichende Verhaltensmuster bzgl. Ernährung und Bewegung kennen lernen, sind diese motiviert, diesen Widerspruch zu minimieren und tragen das Gelernte in die Elternhäuser hinein" (Bundeselternrat: 3). Die aufzubauende „Präventionskette" soll daher Kinder und Jugendliche aller Altersstufen,

---

[7] http://www.peb-und-pebber.de. Die Anfang 2007 noch ausgestrahlten Sendungen befinden sich Mitte April 2007 nicht mehr im Programm, möglicherweise aufgrund der schlechten Evaluation (vgl. peb 2006b: 6).
[8] http://www.zdf.de/ZDFde/inhalt/3/0,1872,2074915,00.html.
[9] http://www.besseressenmehrbewegen.de/index.php?id=437#749.
[10] http://hauner.klinikum.uni-muenchen.de/tigerkids/Projekt_im_Ueberblick.html.

aber auch deren Erziehungs- und Bezugspersonen erreichen. In gezielten Informationskampagnen sollen darüber hinaus „Ärzte, Geburtsabteilungen, Hebammen, Familienbildungsstätten, Apotheken, Jugendplaner, Sportvereine und Ernährungsberater" sowie „Einrichtungen des täglichen Lebens" wie Banken und Sparkassen, Einzelhandelsgeschäfte und Medienmärkte, Sozial- und Arbeitsämter oder Betriebskantinen angesprochen werden (peb 2004, 4). Diese Präventionsmaßnahmen weiten sich drittens auch auf die angesprochenen Zielgruppen aus.

Diese Vielzahl der Adressaten, aber auch die Vielgestaltigkeit der Maßnahmen, Initiativen, Wettbewerbe und Programme zeigt: Prävention von Übergewicht wird als politische Querschnittsaufgabe betrachtet und durchzusetzen versucht (vgl. BWE: 2). Die konkrete Umsetzung dieses Zieles wird dabei nicht direktiv in einem Bottom-down-Prozess vorgegeben, vielmehr wird eine Bottom-up-Strategie gewählt: *Peb* motiviert, aktiviert und unterstützt vielgestaltige und auf die jeweiligen spezifischen Situationen abgestimmte lokale Initiativen und stellt Strukturen bereit, durch die sie sich effizient vernetzen können. Damit setzt *peb* auf Überzeugung und Abschreckung, Ressourcenverteilung sowie die Nutzung sozialer Netzwerke und verzichtet auf andere mögliche Mittel der Prävention wie Strafe, Drohung, Ermutigung, Kommando oder Aussonderung. Ein wichtiges Moment stellt die Anleitung zur kontinuierlichen Einübung neuer Verhaltensweisen und das Herstellen dafür förderlicher Umgebungen dar. Die Maßnahmen erweisen sich so gerade nicht als repressiv und autoritär, sondern schaffen auf verschiedenen Ebenen Ermöglichungsbedingungen für verändertes Verhalten. Mit Foucault sind die Maßnahmen von *peb* als spezifische Ausprägungen von Regierung zu verstehen, im Sinne einer Weise, „das Feld eventuellen Handelns der anderen zu strukturieren" (Foucault 1987: 255). Regieren versteht sich dabei als eine besondere Form der Macht: „Machtausübung besteht in der ‚Führung der Führung' und in der Schaffung von Wahrscheinlichkeit" (ebd.: 255).

Risiko Zukunft – Macht- und Wissensregime aktueller Biopolitik
„Prävention ist eine Investition in die Zukunft" (BWE)

Schon an der organisatorischen Struktur wird die Rahmung des Problems deutlich: Adipositas von Kindern und Jugendlichen gilt als dringliches und gesamtgesellschaftliches Problem: „Allen voran aber stehen die Kinder und Jugendlichen, für deren gesunde Zukunft sich die Plattform engagiert" (peb 2006a: 8). Die „gesunde Zukunft" der Kinder und Jugendlichen wird dabei als etwas figuriert, das ernsthaft bedroht ist: „Es müsse darum gehen, persönliches Leid und drohende gesellschaftliche Lasten infolge einer zunehmend übergewichtigen

Bevölkerung abzuwenden. ‚Wir müssen leider feststellen, dass ernährungsbedingte Krankheiten (...) zunehmen und eine milliardenschwere Kostenlawine unser Gesundheitssystem bedroht'."[11] Für Deutschland und weltweit werden „alarmierende Zahlen" sowie gravierende Folgen wie „Rückgang der Leistungsfähigkeit" (peb 2006a: 8) und Zunahmen von Krankheiten konstatiert. Ist die „Generation Chips" (Fröhlich/Finsterer 2007)[12], so fragt der Geschäftsführer der privatwirtschaftlich geführten Spessart-Klinik[13], „auf dem Weg in die Adipositasgesellschaft?"[14]

Diese Diagnosen evozieren ein Krisenszenario, das einen unhintergehbaren Appell zum Handeln impliziert: „Der Anteil übergewichtiger Kinder und Jugendlicher hat deutlich zugenommen, die Bewegungskompetenz dagegen abgenommen. Die Notwendigkeit zum Handeln ist da" (peb 2005, 2). Nicht überall wird jedoch eine Krise konstruiert. So macht beispielsweise die EU-Konferenz zu gesundheitlicher Prävention in Badenweiler 2006 ein anderes Moment von Prävention stark: „Gesundheitliche Prävention – Ernährung und Bewegung" ist der „Schlüssel für mehr Lebensqualität" (BWE). Doch unabhängig davon, ob die rhetorische Strategie des Überlebens der Gesellschaft oder des guten Lebens des Einzelnen gewählt wird, alle Angebote der Plattform setzen auf Veränderung in der Zukunft. Damit konfigurieren sie Zukunft auf eine bestimmte Weise: Wie jede Spielart von Prävention haben auch die Maßnahmen von *peb* ihre Prämisse in der Vorstellung, Zukunft sei nicht determiniert, vielmehr veränder- und gestaltbar. Und zugleich beziehen sie sich auf eine Zukunft, die von der aktuellen Gegenwart determiniert ist – die reale Zukunft soll anders werden als diejenige, die sich aus der prognostizierten Verlängerung der Gegenwart ergibt.[15] Dieser paradoxe Zukunftsbegriff rechnet also gewissermaßen mit zwei Zukünften, „nämlich mit einer, die ohne Prävention, und einer, die mit Prävention auskommen muss" (Fuchs MS 07: 2). Dabei entfaltet diejenige Zukunft, die als Krisenszenario ausgemalt wurde, eine normative Kraft – sie gibt die Handlungen der Gegenwart vor, um gerade diese dystopische Zukunft zu verhindern. Dazu werden einzelne Elemente aus der Gegenwart identifiziert, die als Risikofaktoren

---

[11] http://www.bmelv.de/cln_045/nn_749118/DE/12-Presse/Pressemitteilungen/2007/037-Uebergewicht.html__nnn=true

[12] Der Ausdruck „Generation Chips" spielt auf die Mischung von ungesundem Essen (Kartoffel-CHIPS) und Computerspielen (MikroCHIPS) an und wurde von Edmund Fröhlich, Geschäftsführer der medinet Spessart-Klinik Bad Orb geprägt. Dieser auf Adipositas spezialisierten Klinik wird hiermit offensichtlich eine Zielgruppe konstruiert.

[13] Die Spessart-Klinik betreibt auch das virtuelle Adipositas-Netzwerk e.V. (http://www.adipositas-hessen.de) mit eigenem gut gepflegtem weblog (http://www.adipositasblog.de).

[14] Veranstaltungstitel der Adipositas-Tagung der medinet Spessart-Klinik März 2007.

[15] In einer Fußnote führt Fuchs eine Merkwürdigkeit an: Nur das wird Prävention genannt, wenn es gut gemeint ist. Das Verhindern guter Absichten wird nicht so genannt: „Prävention geschieht – offenbar erziehungsnah – stets in guter Absicht" (Fuchs 2007, FN 3.)

dieser Zukunft bestimmt werden. Sie zeigen Probleme an, die noch nicht, aber *dem Ansatz nach* vorhanden sind. Diese Konstruktion einer *bestimmten* Potentialität fungiert als Mittler zwischen Gegenwart und Zukunft – auch wenn über deren Verwirklichung gerade keine Aussage und sie nur qua Wahrscheinlichkeitsrechnungen statistisch erfassbar gemacht werden kann. Mit dieser Identifizierung von Risikofaktoren wird die Potentialität der Zukunft von einer unbestimmten in eine bestimmte und bestimmbare Unsicherheit transformiert. Zukunft ist dann nicht mehr unbestimmt *gefährlich*, sondern kalkulierbar *riskant*.[16]

Risiken und Risikofaktoren zu identifizieren und daraus abgeleitete Präventionsprogramme zu entwickeln, ist nicht zuletzt fundamental abhängig von wissenschaftlichem sowie Deutungswissen und dessen (politischer) Legitimation. Mehr noch: Expertenwissen und die Position und Funktion von Experten sind es, die Gefahren in Risiken transformieren – und Prävention ist ein wesentliches Instrument dieses Prozesses. Experten generieren nicht nur sozial anerkanntes Wissen, vielmehr geben sie auch beglaubigte Verfahren seiner Anwendung vor. Damit gehen sie eine doppelte Allianz an der Schnittstelle von Politik und individueller Lebensführung ein: Sie übersetzen politische Fragen in wissenschaftliche und übertragen wissenschaftliches Wissen in eine Sprache der Wahrheit für Individuen (vgl. Rose/Miller 1992: 188). So wird auch die „Plattform Ernährung und Bewegung" von einem Expertenbeirat aus Wissenschaft und Praxis beraten[17], und in die lokalen Präventionsstrategien sind Experten eingebunden. Sie wenden zum einen wissenschaftliches Wissen an und entwickeln zum anderen Verfahren, dieses für den je spezifischen Anwendungskontext zu generieren. Übergewicht bei Kindern und Jugendlichen wird dabei als Risiko für die Einzelnen sowie die Gesellschaft konstruiert – dies gilt es zu vermeiden, erweist sich jedoch durch geeignete Maßnahmen auch tatsächlich als vermeidbar. Ausgearbeitet werden insbesondere Verfahren zur Vermessung und Erfassung des individuellen Risikos der Einzelnen: Verhaltensbeobachtungen, Interviews, Tagebücher, Test und verschiedene Messreihen produzieren umfassendes Wissen über (den Zusammenhang von) Gesundheitszustand und Lebensführung der Einzelnen. So finanzierte beispielsweise das Sozialministerium Baden-Württemberg im Agenda21-Projekt zur Kindergesundheit eine Vollerhebung des Body Mass Index (BMI) bei allen 8000 Karlsruher Kindergartenkindern (April – Mai 2002), einen Fitnesstest in je 13 Projekt- und Vergleichseinrichtungen sowie Kinder-

---

[16] Während ‚Gefahren' als Eintrittswahrscheinlichkeiten jenseits von Einwirkungsmöglichkeiten gedacht sind, gilt als ‚Risiko', was durch Einwirkungen vermeidbar ist (Luhmann 2005).
[17] Vertreten sind hochrangige Experten aus den Bereichen Public Health, Prävention, Kinderernährung, Psychologie, Sportwissenschaft, Epidemiologie, Sozial- und Gesundheitswissenschaften, Kommunikation und Bildungswesen http://www.ernaehrung-und-bewegung.de/peb.php?view=detail&id_item=209

wegetagebücher mit über 800 Kindern in den 13 Projekteinrichtungen.[18] Auf diese Weise werden jedoch nicht nur statistische Daten erfasst und damit wissenschaftliches Wissen generiert, produziert wird so auch ein „individualisierendes Wissen, das Vorbeugung an die Fähigkeit zur Introspektion und den Aufbau von Selbststeuerungspotentialen koppelt" (Bröckling 2004a: 64). So erhalten die Einzelnen passgenaue Maßstäbe zur individuellen Selbstkontrolle und Selbstveränderung. Anders ausgedrückt: Diese auf Expertenwissen beruhende Konstruktion eines Risikos (Übergewicht) und von Risikofaktoren (ungesunde Ernährung und zu wenig Bewegung) sowie deren Implementierung in Strategien der Prävention etablieren ein Macht- und Wissensregime, das zur „Selbstnormalisierung" (Link) anregt und sich so als wirksame Form indirekter politischer Steuerung erweist.

Problematisierungsformel Gesundheit
„Im Gleichgewicht – für ein gesundes Leben" (peb)

Das zu verhindernde Risiko Übergewicht wird als „erhebliches Gesundheitsrisiko" dargestellt, gefördert werden soll ein „gesundheitsförderlicher Lebensstil bei Kindern und Jugendlichen." Das Ziel, das alle Strategien vereint, ist Gesundheit: Ob es heißt „Mit Spaß gesund durch Sport"[19] oder ob mit dem Verweis auf Gesundheit Werbung gemacht wird, wie beispielsweise für die Spessartklinik („Es erwartet Sie eine moderne Gesundheitsregion im hessischen Spessart mit sanftem Mittelgebirgsklima"[20]) oder die Soyaproduktionsfirma alpro-Soya („Setzen Sie mit uns Akzente für einen gesunden Lebensstil. Treffen Sie eine gesunde Entscheidung!"[21]). Der Verweis auf Gesundheit verbindet unterschiedliche politische und wirtschaftliche Strategien, Verfahren der Selbstverbesserung und diverse Konsumangebote. Unter dem Stichwort Gesundheit werden Produkte verkaufbar, die Mitgliedschaft im Sportverein attraktiv und Präventionsprogramme akzeptabel – die bestimmt-unbestimmte Leitvorstellung Gesundheit fungiert als wirkmächtige „Problematisierungsformel" (Duttweiler 2007: 14ff), die alle Akteure zusammen führt und wechselseitig anschlussfähig macht. Erst diese wechselseitige Anschlussfähigkeit befähigt die Plattform als solche zur Handlung. Darüber hinaus entfaltet die Problematisierungsformel Gesundheit eine nahezu zwingende Kraft, die individuelle und kollektive Lebensführung zu sortieren: Regionen werden dadurch unterschieden, wie sehr sie die Gesundheit

---

[18] http://www3.karlsruhe.de/servlet/is/88429.
[19] www.fitamball.de
[20] http://www.spessartklinik.de/
[21] http://www.alpro-soya.de/

fördern; Entscheidungen werden danach getroffen, ob sie gesund sind, und jedes Handeln soll auf seinen Effekt auf die eigene Gesundheit überprüft werden.

Auf den ersten Blick bestimmt sich Gesundheit vor allem über ihren Negativwert: die Krankheit. Doch in den letzten drei Jahrzehnten zeichnet sich ein grundsätzlicher Wandel ab. Der Gesundheitsbegriff ist enorm ausgeweitet worden und bezieht sich nun neben dem körperlichen auch auf das psychische und soziale Wohlbefinden. Gesundheit wird als Ressource figuriert, die ein individuell, sozial und ökonomisch produktives Leben garantiert.[22] So wird auch ein gesundes Körpergewicht zum vielseitig einsetzbaren Kapital: „Die richtige Kombination aus gesunder Ernährung und Bewegung wirkt nicht nur möglichen Gewichtsproblemen vor, sondern ist auch ein Erfolgsrezept für mehr Leistungsfähigkeit im Alltag."[23] Ursachen und Effekte mangelnder Gesundheit werden nun vor allem mit dem Lebensstil in Verbindung gebracht (vgl. O´Brien 1995). So wird auch für die Gesundheitsgefährdung durch Übergewicht veranschlagt: „Für die Zunahme des Übergewichts ist vor allem ein veränderter Lebensstil verantwortlich." Um diesen Lebensstil zu charakterisieren, werden jedoch keine konkreten Tätigkeiten, Ernährungsgewohnheiten oder Verhaltensweisen aufgeführt, er wird vielmehr abstrakt und relational bestimmt: „Das Verhältnis zwischen Energiezufuhr und Energieverbrauch ist aus dem Gleichgewicht geraten. ... Zentrale Aufgabe von *peb* ist daher die Förderung eines gesunden Lebensstils, der ausgewogene Ernährung und viel Bewegung, aber auch Genuss und Entspannung umfasst."[24] Denn es „gibt nicht das eine große Geheimnis für einen gesunden Lebensstil. Das Prinzip ist eigentlich ganz einfach und kann in einem Wort ausgedrückt werden: Gleichgewicht. Das Gleichgewicht zwischen verschiedenen Arten von Lebensmitteln und das Gleichgewicht zwischen körperlichen und geistigen Aktivitäten."[25] Dementsprechend lautet die Selbstbeschreibung von *peb*: „Im Gleichgewicht – für ein gesundes Leben" (peb 2006a: 3). Ausgewogenheit, Verhältnismäßigkeit und Gleichgewicht werden als notwendige Voraussetzungen eines gesunden Lebensstils ausgewiesen und dementsprechend ‚Gesundheit' mit ‚Gleichgewicht' gleichgesetzt. Damit wird eine Minimaldefinition von Gesundheit gegeben, die extrem diffus und maßlos steigerungsanfällig ist und dadurch radikal individualisiert und responsibilisiert.

---

[22] So heißt es in der Definition der Ottawa-Charter der WHO 1998: „Within the context of health promotion, health has been considered less as an abstract state and more as a means to an end which can be expressed in functional terms as a resource which permits people to lead an individually, socially and economically productive life. Health is a resource for everyday life, not the object of living. It is a positive concept emphasizing social and personal resources as well as physical capabilities" (zitiert nach Hafen 2005a: 277).
[23] http://www.bmelv.de/cln_045/nn_754188/DE/12-Presse/__Presse__node.html__nnn=true
[24] http://www.ernaehrung-und-bewegung.de/peb.php?view=detail&id_item=203
[25] http://www.alpro-soya.de/gesunder-lebensstil.html

Diese Abstraktheit der Problematisierungsformel Gesundheit macht sie anschlussfähig für alle Belange des Lebensstils, mehr noch: Sie befördert die Entdifferenzierung zwischen Gesundheit und Lebensstil. Das bedeutet zum einen eine Durchdringung des Lebensstils durch die Problematisierungsformel Gesundheit – alles ist im Hinblick auf die Unterscheidung nützlich/schädlich für die eigene Gesundheit zu problematisieren – und zum anderen die Kolonialisierung der Gesundheit im Namen des Lebensstils (vgl. O´Brien, 1995: 202). Gesundheit ist zu etwas geworden, das man wählen, kalkulieren, konsumieren und je nach Bedarf durch bestimmte Maßnahmen auch produzieren und steigern kann – und muss. „Health is idealised as self-governed lifestyle choice. Health promotion and the new public health attempt to cultivate consumption preferences driven by the reflexive calculation, monitoring and recalibration of commodity inputs in the pursuit of health" (Buton/Burrows 1995: 210).

Diese Figuration von Gesundheit als Kriterium der Konsumpräferenz hat einen folgenreichen Effekt: Die vormals eindeutigen Grenzen zwischen gesund und krank verwischen, die eindeutigen Normen weichen ‚flexibler Normalisierung' (Link 1999). Die Plattform *peb* zeigt jedoch, dass Grenzen und Normen gerade nicht vollständig verschwinden. Gesundheit stellt sich als eine Kurve dar, die in Richtung Steigerung offen ist, aber zugleich eindeutige Grenzen aufweist. So kennt die Regulierung des individuellen Gewichts Grenzbestimmungen und -kontrollen: Ob jemand zu dick und unbeweglich ist, wird durch den so genannten Body-Mass-Index oder ausgefeilte Fitnesstests festgestellt,[26] mitgelieferte Tabellen und Vergleichsdaten ermöglichen, den Grad der eigenen Normalität im Hinblick auf das persönliche Risikopotential zu ermitteln. Ermittelt wird dabei zugleich auch ein Bezug zur Gesamtheit: „Selbst wo die Interventionen beim Individuum ansetzen, bleiben sie durch ihre Orientierung an Normalwerten rückgebunden an die Gesamtpopulation, aus welcher die statistische Fiktion des Durchschnittsmenschen destilliert wurde" (Bröckling 2004a: 64).[27]

Dieser in den Standards und Testverfahren inkorporierte Appell zur Selbstnormalisierung ist eng mit Moralisierung gekoppelt. Trotz und gerade aufgrund der zunehmenden Möglichkeiten zur individuellen Gestaltbarkeit und zur Steige-

---

[26] Der Body-Mass-Index wird als Quotient von Gewicht/Körpergröße^2 errechnet. Dass es sich hierbei um eine mehr oder weniger willkürliche Festlegung ohne Aussagewert bezüglich der Fitness oder Lebensqualität handelt, wird vor allem in der amerikanischen Literatur des Gegenfeldzuges gegen den Kampf gegen Übergewicht und Übergewichtige betont. Vgl. exemplarisch Gaesser 2002 und Campos 2004.

[27] Ein sprechendes Beispiel ist die „Fitnesslandkarte Niedersachsen". Geplant war, dass Jeder seine Fitness in Beziehung zu der des gesamten Bundeslandes setzen kann. http://www.niedersachsen.de/master/C16790912_L20_D0_I579_h1.html. Technische Schwierigkeiten und Elternproteste haben diesen Direktvergleich allerdings verunmöglicht. Zur kontroversen Diskussion um diesen Test vgl. http://www.stadtelternrat-hannover.de/fitness.htm.

rung wird die Erhaltung der eigenen Gesundheit zu einer unhintergehbaren moralischen Norm. Nicht für seine Gesundheit zu sorgen, sich ‚gehen zu lassen' oder gar sich in vollem Bewusstseins des Risikos selbst zu schaden, gilt als unverantwortlich im Hinblick auf die Gesamtbevölkerung.[28] Dass das Ziel Gesundheit durch dessen Ausweitung prinzipiell unerreichbar geworden ist, steht gerade nicht gegen seinen imperativen Charakter, im Gegenteil: Die Problematisierungsformel Gesundheit wirkt als die Einzelnen aktivierende soziale Zielvorgabe. Moralisierung des Körpers[29] und das Steigerungsparadigma der Gesundheit erweisen sich so als zwei Seiten einer Medaille.[30] Die „Plattform Ernährung und Bewegung" trägt dabei entscheidend zur Prägung dieser Medaille bei: Sie konstruiert das Risiko Adipositas, verpflichtet auf die Norm Gesundheit und etabliert konkrete Praktiken und Verfahren, Lebensführung und Lebensstil von Kindern und Jugendlichen respektive der gesamten Bevölkerung an der Problematisierungsformel Gesundheit auszurichten.

Konstruktionen von Verantwortung

Die Moralisierung von Gesundheit zeigt: Auch und gerade der Aufbau einer Beziehung zur eigenen Gesundheit und zum eigenen Körper(-gewicht) ist weit davon entfernt, ausschließlich individuell zu sein. **Die Entdifferenzierung von Gesundheit und Lebensstil sowie von individuellem und Gesellschaftskörper** „places health at the intersection of key life experiences and conditions and implies a multidimensional agenda for health policy and practice" (O'Brien, 1995: 193). Dementsprechend wird Prävention von Übergewicht als „eine Zukunfts-

---

[28] Damit wird auch eine Kontrolle und Bewertung der Einzelnen untereinander evoziert. So kommentiert Christan Geyer (2007) den „Nationalen Aktionsplan Fit statt Fett": „Man sieht die Dicken, aber man denkt sich nichts dabei. Das ist nun urplötzlich vorbei. ... Seit gestern ist es so, dass ich unwillkürlich in dick und dünn selektiere und mir bei jedem Dicken meinen Teil denke ... Seit gestern habe ich aufgehört, Dicksein als eine harmlose Sache zu betrachten, als eine statthafte, nur eben etwas andere physische Form, das Leben zu bewältigen. Unter meinem Sheriff-Blick ist die Welt ein Fitness-Center geworden"

[29] Der gesunde Körper ist „an increasingly important signifier of moral worth, a mark of distinction. ... The pursuit of health through work on the body has become a crucial means by which the individual can express publicly such virtues as self-control, self-discipline, self-denial and will power – in short, those qualifications considered important to being a 'normal', 'healthy' human being" (Peterson/Lupton 1996: 25). Der übergewichtige Körper erweist sich in dieser Hinsicht als paradigmatisch – in ihm verkörpert sich die A-Moralität seines Trägers oder seiner Trägerin.

[30] Peterson und Lupton heben diese Moralisierung auch für die Maßnahmen des New Public Health hervor: It is „a new morality system in ever-more secularised Western societies, a means of establishing a set of moral tenets based on such oppositions as healthy/diseased, self/other, controlled/unruly, masculine/feminine, nature/culture, civilised/grotesque, clean/dirty, inside/outside and rational/emotional" (Peterson/Lupton 1996: xii)

aufgabe aller gesellschaftlicher Kräfte"[31] ausgewiesen, denn „nur die Zusammenarbeit vieler Akteure schafft die notwendige Überzeugungskraft und Dynamik, um Lebensstile von Kindern, Jugendlichen und Familien im Bereich Ernährung und Bewegung dauerhaft zu verändern" (peb 2006a: 3). Nicht auf die alleinige Macht der Politik, sondern auf die Stärke der Relation wird gesetzt. *Peb* verfolgt die Strategie einer „‚intersectoral' cooperation" (Peterson/Lupton 1996, 5): „Emphasis is placed on cooperative relationships between state institutions and agencies, agencies and organisations in the private sector, and voluntary organisations" (ebd.). Selbstverständlich ist diese Allianz der Verantwortlichkeit der verschiedenen gesellschaftlichen Akteure keineswegs, verfolgen sie doch zum Teil extrem unterschiedliche Interessen und operieren nach spezifischen Systemrationalitäten. Doch durch das Figurieren des Risikos Übergewicht, die Unabweisbarkeit der moralisierenden Problematisierungsformel Gesundheit sowie die Zielgruppe ‚Kinder und Jugendliche' wird an Verantwortung appelliert und Verantwortlichkeiten evoziert. Dabei ist es vor allem die Verbindung dieser Elemente, die zum Handeln provoziert: Alles was dick macht, ist ungesund und wird damit zu einem Risikofaktor für eine gesunde Zukunft des Landes, die sich in gesunden Kindern manifestiert. Mit dieser diskursiven Konstruktion eines Risikos wird eine gesellschaftliche Entscheidungssituation konstruiert und spezifische soziale Adressen ausgefüllt: Während Gefahren Betroffene hinterlassen, produzieren Risiken verantwortungsbewusste Entscheider – die zum Handeln aufgerufen sind. Man muss entscheiden, ob man Maßnahmen der Vermeidung eingeht – *oder* auch nicht. Das heißt aber auch: Weiß man um das Risiko, kann man nicht *nicht* entscheiden: Wenn man das Risiko kennt, ist man selbst für das Eintreffen eines Schadens verantwortlich (zu machen). Diese Responsibilisierung betrifft sowohl die gesellschaftlichen Akteure als auch die Einzelnen, es erscheint als unverantwortlich, sich nicht in den Dienst dieser gesamtgesellschaftlichen Risikovermeidung zu stellen. Neben diesem Anreiz durch Responsibilisierung stellt *peb* auch positive Sanktionen für die Akteure und lokale Initiativen in Aussicht: Zertifikationen wie ein Logo,[32] Auszeichnungen wie Präventionspreise und Möglichkeiten des Sponsorings bzw. zum Verweis auf die Webseiten des jeweiligen Unternehmens oder Verbandes werden geschaffen, um zur (Darstellung von) Verantwortlichkeit der Unternehmen und Initiativen gegenüber der Gesundheit von Kindern und Jugendlichen zu motivieren. Des Wei-

---

[31] http://www.bmelv.de/cln_045/nn_749118/DE/12-Presse/Pressemitteilungen/2007/037-Uebergewicht.html__nnn=true
[32] „Peb möchte die *Qualität* von Aktivitäten auf dem Gebiet Ernährung und Bewegung stärken. Herausragende und zur Nachahmung empfohlene Projekte werden daher von peb begleitet. Sie tragen das *peb-Logo*, das nach festen Kriterien vergeben wird und sich zum Qualitätssiegel entwickeln soll" (peb 2006a: 17).

teren, so ist zu vermuten, macht die Größe des Projektes – „größte Plattform innerhalb der EU" (peb 2006a: 2) – sowie die Präsentation als nationales Projekt – „*die* deutsche Strategie zur Prävention von Übergewicht bei Kindern und Jugendlichen" (peb 2006a, 1) – die Nicht-Teilnahme eines Akteurs erklärungsbedürftig. Die postulierte Verantwortlichkeit der Akteure erweist sich so als gerade nicht naturwüchsig, vielmehr wird sie durch das Verfahren des Zusammenschlusses allererst erzeugt. Die indirekte Forderung zur Übernahme von Verantwortlichkeit sowie das Versprechen von Wettbewerbsvorteilen durch soziale Anerkennung schaffen spezifische Wahrscheinlichkeiten des Handelns – sie verpflichten zum finanziellen und ideellem Engagement im Dienste der Gesundheit von Kindern und Jugendlichen.

Während die Form der Organisation als gesamtgesellschaftliche Plattform nahezu alle gesellschaftlichen Akteure zu verantwortlichen Akteuren formiert, werden in den konkreten Maßnahmen die einzelnen Individuen responsibilisiert. Dies geschieht durch eine doppelte Adressierung: Zum einen werden durch die Konstruktion von Risikofaktoren spezifische Risikoindividuen konstruiert und zu einer Risikogruppe zusammengefasst. In den Maßnahmen von *peb* tauchen allerdings einzelne Faktoren des hochkomplexen Ursachengefüges von Adipositas, wie z.B. genetische Dispositionen, nicht als Risikofaktoren oder Kriterien einer Zielgruppe auf, es wird vor allem der statistisch wahrscheinliche Zusammenhang zwischen sozialer Schicht und Migrationshintergrund mit Fettleibigkeit hervorgehoben. Die Ansprache von Kindern und Eltern dieser Risikogruppen ist somit erstes Ziel; es gilt dazu geeignete Wege und Inhalte zu identifizieren, wie die betroffenen Familien ansprechbar sind. Als probates Mittel wird ein Expertenforum mit Wohlfahrtsverbänden, Kirchen, dem Migrations- und Gesundheitssektor ausgewiesen (peb 2004: 3). Doch erstaunlicherweise wird das in den Aktionen von *peb* kaum deutlich, angesprochen werden „besondere Zielgruppen wie auch die Gesamtbevölkerung" (ebd.: 4). Zugleich adressiert *peb* aber auch jeden Einzelnen, unabhängig von ihrer oder seiner Disposition. Jeder ist angehalten, für sich selbst und vor allem für die Gesundheit von Kindern und Jugendlichen Sorge zu tragen.[33] Unterstützt wird diese Generalisierung durch die rhetorische Konstruktion eines gemeinsamen ,Wir'. Wenn es heißt: „*unser* Lebensstil ist aus dem Gleichgewicht geraten",[34] ist niemand *nicht* angesprochen.

Gerade auch das Bild des mangelnden Gleichgewichtes trägt wesentlich zur Generalisierung der Ansprache respektive zur verallgemeinerten Zuschreibung von Verantwortlichkeit bei. Das Bild des Gleichgewichts ist zugleich diffus und präzise, individuell bestimmbar und dennoch nicht willkürlich. Mit anderen

---

[33] Dass mit der Adressierung von Erziehungspersonen immer noch nahezu ausschließlich Mütter angesprochen werden, wird an keiner Stelle explizit gemacht.
[34] http://www.lebensmittel-der-zukunft.de/kongress.html

Worten: Es ist so abstrakt, dass es je individuell zu füllen und somit auf alle übertragbar ist. Denn es gibt keine universell gültigen Vorschriften für eine gesunde Lebensführung, ausschlaggebend ist das je persönliche Verhältnis von Ernährung und Bewegung: „Zu wenig Bewegung und zu viel kalorienreiche Ernährung bringen das persönliche Verhältnis von Energieaufnahme und Verbrauch aus dem Gleichgewicht" (peb 2006a: 9). Die Wahrscheinlichkeit, aus dem persönlichen Gleichgewicht zu geraten, ist für jeden gegeben – somit ist jeder aufgerufen, dieses Gleichgewicht zu kontrollieren und je situativ zu justieren. Diese Adressierung aller verwischt die Unterscheidung zwischen Risikogruppe und Gesamtbevölkerung. „Die entscheidenden Prämissen dieser Entwicklung sind die Generalisierung des Verdachts und die Generalisierung des Risikos, die als komplementäre Bedingungen zu verstehen sind" (Schulz/Wambach 1983: 8f).

Doch die Maßnahmen von *peb* setzen nicht ausschließlich beim (Risiko-)Individuum an. Es wird gefordert: „Maßnahmen der Verhaltens- und Verhältnisprävention müssen Hand in Hand gehen. Eine konsequente Aufklärungs- und Informationspolitik in den Bereichen Ernährung und Bewegung ist notwendig, reicht aber alleine nicht aus. Mit neuen Wegen muss das Ernährungs- und Bewegungsverhalten nachhaltig verbessert werden. Die öffentliche Hand muss stärker auf strukturelle Veränderungen hinwirken" (BWE: 2).[35] Dabei wird die staatliche Verantwortung auf eine bestimmte Weise ausgedeutet: „Prävention fängt bei der Eigenverantwortung im Alltag an. Menschen brauchen Unterstützung, wenn sie ihren Lebensstil hin zu ausgewogener Ernährung und ausreichend Bewegung verbessern wollen. Dazu gehören Aufklärungs- und Trainingsmaßnahmen genauso wie eine gesunde Schulverpflegung, ausreichende und sichere Fahrradwege und Selbstverpflichtung der Wirtschaft" (ebd.). Mit anderen Worten: Peb trägt mit dazu bei, Rahmenbedingungen herzustellen, die die Selbstführung der Einzelnen vorstrukturiert – es wird versucht, Umgebung und Lebensbedingungen der Einzelnen so zu gestalten, dass es einfach und rational ist, gesunde Entscheidungen zu treffen.

Schluss

Mit dieser Konstruktion eines Risikos für die Einzelnen und die Gesellschaft sowie der doppelten Adressierung von Verhältnis und Verhalten durch diskursive und nicht-diskursive Präventionsstrategien erweist sich peb als exemplarisch

---

[35] Auch hier wird auf das Idealbild des Gleichgewichtes gesetzt: „1. Gesundheitsförderung und gesundheitliche Prävention sind eine gesamtgesellschaftliche Aufgabe – individuelle und staatliche Verantwortung müssen im Gleichgewicht sein" (BWE, 2).

für ein „Regieren auf Distanz" (Miller/Rose 1994: 69ff), das Einzelne, Gruppen und soziale Akteure über ihre freien Entscheidungen führt und formt. Peb setzt mithin auf indirekte Steuerung und schafft spezifische Wahrscheinlichkeiten: Sie macht unwahrscheinliche Zusammenschlüsse verschiedener Akteure wahrscheinlich, schafft strukturelle Voraussetzung für eine gesunde Lebensweise, motiviert die Einzelnen, ihr persönliches Übergewichtsrisiko zu kalkulieren, und schafft dementsprechend Anreize, das Risiko Adipositas zu kalkulieren und die eigene Lebensführung nach Maßgabe der Problematisierungsformel Gesundheit auszurichten.

Mit diesem Einwirken auf die Selbststeuerungspotentiale von gesellschaftlichen Akteuren und Individuen sind jedoch auch Effekte verbunden, die über die Umorganisation von Handlungsmodi hinausgehen. So ist das Verwischen des Gesundheitsbegriffes mit Lebensstil nicht zuletzt auch auf die breit angelegten Maßnahmen der Gesundheitsförderung zurückzuführen. „This extended concept of health is a consequence of the socio-political development of health promotion and not a vision that unites its multidimensional project" (O'Brien, 1995: 204f). Die Attraktoren für nahezu alle gesellschaftlichen Akteure, sich in dieser Plattform zu engagieren, sind in solch hohem Maße zwingend, dass das gemeinsame Ziel ‚gesunde Kinder und Jugendliche' für alle bindend ist, aber zugleich je spezifisch ausgedeutet werden muss. Auch peb trägt somit entscheidend dazu bei, die Problematisierungsformel Gesundheit zu etablieren, zu ventilieren und unabweisbar zu machen und alle Akteure auf Prävention im Hinblick auf eine gesunde Zukunft zu verpflichten. Eng damit verbunden ist die Ausweitung der Adressaten von Gesundheitsförderung. „Everyone is, to some extent, caught up within what has become an expanding web of power and knowledge around the problematic ‚public health'" (Peterson/Lupton 1996:; 6). Ein wesentliches Moment, jeden zu adressieren, liegt in der Gleichsetzung von Gesundheit mit Leben im Gleichgewicht. Damit wird der Begriff von Gesundheit radikal individualisiert. Das bedeutet aber nicht, dass sich Normalität und Normativität der Gesundheit verringern. Gerade die Angst vor dem Verlust des Gleichgewichts lässt sich als eine vor dem Verlust der Normalität dechiffrieren und dementsprechend Prävention als (Wieder-)Herstellen von Normalität fassen: „Die Anziehungskraft vorbeugenden Handelns beruht nicht zuletzt darauf, dass sie die Denormalisierungsangst – vielleicht die Grundangst der Moderne – zugleich mobilisiert und zu bewältigen verspricht. Praktisch funktioniert Prävention als Adjustierung und Selbstadjustierung an Normalitätsstandards, die damit den Status sozialer Normen erlangen" (Bröckling 2004a: 63). Diese soziale Normalisierung von Gesundheit und Körper(gewicht) tendiert – ebenso praktisch – zu ihrer Steigerung in Richtung Moralisierung. Im Kern zielt diese Moralisierung auf Responsibilisierung; präferiert wird das rationale, vernünftig handelnde und entscheidende Subjekt.

Dieser Fokus wird durch die Figuration von Übergewicht als Risiko bzw. als handlungsevozierende Krise verstärkt. Prävention stellt darauf ab, ihre theoretische Setzung, dass Entscheidungen in der Gegenwart die Zukunft beeinflussen, praktisch werden zu lassen. So adressieren insbesondere die Maßnahmen zur Verhaltensprävention die einzelnen Individuen als verantwortliche Entscheider, die ihre Lebensführung vor- und weitsichtig im Hinblick auf Risiken und Gefahren gestalten. Mit anderen Worten: Die Formen indirekter Steuerung benötigen *und* produzieren Subjekte, auf die Verantwortlichkeit, Zurechenbarkeit und Rationalität appliziert werden kann. So führen die vielgestaltigen, in Alltag, Konsum- und Lebensstil der Einzelnen eindringenden Maßnahmen nicht zu einer Entmündigung des Individuums. Im Gegenteil: Die Einzelnen werden ermächtigt, für sich selbst Sorge zu tragen – auch und gerade weil ihnen dazu keine Wahl bleibt. „Präventive Strategien scheinen den fundamentalen Widerspruch unseres Lebens zu verstärken: Notwendig ist das selbständige, mündige Subjekt, fähig zur Selbstbestimmung und Eigenverantwortlichkeit, an das gerade in Krisenzeiten von Politkern und Wirtschaftsmanagern unermüdlich appelliert wird, das jedoch auf der anderen Seite durch die permanente Supervision des Staates und der Unternehmen, gleichgültig, ob sich diese nun als Hilfe oder Herrschaft geriert, an seiner Entfaltung gehindert und damit negiert wird" (Schulz/ Wambach 1983: 9).

Die „Plattform Ernährung und Bewegung" – als exemplarische Präventionsstrategie – ist also mehr als eine konzertierte gesamtgesellschaftliche Anstrengung, die „Adipositas-Gesellschaft" zu verhindern. Diese Maßnahmen sind auch mehr als ein „Banner, das man vor sich hertragen kann, wenn man die eigenen Betroffenheit und den Willen, etwas zu verändern bekunden will" (Hafen 2002: 16), mehr als die Institutionalisierung der Hoffnung, die Maßnahmen trügen zur Verhinderung eines Problems bei. Dies als ausschließliche Funktion auszuweisen, verkennt meines Erachtens einen gravierenden Effekt von Prävention – die Responsibilisierung von Einzelnen und sozialen Akteuren. Zwar ist dem Risiko Übergewicht aufgrund der hohen Komplexität der Ursachen nur schwer beizukommen, entscheidend ist jedoch: Das spezifische Macht-Wissensregime der Prävention sowie die konkreten Praktiken zu dessen Umsetzung generieren Verantwortlichkeiten, fordern zu ihrer Übernahme auf, teilen und schreiben sie zu.[36] Die These, „dass in der Beruhigung der risikosensibilisierten Gesellschaft die Hauptfunktion von Prävention liegt" (Hafen 2005: 331), muss um den Faktor

---

[36] Im Falle der Prävention von Übergewicht ist der Status dieser Verantwortlichkeit noch nicht eindeutig geklärt. In anderen Fällen gesundheitlicher Risikofaktoren zeigt sich eine Tendenz zur Sanktionierung riskanten Verhalten.

Verantwortung ergänzt werden. Zugespitzt ausgedrückt: Die Beruhigung der Gesellschaft erwächst weniger aus einer erkennbaren Minderung des Problems, sondern daraus, dass man nun weiß, wen man dafür verantwortlich machen kann. Dass es in diesem Falle jeder Einzelne ist, spricht gerade nicht gegen diese These. Gerade darin stimmt sie mit der aktuellen Tendenz zur unspezifischen Prävention überein: Angestrebt wird eine Erhöhung der allgemeinen Handlungskompetenz und Verbesserung der Lebensbedingungen (ebd.: 325). Auch Prävention von Übergewicht stellt somit letztlich auf ein generelles Empowerment aller ab. Die Frage nach Problemursachen tritt in den Hintergrund, um alle Kraft für deren Lösungen frei zu haben (vgl. Bröckling 2004b: 60). Hier scheint die Lösung so einfach wie unerreichbar: Ein Gleichgewicht zu finden.

Literatur

BWE (o.J.). Badenweiler Erklärung. Memorandum der Konferenz „Gesundheitliche Prävention. Ernährung und Bewegung – Schlüssel zu mehr Lebensqualität" http://www.ernaehrung-und-bewegung.de/peb.php?view=detail&id_item=372

Bröckling, U. (2004a): Die Macht der Vorbeugung – 16 Thesen zur Prävention. In: Legnaro, A./Schmieder, A. (Hg.): Suchtränder, Münster: S. 57-66

Bröckling, U. (2004b): Empowerment. In: Bröckling, U./Krassmann, S./Lemke, T.: Glossar der Gegenwart, Frankfurt am Main, S. 55-62

Bundeselternrat: Zusammenfassung der Untersuchung „Wege der nachhaltigen Erreichbarkeit von Eltern zur Prävention des Übergewichtes bei Kindern und Jugendlichen". http://www.ernaehrung-und-bewegung.de/site/downloads/371_176_Abschlussbericht_Elternarbeit_BER.pdf

Bunton, R./Burrows, R. (1995): Consumption and health in the ‚epidemiological' clinic of late modern medicine. In: Bunton, R./Nettleton, S./Burrows, R. (ed.): The Sociology of Health Promotion. Critical analyses of consumption, lifestyle and risk, London/New York, S. 206-222

Campos, P. (2004): The Obesity Myth: Why America's Obsession with Weight is Hazardous to Your Health, New York: Gotham Books

Caplan, G. (1964): Principles of Preventive Psychiatry, New York/London

Duttweiler, S. (2007): Sein Glück machen. Arbeit am Glück als neoliberale Regierungstechnologie, Konstanz.

Foucault, M. (1987): Das Subjekt und die Macht, in: Dreyfus, H. L./Rabinow, P.: Michel Foucault. Jenseits von Strukturalismus und Hermeneutik, Weinheim, S. 243-261.

Foucault, M. (1983): Der Wille zum Wissen. Sexualität und Wahrheit 1, Frankfurt am Main.

Fröhlich, E./Finsterer, S. (2007): Generation Chips, Wien.

Fuchs, P. (2007): Prävention – Zur Mythologie und Realität einer paradoxen Zuvorkommenhei. In Saake, I./Vogd, W. (Hg.): Mythen der Medizin. Probleme der organisierten Medizin, Wiesbaden.

Geyer, C. (2005): Abspecken! Fit statt fett: Ein Nationaler Aktionsplan gegen die Dicken, FAZ 10.5.2005, S. 39.
Gaesser, G. (2002): Big Fat Lies: The Truth about Your Weight and Your Health, Carlsbad.
Hafen, M. (2005): Systemische Prävention. Grundlagen für eine Theorie präventiver Maßnahmen, Heidelberg.
Link, J. (1999): Versuch über den Normalismus. Wie Normalität produziert wird, Opladen.
Luhmann, N. (2005): Risiko und Gefahr, in: ders: Soziologische Aufklärung 5. Konstruktivistische Perspektiven, Wiesbaden, S. 126-162.
Miller, P./Rose, N. S. (1994): Das ökonomische Leben regieren. In: Schwarz, R./Donzelot, J. (Hg.): Zur Genealogie der Regulation. Anschlüsse an Michel Foucault, Mainz, S. 54-108.
O'Brien, M. (1995): Health and Lifestyle. A critical mess? Notes on the dedifferentiation of health. In: Bunton, R./Nettleton, S./Burrows, R. (ed.): The Sociology of Health Promotion. Critical analyses of consumption, lifestyle and risk, London/New York, S. 191-205
Peb (2004): Aktionsprogramm, http://www.ernaehrung-und-bewegung.de/site/pictures/ Aktionsprogramm.pdf
Peb (2005): 1. Infobrief, Februar 2005 http://www.ernaehrung-und-bewegung.de/site/ pictures/peb_Infobrief_Feb_2005.pdf
Peb (2006a): Im Gleichgewicht für ein gesundes Leben – die deutsche Strategie zur Prävention von Übergewicht bei Kindern und Jugendlichen.
Peb (2006b): 5. Infobrief, Dezember 2006 http://www.ernaehrung-und-bewegung.de/ site/downloads/__Infobrief_Nr._5_Dezember_06.pdf
Peterson, A./Lupton, D. (1996): The New Public Health. Health and Self in the Age of Risk, London, Thousand Oaks, New Delhi.
Schülein, J. (1983): Gesellschaftliche Entwicklung und Prävention. In: Wambach, M.: Der Mensch als Risiko. Zur Logik von Prävention und Früherkennung, Frankfurt am Main, S. 13-28.
Schulz, C./Wambach, M. (Hg.) (1983): Vorbemerkungen. In: Wambach, M. : Der Mensch als Risiko. Zur Logik von Prävention und Früherkennung, Frankfurt am Main S. 7-10.
Vobruba, G. (Hg.) (1983): Prävention durch Selbstkontrolle, in: Wambach, M.: Der Mensch als Risiko. Zur Logik von Prävention und Früherkennung, Frankfurt am Main, S.29-48.

Fitte Wirtschaft und schlanker Staat: das neoliberale Regime über die Bäuche

Eva Kreisky

Als Fettleibigkeit zu einem Problem der Politik wurde – Einleitung

Fettleibigkeit hat, wie es spätestens seit 1999 in den USA (Kersh/Morone 2005: 842) – und nunmehr überall in der westlichen Welt – heißt, „epidemische Ausmaße" angenommen. Sie verursache übermäßige Kosten für Gesundheitssysteme (Gesundheitsausgaben, Arbeitsausfälle usw.) und frühe Sterblichkeit. Zudem suggerieren Talk Shows und massenmediale Kampagnen, dass gegen Übergewicht und Fettleibigkeit neuerdings – auch seitens staatlicher Politik – „scharf vorgegangen" werde: die Dicken sind TV-Quotenmacher und zugleich Zielgruppe neuer staatlicher Interventionen.

Als internationaler Schrittmacher der Fast-Food-Industrie wie auch der neuen Körperpolitik gelten die USA. Ab 2009/2010 wird an US-Schulen ein Fast Food- und Softdrink-Verbot gelten. In Großbritannien wiederum gilt seit 1. April 2007 ein Werbeverbot für Fast Food im Kinderfernsehen (Food Standards Agency 2007). Die britische Regierung erwägt zudem eine Erhöhung der Mehrwertsteuer für besonders fettreiche und ungesunde Lebensmittel. Diesbezügliche Initiativen scheiterten in der Schweiz auf Grund fehlender parlamentarischer Mehrheiten und des großen Einflusses der Nahrungsmittelindustrielobby. Weil aber selbst in der Schweiz der Druck auf die Lebensmittelindustrie zunimmt, müssen zumindest Zugeständnisse in Form freiwilliger Vereinbarungen gemacht werden (Die Presse, 23.05. 2007).

Auch in Deutschland wurde eine Kampagne zur Erhebung einer „Fettsteuer" eröffnet, die den vollen Mehrwertsteuersatz auf ungesunde Lebensmittel angewendet wissen möchte. Zudem sollten Lebensmittel – wie wir es ja auch von Zigarettenschachteln kennen – mit Warnhinweisen auf den Verpackungen versehen werden. Für Krankenkassenbeiträge wurde ein „Dicken-Malus" gefordert, der jedoch von der überwiegenden Mehrheit der Bevölkerung (74 Prozent) abgelehnt wird, auch wenn den Dicken im öffentlichen Bewusstsein Selbstverschulden für ihren körperlichen Zustand zugeschrieben wird. Aber die erste Aufregung hatte sich bald gelegt: Nun ist nur noch von Pflichtuntersuchungen an

Schulen, von Einschränkungen der Werbung und von Bewegungsprogrammen die Rede (Aktionsplan „Fit statt fett") (Die Presse, 23.05.2007).

Im österreichischen Gesundheitsministerium steht man solchen Maßnahmen noch skeptisch gegenüber und möchte auch in Zukunft auf Information, Prävention und Bewusstseinsbildung setzen. Selbst Ernährungsmediziner halten wenig von einer „Fettsteuer" und verlangen stattdessen eine „Verbilligung gesunder Produkte wie Obst und Gemüse" (Kurt Widhalm, zit.n. Kurier, 14.05.2007, Karl Zwiauer, zit.n. Die Presse, 23.05.2007). Dies erscheint dringlich, zumal bis vor kurzem in der EU auf Druck der Agrar- und Industrielobbys 85 Prozent der Obst- und Gemüseproduktion vernichtet wurden, um Obst und Gemüse teuer zu halten („Sonntagszeitung", zit.n. Livenet.ch 2006). Fettreiche Lebensmittel bilden in aller Regel Billigprodukte für ärmere Bevölkerungsschichten. Der Diskurs gegen Übergewicht und Fettleibigkeit lässt sich also auch als sublimer Klassenkampf in der Ära des Neoliberalismus ausmachen.[37]

2005 hatten sich die europäischen Gesundheitsminister auf eine Werbebeschränkung für ungesunde Lebensmittel geeinigt. Seit einiger Zeit setzt die EU aber vor allem darauf, dass keine Unter-Zwölfjährigen ins Visier der Werber für „Junk-Food" kommen. Die Umsetzung solcher Vereinbarungen kommt jedoch nur schleppend voran, gibt es doch in diesem Politikfeld zumeist nur weiche Regelungen. Demgemäß wurde kürzlich konstatiert: „Die Lebensmittelindustrie ist noch einmal mit einem blauen Auge davon gekommen. Die EU-Kommission verzichtet zwar auf ursprünglich ins Auge gefasste gesetzliche Regelungen gegen ungesundes Essen" (Die Presse, 31.05.2007). „Beschränkt" sich aber die Industrie bis 2010 nicht „selbst", indem sie Zucker-, Salz- und Fettanteile reduziert und „Dickmacher" deklariert, „werde Brüssel gemeinsam mit den Mitgliedsstaaten strenge Auflagen erlassen" (ebd.). Auch in den USA weigerte sich die Regierung, den Kampf gegen skrupellose Konzerne der Fastfood- und Lebensmittelindustrie zu unterstützen. 2003 erließ die Regierung ein Gesetz, das Fastfood-Unternehmen vor Klagen von Bürgern schützt und diese auf ihre eigene Verantwortung verweist (Hentschel 2006: 122).

Nicht das Ziel maßvoller und gesunder Ernährung, aber der diskriminierende Charakter der Diskurse und Kampagnen (z.B. Übergewicht als Einstellungshindernis, erhöhte Tarife für Dicke) sowie die Adressaten der Maßnahmen sind in Frage zu stellen. Denn nicht Produktion und Vertrieb schädlicher oder ungesunder Lebensmittel, sondern primär ihre Konsumtion wird durch die meisten der angedachten Maßnahmen sanktioniert. Das Diskursfeld um gesunde Ernährung und Bewegung mutiert außerdem zu einer attraktiven Werbefläche für just jene Konzerne, die ihren aktiven Anteil an der „epidemischen" Ausbreitung von

---

[37] Vgl. hierzu auch den Beitrag von F. Schorb „Keine Happy Meals für die Unterschicht!" in diesem Band.

Übergewicht und Fettleibigkeit haben. Die Körperexpertise wird – durchaus medienwirksam – in die Hand der Berater aus der Nahrungsmittelindustrie gelegt (Frank 2005: 12)[38].

Im derzeit vorherrschenden politischen Diskurs, der einerseits die Nahrungsmittelindustrie weitgehend aus ihrer Verantwortung entlässt und andererseits die Übergewichtigen für die zusätzlichen Kosten, die sie vorgeblich verursachen, haftbar machen möchte, ist von der Finanzierung der Dicken durch die Schlanken die Rede (Hentschel 2006: 114). Doch gegen diese vereinfachende und diskriminierende Darstellung regt sich Protest. Diskurse, die die These von der Adipositas-Epidemie in Frage stellen, fasst Christine Hentschel (ebd.: 115f.) in drei Argumentationssträngen zusammen:

Eine vermutete „Verschwörung" der Industrie:
Aus Sicht der Pharmaindustrie sei es geradezu optimal, „eine Krankheit zu haben, von der die Patienten weder sterben noch effektiv geheilt werden und die immer weiter behandelt wird" (ebd.). Viele der relevanten US-amerikanischen Studien zur Fettleibigkeit würden durch Pharmakonzerne, aber auch durch Diätproduktfirmen finanziert (Campos 2004, zit.n. Hentschel 2006: 115).

Die Annahme einer „normierenden" Kultur der Schlankheit:
Der stigmatisierende Diskurs rund um Fettleibigkeit gründe in einer „anorexischen, normierenden Kultur", die Gesundheitsrisiken von Dicken dramatisiere, dagegen jene von magersüchtigen Jugendlichen bagatellisiere (ebd.: 116).

Die Feststellung eines neuen staatlichen Körperinteresses:
Der Interventionismus des Staates habe sich verschoben und artikuliere sich nunmehr als „neues Interesse der Politik am Privatverhalten der Menschen" (vgl. die Kampagnen gegen Drogen-, Tabak- oder Alkoholmissbrauch oder die normende Standardisierung sexueller Verhaltensweisen) (ebd.).

---

[38] Im Frühjahr 2005 ging in Österreich McDonalds mit Zustimmung des Gesundheitsministeriums in Kindergärten auf „Informationstour" („Gesund und fit – Komm mach mit!"). Das Gesundheitsministerium schickte den Fast Food-Konzern als Gesundheitsberater für Kinder auf Tour durch Österreich. 500 Kindergärten hätten das, laut Ministeriumssprecher, als „didaktisch wertvoll erachtete" und als „werbefrei beschriebene" Spielprogramm „gebucht". Die Kinder eigneten sich im Rahmen dieses „Lernprogramms" McDonalds Werbesongs an. Auch Werbegeschenke mit dem Firmenlogo von McDonalds zeigten bei den Kindern Wirkung, zumal sie, wie Eltern konstatieren mussten, in der Folge zu McDonalds drängten, sobald sie im öffentlichen Raum das Firmenzeichen erspähten. Diese versuchte Kundenbindung durch Beeinflussung von Kleinkindern empörte Eltern (Salzburger Nachrichten, 27.04.2005, Kurier, 30.05.2005). In einer parlamentarischen Anfrage wurden weitere Fälle unlauteren Sponsorings des Gesundheitsministeriums aufgedeckt.

Mein Ansatz integriert die beiden letzten Punkte und weist dennoch über sie hinaus. Die Kultur der Schlankheit ebenso wie der Interventionismus des Staates in private Verhaltensweisen entstehen nicht im luftleeren Raum. Die Metaphern von Schlankheit, Beweglichkeit und Flexibilität, die den idealen Staatskörper im fortgeschrittenen Kapitalismus beschreiben, skizzieren zugleich die Anforderungen an die Körper der Staatsbürger. Doch nicht nur auf der semantischen Ebene finden sich Parallelen zwischen schlankem Staatsideal und schlankem Staatsbürgerideal. Die Auswirkungen der ideologischen Verfasstheit des neoliberalen Gesellschaftsmodells materialisieren sich in Körperidealen, in Körperpolitik und in letzter Konsequenz sogar in den realen Körpern selbst. Um diese These theoretisch unterfüttern zu können, werde ich zunächst mit Hilfe des Gouvernementalitätsansatzes Michel Foucaults die Besonderheiten der Machtausübung und der Körperkontrolle in gegenwärtigen Gesellschaften analysieren.

Foucaults Forschungsprogramm: Machtanalyse als Zusammenspiel von Selbst- und Fremdtechnologien des Körpers

Mit dem Forschungsprogramm der „Gouvernementalität" fokussierte Michel Foucault auf „Regierungstechniken", auf das Zusammenwirken vielfältiger, dezentraler Formen von Institutionen, Praktiken und Theorien des „Führens" und „Geführtwerdens". Ihm ging es nicht um objektive Beschreibung von Macht- und Regierungstechniken, sondern um die Bedeutung subjektiver Erfahrung und der Ausformung von „Technologien individueller Beherrschung" (Foucault 1982/2007: 290). Um seine Machtanalytik zu verfeinern, unterschied Foucault zwischen Macht- und Selbsttechnologien. Die Art, in der die „Lenkung der Individuen durch andere" mit der „Weise ihrer Selbstführung" verknüpft wird, erfasste er als „Gouvernementalität" (ebd.: 289, Lemke/Krasmann/Bröckling 2000: 28), die für die (Selbst-) Produktion von Subjektivität verantwortlich sei. Führung bezieht sich bei Foucault nicht nur auf das „Anführen" anderer, sondern auch auf Modi des „Sich-Verhaltens in einem mehr oder weniger offenen Feld von Möglichkeiten" (Foucault 1982: 289). Nicht nur Zwang oder Gewalt, auch Freiheit und konsensuale Handlungsformen sind als Machtverhältnisse zu thematisieren. „Technologien des Selbst" ermöglichen es Individuen, „mit eigenen Mitteln bestimmte Operationen mit ihren Körpern, mit ihren eigenen Seelen, mit ihrer eigenen Lebensführung zu vollziehen, und zwar so, dass sie sich selber transformieren, sich selber modifizieren und einen bestimmten Zustand von Vollkommenheit, Glück, Reinheit, übernatürlicher Kraft erlangen" (ebd., Foucault 1984: 35f.).

Die neoliberale Modellierung der Körper vertraut auf Regierungstechniken der Selbstführung. Aktuelle Konzepte „staatsferner" und „informeller" Formen von Autorität und Kontrolle erweisen sich eher als „eine Modifikation denn eine Abschaffung von Herrschaft" (ebd.). Wenn aber neoliberale „Selbstführungstechnologien" nicht effektiv genug sind, wird erst recht wieder auf Macht- und Disziplinarpraktiken der „Fremdführung" zurückgegriffen. Die neoliberale Gesellschaft besteht aus zwei Körperklassen, aus jener sozialen Gruppe, die ihren Körper angeblich im Griff hat, sich also „selbst" zu „führen" vermag, und aus jener Klasse, deren Körper durch andere diszipliniert und normalisiert werden muss. Dass diese Spaltung entlang der sozialen Trennlinie verläuft, ist unschwer festzustellen. „Abnehmen wird zum Wettlauf der Konsumfähigen" (Bauman 2003; Hentschel 2006: 114).

Die gegenwärtigen „Kampagnen gegen Fettleibigkeit" repräsentieren eine solche Sozialtechnik, die sich klassifizierender und normalisierender Logik von „Disziplinartechnologien" anschließt, die wertende Spaltungen schaffen „zwischen Ungeeignetem und Geeignetem, Normalem und Anormalem". Solche Technologien hierarchisieren über den Entwurf eines „optimalen Modells" und den gesellschaftlichen Zwang zu seiner Umsetzung. Sie benutzen Verfahren, die Individuen an einer normativen Vorgabe ausrichten. Diese präskriptive Norm erzeugt erst die Unterscheidung. Das „Normale" ist genau das, „was in der Lage ist, sich dieser Norm zu fügen, und das Anormale ist das, was dazu nicht in der Lage ist" (Foucault 2006: 90).

Doch nicht allein die Abweichung von der Norm befeuert den gegenwärtigen Kreuzzug gegen Fette. Ebenso ist er Ausdruck der Krise des Modells der Versicherungsgesellschaft, also der Vergesellschaftung der individuellen Lebensrisiken als Mittel der sozialen Kontrolle durch Integration. Diese Krise führt nicht zu einem Verzicht auf Sozialtechnologien, sondern bot unerwartet politischen Raum zur Transition in die liberale Sozialtechnik „individueller Verantwortung" (Lemke 1997: 239). Um deren Erfolg zu gewährleisten ist es notwendig, „interventionistische Technologien" zu entfalten, „die Individuen führen und anleiten, ohne für sie verantwortlich zu sein. Der Neoliberalismus ermutigt die Individuen, ihrer Existenz eine bestimmte unternehmerische Form zu geben" (ebd.: 254).

„Fit or Fat?"[39] Stichworte eines Körperdiskurses

Jede Gesellschaftsformation bringt ihr eigene Körperkultur hervor (Böhme 1996: 57). Auch soziale Differenzen werden dabei einverleibt. Körper fungieren als Speicher: Sie archivieren historisch gewachsene, geschlechtlich, sozial und kulturell differenzierte Zeichen, die es zu lesen gilt. Zumal sich verschiedene Politiken in die Körper einschreiben, reflektieren diese Geschichte(n). Dies gilt auch für neoliberale Formgebungen von Politik und des Politischen überhaupt. Ökonomische und politische Konfigurationen gesellschaftlicher Machtverhältnisse erzeugen Identitätszwänge, die sich als hegemoniale Körperbilder durchsetzen, als Körperideale und Idealkörper.

Im Kanon neoliberaler Wertsetzungen wird fett nur allzu rasch mit faul und träge kurzgeschlossen. Im Gegensatz dazu figuriert unter den Auspizien eines „neuen Kapitalismus" der schöne, schlanke oder ideale Körper als begehrtes symbolisches Kapital, das beruflichen und privaten Erfolg und damit soziale Anerkennung zu garantieren (oder eben auch vorzuenthalten) vermag. „Schön sein ist als überaus wirkungsvolles soziales Zeichen ein Muss für alle, die Erfolg haben wollen. Im Körperkult, dem Wettstreit um die tollsten Muskeln und den wohlgeformtesten Busen, wird körperliche Schönheit mit Glücks- und Heilserwartungen gleichgesetzt – der ‚schöne' Körper wird zur Bioaktie mit hoher Gewinnerwartung" (Reusch 2001: 4).

Die Moderne hatte nicht nur Sinn für subjektive „Körperempfindungen" gezeigt, sie hatte zudem nach „Freiheit des körperlichen Lebens" gestrebt (Sennett 1997: 21). Dem pluralistischen Selbstverständnis moderner Gesellschaften korrespondierte auch ein politischer Anspruch auf Pluralität von Körperdeutungen. Dahinter verbarg sich ein Verlangen nach Emanzipation von allen „Mängeln" des Körpers wie nach Autonomie über den eigenen Körper. Der „neue Kapitalismus" hat auch den Körper zu einer Arena sozialer und ökonomischer Kämpfe erkoren. „[D]er Körper ist [...] eines der Hauptschlachtfelder, auf dem der Zugriff von Gesellschaft und Gemeinschaft und ihrer Institutionen auf die Individuen definiert und exekutiert werden" (Labisch 1998: 530). Leben wird zunehmend wie privater Besitz behandelt: Es ist individuell zu hüten und zu pflegen. Die Kultfigur der Spätmoderne, das selbstverantwortliche Individuum, hat sich ebendarum auch verstärkt des (eigenen) Körpers anzunehmen.

---

[39] So der populär gewordene Titel eines Buchs, der auf Fitness *oder* Fettleibigkeit fokussiert (Bailey 1978). Diese Dichotomie ist ebenso irreführend, wie wenn es in der politischen Kontroverse zwischen Keynesianismus und Neoliberalismus „Staat *oder* Markt" heißt. Ich plädiere gegen Entscheidungszwänge dichotomen Denkens (*entweder – oder*) und für ein Denken in Ambivalenzen, also für das kleine Wörtchen *und* in beiden gesellschaftspolitischen Praxiskontexten.

Das Körperliche erfährt im fortgeschrittenen Kapitalismus sichtlich Aufwertung. Nur intakte und gesunde Körper vermögen auch ein attraktives wie marktkonformes Leben zu garantieren. Die in der Ära des Neoliberalismus propagierten Lebensstile setzen allerdings gesicherte Einkommensverhältnisse voraus. Wer sich in der Marktkonkurrenz durchsetzen und auf dem Arbeitsmarkt erfolgreich sein möchte, hat in eigener Verantwortung und unausgesetzt Gesundheit, Leistung und Fitness zu optimieren. Wer dies freilich nicht (mehr) schafft, gehört unweigerlich zur Gattung der auf dem Arbeitsmarkt schwer Vermittelbaren. Gesundheit, Schlankheit und Fitness sind nicht biologisches Schicksal, sie sind vor allem individuelle Aufgabe und persönliche Leistung. Für sie ist hart zu arbeiten.

Metaphorische Verkörperlichung gesellschaftlicher Transformationen
Staatskörperbilder

Der Politologe Wolfgang Fach (2000: 110ff.) diagnostiziert eine sich markant wandelnde „Staatskörperkultur": Der Mitte der 1970er Jahre vor allem von neokonservativer Seite ausgerufenen „Insuffizienz" des Staates (kritisch Scharpf 1974: 20) möchte man seit Beginn der 1980er Jahre durch seine radikale „Verschlankung" (Metzen 1994) abhelfen. Was für Individuen Geltung zu haben scheint, sollte erst recht auch für das sozio-politische Kollektiv in Dienst genommen werden können. Daher werden rücksichtslose Rückbauten sozialstaatlicher Regulierung vorzugsweise mit Körpermetaphern camoufliert, um ihre drastischen sozialen Folgen für das Gros der Bevölkerung zu entdramatisieren und nicht an einer verhängnisvollen politischen Delegitimationsspirale zu drehen. Bilder des Körpers und seiner Verfasstheit sprechen zudem bewusste wie unbewusste Sinnschichten an. So vermögen sie auch neoliberale Intentionen zu popularisieren. Zudem verhelfen sie ganz und gar interessengeleiteten sozialen Rück- und Umbauten zu einem Anschein von „Naturhaftigkeit".

Ideen zur Ausformung und Gestaltung von Politik, Wirtschaft und Staat bedienten sich schon immer vielfältiger Bilder des Körpers, seiner Organe und Funktionsweisen wie seiner gesunden oder kranken „Verfassung". Lediglich Geschlechtsorgane und ihre Funktionen waren in der politischen Ideengeschichte zur Metaphorisierung des Staatlichen tabuisiert. Und mögliche Assoziationen zu Weiblichem wurden tunlichst vermieden. Die Körpermetapher kann also auch dazu dienen, das (in Wahrheit dominante) Geschlecht des Staates zu entthematisieren (Kerchner 1999: 67). Der politische Raum ist mitnichten als „körperlos" zu identifizieren. Durch Strategien der „Verkörperlichung" des Politischen ist nämlich der Körper „im öffentlichen Raum unablässig präsent" (ebd.: 75). Allerdings ist dies eine Form der Repräsentation des Körperlichen, die in aller Regel maskuliner Hegemonie in den Sphären des Staatlichen korrespondiert. Aus Beispielen von Körpermetaphern wird ersichtlich, dass Staat und Politik zumeist „in Analogie zur Natur" gedacht wurden und werden. Kriterien für Struktur und Relevanz des Politischen, für das Verständnis staatlicher Lebensfähigkeit, für die Unentbehrlichkeit hierarchischer Politikformen oder für Grenzen des Politischen sollten möglichst als natürliche hergeleitet anmuten. Nur so schien und scheint soziale Akzeptanz von Herrschaftsordnungen und Machtkonfigurationen erreichbar.

Derzeit versucht man, auch die weit reichenden Intentionen neoliberaler Herrschafts- und Regierungsgrammatik durch Körpermetaphern zu veranschaulichen und dadurch einsichtiger zu machen. Die bislang vorausschauende Sorge von „Vater Staat" kehrt sich nun um in das gegenwärtige „Härtungsprojekt", das nur noch „Tüchtigen" Wege und Tore zu eröffnen trachtet. Was aber unter Tüchtigkeit zu verstehen ist, verengt sich zunehmend. In Kontexten aktueller Neoliberalisierung von Gesellschaft und Politik werden in wachsendem Maße uniforme Körper verlangt. Jeder „Einförmigkeit [wohnt] etwas Repressives und höchst Unattraktives inne[...]", indessen stellt „Vielfalt ein Zeichen von Vitalität" dar (Berlin 1992: 80f.). Diese Einschätzung lässt sich durchaus auf Körperzurichtungen der Gegenwart beziehen. Der Verlust an Komplexität und Vielfalt menschlicher Natur durch kulturelle Standardisierung und/oder durch „genetisches Maßschneidern" wird jedenfalls künftig einschneidende Folgen für demokratische Gesellschaften und ihre Geschlechterordnungen zeitigen (Fukuyama 2002).

Das neoliberale Menschenmodell – Der neue Mensch im Neoliberalismus

Neoliberalismus ist keine sich erst seit den 1980er Jahren abzeichnende Revision politisch-ökonomischen Denkens und Handelns; er stellt vielmehr eine seit den späten 1930er Jahren planmäßig entwickelte Widerstandsstrategie wirtschaftlicher, wissenschaftlicher und politischer Eliten gegen keynesianische Staatsmuster sowie gegen gewerkschaftliche Interventionen dar. Seine Etikettierung als Neoliberalismus stellt keine abfällige rhetorische Wendung von KritikerInnen einer sich nachdrücklich durchsetzenden neuen Gesellschaftsformation dar, sie entstammt vielmehr der Eigenbezeichnung eines anti-sozialen und anti-politischen Elitennetzwerkes. Neoliberalismus funktioniert als weitläufiges und nachhaltiges politisch-ideologisches Projekt zur Restrukturierung eines forschen, von staatlichen Fesseln befreiten Kapitalismus. Er bezweckt die Fortführung des Kapitalismus mit marktradikaleren Mitteln und die bedenkenlose Rückdrängung von Staatlichkeit (Kreisky 2001a, 2001b, 2002).

Im Neoliberalismus richtet sich menschliches Verhalten scheinbar nicht mehr auf das Wohlergehen möglichst vieler oder gar aller sozialer Gruppen, sondern nur noch auf jenes ausgesuchter Individuen oder privilegierter sozialer Klassen. Der angeblich klassenlose Mensch des Neoliberalismus hat, so wird suggeriert, eigentlich keine Bedürfnisse oder Interessen mehr, er hat nur noch „Entscheidungsprobleme", muss er doch ununterbrochen „zwischen alternativen Ressourcen wählen", zumal er durch jede Entscheidung (z.B. über seinen Telefon- oder Stromanbieter, seinen Versicherer, seinen Bankagenten oder Börsenmakler, aber auch über seinen Fitnesstrainer, Wellnessberater oder kosmetischen Chirurgen) sein Vermögen und seine (Persönlichkeits-)Werte zu maximieren vermag (Blomert 2003: 20).

Mittlerweile scheint in nahezu allen Lebensbereichen „manageriales" Denken hegemonial zu sein. Nicht nur Wirtschaftsunternehmen werden gemanagt, auch öffentliche Verwaltungen, Universitäten, soziale Bewegungen oder globale Migrationsströme sind zu managen, selbst individuelle Berufskarrieren, private Beziehungen oder Familien, aber auch der eigene Körper wollen heutzutage gemanagt werden (Bröckling 2000: 131f.). Assoziationen zum Management sind trotz aller Pleiten, Skandale und Krisen positiv konnotiert (ebd.: 132). Das Marktmodell eignet sich, wie boomende Managementliteratur suggeriert, für alle sozialen Beziehungen (ebd.: 133). Es findet auf „interne Beziehungen" in Unternehmen oder Behörden daher ebenso Anwendung wie „auf das Verhalten des Einzelnen zu sich selbst" (ebd.: 134). Wenn jedoch etwas „schief läuft", ist „stets [...] Mangel an Marktförmigkeit [schuld]" (ebd.: 133). Das Menschenmodell der Mikroökonomie hat praktisch alle Lebenswelten okkupiert. Die unaufhörlich positiver werdende Konnotation von „Habgier" (Blomert 2003: 21) macht den „Kern" korrekten menschlichen Verhaltens in der Ära neoliberaler Wende aus (ebd.: 20f.). Menschen – vor allem in unserer Hemisphäre – wirtschaften nicht, um Mangel zu bewältigen und „erträglich" zu „(über)leben", sondern um (noch) reicher zu werden (ebd.: 21).

Offenkundig ist der „Volkskörper" um einige Figuren „artenreicher" geworden (Stroczan 2002: 8), etwa um die soziale Gestalt des „neuen Selbständigen", des Unternehmers seiner selbst, der eigenen Arbeitskraft oder des eigenen Körpers. Neoliberale Ideologen sagen zwar immer wieder den unmittelbar bevorstehenden Tod sozialer wie politischer Kollektive und damit die Geburt sowie den unwiderruflichen Sieg des Individuums vorher. In Wahrheit aber tun sich neue „kollektive Ersatzrealitäten" auf (ebd.: 75). Selbst die Börse entpuppt sich als ein Ort, an dem sich „private Pathologien" (wie Gier, Bindungsängste, Suchtverhalten, Infantilisierung usw.) ergiebig „sozialisieren" lassen. Der Turbokapitalismus generiert sein erbarmungsloses Tempo auch aus subjektiven Pathologien. Die politische Kultur der Börse hat aber wenig mit Souveränität und Freizügigkeit autonomer Subjekte gemeinsam, vielmehr verkörpert auch sie eine Form „kollektiven Begehrens" einer nun einmal psychisch, sozial und ökonomisch eigens disponierten Schicht (ebd.).

Das provokative Projekt des Neoliberalismus bedarf zu seiner Realisierung unzähliger „Ego-Motoren", sicherlich aber auch eines behutsameren Umgangs mit der „Ressource Ich" (Eberspächer 1998, zit.n. Bröckling 2000: 132). Neoliberalismus stimuliert vielfältige Egoismen wie umgekehrt Egozentrismus als kollektives Syndrom das politische Projekt des Neoliberalismus erst richtig zuspitzt. Auch das absonderliche Hybrid der „Ego-AG" illustriert, wie das Individuum selbst unter neoliberalen Vorzeichen letztlich doch wieder „kollektiviert" wird und eigentlich wiederum nur als Körperschaft (denn nichts anderes ist eine AG) denkbar bleibt.

Flexibilisierung des Kapitalismus braucht flexible Menschen – Neue Anforderungen an die real existierenden Körper

Die sich ändernden Lebens- und Arbeitsformen erfordern verstärkte räumliche und soziale Mobilität. Die Körper werden zwar von physischer Arbeit entlastet, psychischer und sozialer Druck nehmen jedoch gewaltig zu. Das Leistungsprofil wandelt sich (Labisch 1998: 529). Körperliche Leistungsfähigkeit erfährt neue Wertung und wird in anderen sozialen Räumen trainiert und erprobt.

Die gegenwärtige Flexibilität von Arbeit ist mitnichten eine in freier Disposition der auf Erwerbsarbeit Angewiesenen liegende, vielmehr eine durch suggerierte Sachzwänge des neuen Kapitalismus oktroyierte, die nach Verbilligung der Arbeitskosten wie nach Verschlankung personeller Apparate strebt. Der neue Kapitalismus beansprucht flexible Menschen, die sich unentwegt auf neue Aufgaben einzustellen vermögen und sich unablässig bereit zeigen, Arbeitsplätze, Arbeitszeiten, Arbeits- wie Lebensformen und Wohnorte zu wechseln. Selbst die Körper haben ihre Wandlungsfähigkeit weiter zu steigern. Zynisch heißt es dann: Starren, leistungsunwilligen, inflexiblen Menschen ist nicht zu helfen. Ihr Gebrauchswert scheint nun mal vernutzt, entsprechend ihrer tendenziellen Unbrauchbarkeit werden sie turnusmäßig aussortiert: Die bärenstarken Männer aus Zeiten des Fordismus sind in Verwertungszusammenhängen postfordistischer Ökonomien immer weniger gefragt. Bauchlosigkeit ist gegenwärtig Trumpf.

Neoliberale Reform- und Modernisierungsrhetorik initiiert – keineswegs nur zaghaft oder schleichend – Rückkehr zu fundamentaler Ungleichheitspolitik. Indem Perfektheit und Superiorität des Marktes suggeriert und forciert werden, verschärfen oder erneuern sich institutionelle Arrangements sozialer Exklusivität. Die Implementierung monetaristischer und anti-etatistischer Zielwerte verschärft Konkurrenzkämpfe, Konkurrenz zwischen Unternehmen und Konkurrenz in Unternehmen, Konkurrenz zwischen sozialen oder ethnischen Gruppen und Konkurrenz zwischen den Geschlechtern wie Konkurrenz innerhalb einer Genus-Gruppe. Der „Kult des winner" beherrscht keineswegs nur die obere Etage von Staat und Wirtschaft, er „[setzt] den Kampf eines jeden gegen jeden ins Recht [...] und den normativen Zynismus all seiner Praktiken" (Bourdieu 1998: 116, Hervorh.i.Orig.). Dies geschieht durch Druck auf ArbeitnehmerInnen, deren Körper mobil und flexibel zu sein haben. Der Widerspruch zwischen Kapital und Arbeit wird zunehmend „in die Subjekte" selbst hineinverlagert (Gerlach 2000: 1065). Die „Verdinglichung" der Menschen, ihre Reduktion auf „betriebswirtschaftliche Rechengrößen" schreitet voran (ebd.). Arbeitsintensivierung und Lebensarbeitszeitverlängerung werden synchron zur Vernichtung von Erwerbsarbeitsplätzen vorangetrieben. Geradezu rastlos werden interne Organisationsstrukturen abgeschlankt und Arbeitskosten gedrückt.

Die Sozialanthropologin Emily Martin schreibt, dass „[h]eute [...] Menschen in den USA (und anderswo) einen dramatischen Umbruch in ihrer körperlichen Selbstwahrnehmung und körperlichen Praxis [erleben]: aus Körpern, die in das Industriezeitalter passten, die dem Fordismus entstammten, zu Körpern, die für die neue Ära flexibler Akkumulation gemacht und passend sind. Wir stehen nicht vor dem Ende des Körpers, sondern vor dem Untergang des einen und am Beginn der Durchsetzung eines neuen, postmodernen Modells" (Martin 1997: 544, zit.n. 2002: 30). Auch Zygmunt Bauman (2003: 93 ff.) differenziert zwischen „Produzentenkörpern" der industriellen Ära und „Konsumentenkörpern" des post-industriellen Zeitalters: So ist die Stärke der Produzentengesellschaft abhängig von der Größe ihres Arbeits- und Kampfpotentials (Baumann 2005: 197). Das Ideal des fordistischen Körpers ist charakterisiert durch Produktivität, Abwesenheit von Krankheit und beständiger Arbeitsfähigkeit (ebd. 198) sowie durch normative Reglementierung (vorgegeben durch die Geschwindigkeit des Förderbandes, rhythmische Schrittfolgen und sich wiederholende Routinen) und durch eine strikte Überwachung der Körper der „Soldaten der Arbeit" durch Techniken der Disziplinierung, Mäßigung und Sanktionierung. Der Produzentenkörper der industriellen Ära ist ein zugerichteter, disziplinierter und gebrochener Körper, wie ihn Foucault (1975) beispielhaft in „Überwachen und Strafen" porträtiert hat. Gefährdet wird der Produzentenkörper durch schwindende Muskelkraft, die seine Arbeitsfähigkeit untergräbt.

Der Konsumentenkörper des postindustriellen Zeitalters zeichnet sich dagegen weniger durch körperliche Arbeitsfähigkeit als durch beständige Konsumfähigkeit aus. Seine Reglementierung obliegt den Körperbesitzern und äußert sich in der Responsibilisierung durch eine neue Körperkultur des gesundheitsförderlichen Konsums, repräsentiert im „fit for fun". Die Regierungstechniken, die auf den Konsumentenkörper einwirken, sind Manuals zur Förderung des unternehmerischen Selbst, „die das Feld eventuellen Handelns anderer strukturieren" (Foucault 1987: 255). Der Konsumentenkörper wird durch Akteure in den Verbraucherschutzministerien, der Fastfood-Industrie, den Redaktionen der Massenmedien regiert, indem sie „den Körperentrepreneuren Möglichkeitsfelder nahe legen, sie auf ihre ‚Aufgaben' hinweisen und Anreize oder Beratungshilfe anbieten" (Hentschel 2006: 118). Gefahr für den Konsumentenkörper geht von falschen Konsummustern aus, die u. a. zu Fettleibigkeit und Übergewicht führen.

Der neoliberale Idealkörper

Im neoliberalen Körperkult gilt einzig der Körper (sowie die Arbeit an ihm) als identitäts- und sinnstiftend, weil er als „dem Individuum gänzlich verfügbar (miss-)verstanden" wird (Labisch 1998: 530). Funktionalisierung und Kommerzialisierung von Gesundheitsbewusstsein und neuer Gesundheitsbewegungen („Healthism") sind äußere Zeichen dieser Entwicklung. Fetischisierung von Gesundheit, Vermarktung des Bio-Labels, ein Boom an „muskulärer Aufrüstung" (ebd.) sind auffällige Symptome neoliberaler Körperkulte.

Mit fortschreitender Durchkapitalisierung von Gesellschaft und Politik scheinen aber auch Tendenzen zur Missachtung von Vielfältigkeit, also Zwang zu Konformität menschlicher Körper durchaus bedenkliche Dimensionen anzunehmen. Eine erbarmungslose Jagd nach dem Unmöglichen hat daher eingesetzt: das Streben nach dem „ultimativen", ewig jugendlichen, sportiven, schlanken, äußerlicher Marktästhetik bedingungslos Tribut zollenden Körper. Als schön und ideal wird nämlich ersehnt, was genau genommen unerreichbar ist (Reusch 2001: 4). Dieser erdachte Körper muss erst hergestellt werden. Durch die neoliberale Politik radikaler Deregulierung einerseits und den Fortschritten in Biotechnologie und Medizin andererseits werden Möglichkeiten für viele Versionen „postmoderner" Körperexperimente geschaffen. Der individuelle Körper kann nun so gestaltet werden, wie der neoliberale Zeitstil ihn sich ersehnt. Neue Möglichkeiten technischer Modifikationen, von Zugriffen auf Körper wie von Eingriffen in Körper, eröffnen sich. Denn wenn sich geforderte Werte und akzeptierte Formen von Körperlichkeit extrem wandeln, und Natur nicht länger hinreicht, muss (zumindest wohlhabenden, privilegierten, weißen) Menschen Zugang zu neuen Körpermärkten eröffnet werden, auf denen sie das Nötige für ihren Umbau, ihre Nachbesserung, ihre Reparatur (oder auch ihre Verdoppelung) erwerben können (Stichworte: „Ersatzteillager Mensch", Blut- und Organmärkte, Kommerzialisierung der Fortpflanzung, „industrielle" Doppelung durch Klonen, Diätindustrien usw.).

Die in Lebenswelten „postindustrieller Eliten" dominierenden Körper-, Schönheits- und Jugendkulte sprengen die engen Geschlechterstereotype der klassischen Industriemoderne. Folglich unterscheiden sie immer weniger zwischen Männern und Frauen: Bodybuilding ist längst nicht mehr bloßer Ausdruck begehrter Hypermaskulinität (Klein 1993), die es hart zu erarbeiten gilt. Es ist ebenso zum festen Bestandteil körperlichen Wunschdenkens von (vor allem jüngeren, beruflich erfolgreichen) Frauen geworden. Angesichts zunehmender Unsicherheiten im deregulierten Arbeits- wie Privatleben vermittelt es wohl einigermaßen Befriedigung, wenn wenigstens die Kontrolle über den eigenen Körper noch gewährleistet werden kann (ebd.: 40). Umgekehrt treten chirurgische „Schönheits- oder Körperkorrekturen" immer häufiger aus dem Ghetto der Weiblichkeit heraus und werden zu Selbstverständlichkeiten männlich-narzisstischer Körperstrategien. Auch Männer beginnen also, sich „in den ästhetischen Lifestyle einzukaufen" (Welsch 2001: 7). Die Ökonomie profitiert von der Androgynisierung des Begehrens nach Verschönerung, nach „Styling von Körper, Seele und Verhalten" (ebd.).

In entgrenzten und entfesselten Marktwelten existiert für unvollkommene Körper schwindende soziale Akzeptanz, erst recht versiegen soziale Abfederungen wie Garantien annehmbarer Lebens- wie Arbeitsräume für alle. Rücksichtslose Interventionen sozial insensibler Politiken sozialstaatlicher Deregulierung spitzen selektive wie elitäre Trends der Körperpolitiken des fortgeschrittenen Kapitalismus weiter zu. So entstehen neue Körperklassen, die zwischen denen selektieren, die sich dem neuen Körperideal anpassen können, und denen, die daran scheitern.

Körperklassen im Neoliberalismus

Während die Relevanz sozialer Klassen in postmodernen Gesellschaftsgefügen zu schwinden scheint, legen „Körperklassen" merklich an Bedeutung zu. Die Körper mutieren zum sozialen Kampf-Feld, zu einem Feld, auf dem das kapitalistische Gesellschaftsspiel des Aussiebens immer härter ausgetragen wird. Das Begriffspaar von Auslese und Unterwerfung ist zwingendes Element kapitalistischer Gesellschaftspraktiken: Jegliche gesellschaftliche Fortentwicklung gründe auf „Auslese am Markt", sie werde durch „Siebungsvorgänge" gesteuert, und der Mensch lerne nur durch Enttäuschung von Erwartungen, meinte Friedrich A. Hayek (1944), Vordenker des neoliberalen Elitennetzwerks. Gelernt werde von Erfolgreichen und alles für das Individuum Ineffiziente werde „herausgesiebt". Alte, Behinderte, Dicke, Unsportliche usw. hindern angeblich die durch neoliberale Wertsetzungen erzwungene Beschleunigung in allen nur denkbaren Lebens-

und Arbeitssphären. Alle, die stören oder mit dem neoliberalen Tempo nicht (mehr) mithalten können, werden schon prophylaktisch aussortiert. Die Epoche des Neoliberalismus stellt auf radikale und unversöhnliche Weise die Frage nach brauchbaren, nützlichen und vor allem (um)formbaren Körpern.

Stilisierung und Popularisierung eines Körperbildes zum kapitalistischen Idealkörper offenbaren eine neue Herrschaftssprache, nämlich jene von Unterdrückung und Ausschließung unerwünschter Körper. Wenn nur noch jugendliche, schlanke, perfekte, fitte, strenggenommen illusionäre Körper über Kurswert verfügen und im kapitalistischen Welt- wie Menschenzuschnitt allein nach solcher Standardisierung der Körper gestrebt wird, heißt dies nichts anderes, als dass alle vom kapitalistischen Körper-Phantasma abweichenden, etwa alternden, überforderten, abgekämpften, übergewichtigen, kranken oder bloß dem allseits indoktrinierten Schönheits- und Schlankheitsideal nicht (mehr) entsprechenden Körper(-Bilder) entwertet und mehr oder minder gesellschaftlich ausgegrenzt werden.

Arbeits- oder Obdachlose, Behinderte, alleinerziehende Mütter u.a.m. gehören wohl kaum zur Stammklientel von Wellness-Anlagen, Fitness-Studios oder Schönheitschirurgen, den postmodernen Werkbänken gestählter und geschönter Körper. Selbst der Markt gesunder Ernährung bleibt vielen verschlossen. Ökologische Lebensmittel haben zumeist ihren Preis und finden sich nur marginal auf billigen Massenmärkten (Ross 1994: 1). Die Körperverhältnisse haben sich in der neuen kapitalistischen Welt verkehrt: Heute stimmt nicht mehr, was noch vor wenigen Jahrzehnten gegolten hat, dass nämlich „Bauch Luxus" und „Hohlwangigkeit Askese" anzeigen. In westlichen Gesellschaften erscheinen immer häufiger vor allem schlecht, also minderwertig Ernährte als fett, während richtig, dementsprechend vollwertig ernährte Karrieretypen zumeist schlank sind (Gronemeyer 1998: 10). Übergewicht ist in unserer Zeit oftmals Symptom für Verarmung, und Schlankheit rangiert zunehmend als Zeichen des Wohlstands, sie ist realistische Option und luxuriöses Lebensgut Reicher und Mächtiger (Ross 1994: 17). Die ehemals mönchische Askese wird immer mehr zu jener „Gestalt, in der Luxus auftritt" (Gronemeyer 1998: 11), sie „kehrt [...] als Lebensform der postindustriellen Eliten zurück" (ebd.: 16).

Der „politische Körper" begründet die zentrale Norm einer Gesellschaft durch ein hegemoniales Körperbild. Zurzeit ist dies primär der „asketische" Körper, der die neoliberale Umwälzung plausibel machen soll. Freilich ist diese Askese für die einen „höhnische Zwangsaskese", während sie sich für die anderen als selbst gewählter, „modisch-entleerter Lifestyle" äußert (ebd.: 21): „Was bei den Eliten als Mode erscheint ist bei den Habenichtsen [...] zwangsläufiges Ergebnis des verwüstend freien Marktes [...]. Die von oben verordnete Askese ist ein altes Instrument von Cliquen, um Wünsche kleinzuhalten, Disziplin durchzusetzen und Macht zu erhalten" (ebd.: 19). Die „Zerstörung des Sozialstaates", der zuvor mit der Metapher illegitimer und parasitärer „Völlerei" belegt wurde, „wird zu einem Askeseprogramm für das Volk umgestylt". Askese wird damit zu einer „ordnungspolitischen Formel" gewendet (ebd.: 20).

Alle Vorgänge „natürlicher Selektion" verengen – quasi im Selbstlauf – jede allzu breite gesellschaftliche Basis; um soziale Aussortierung zu überstehen, ist eine gehörige Portion an Egoismus und Fitness an den Tag zu legen: Nur Starke vermögen zu überdauern; solche als natürlich etikettierten Selektionsvorgänge entlasten gängige kapitalistische Praktiken des ökonomischen Ausschlusses.

Die neuen Bilder von idealen Personen/Körpern/ArbeiterInnen laufen auf neue Versionen alter Machtsysteme hinaus, „in denen einige von uns Immunsysteme/Körper haben, die fit genug sind, um Masseninfektion oder Massenentlassung (downsizing) zu überstehen – während andere zum Untergang verurteilt sind" (Martin 2002: 47). Wenn es gilt, „die Konturen der Egos und Körper auszumachen, die diese Szene bevölkern", ist zu erkennen, „dass es um einen hohen Einsatz geht. Es geht um die Beschaffenheit der Körper, die [...] die momentane oder nächste Welle der Stellenkürzung oder den Ansturm einer durch Mikroben ausgelösten Epidemie überstehen können". Weiters geht es darum, wie der Mechanismus vorzustellen ist, der „einige von uns – und andere nicht – befähigt, uns zu erfolgreichen, gesunden Arbeiterinnen zu entwickeln, die in Organisationen höherer Ordnung überleben können" (ebd.). Gewisse Kategorien von Menschen (Frauen, Übergewichtige, People of Color usw.) werden als mangelhaft angesehen. Ihre „Egos und Körper" werden als „starr oder unkooperativ" eingestuft, sie gelten als „unpassend für die Art von Gesellschaft", mit der wir zunehmend konfrontiert werden. Das Maß, an dem die erwünschten Qualitäten der Flexibilität und Anpassungsfähigkeit gemessen werden, ist Intaktheit und Erscheinungsform des eigenen Körpers. „Was hier zusammengeschmiedet wird, ist ein Konzept von ,Fitness', nach dem, so wie im Sozialdarwinismus des 19. Jahrhunderts – wenn auch unter anderen Begriffen und Mechanismen – einige überleben werden und die anderen nicht" (ebd.: 50f.).

Fazit

Für das neoliberale Körperregime scheint es nur konsequent, das Management der Körper den Individuen rück-zu-überantworten, die Körper zu re-privatisieren und (wieder) individueller Selbstführung anheim zu stellen. Paradoxerweise gilt dieses neoliberale Gebot des Anti-Etatismus bzw. der Re-Kommodifizierung nicht durchgängig. „The size of your waistline may no longer be your own private business" (zit.n. Kersh/Morone 2005: 845), formulierte es 2003 die US-amerikanische „Baltimore Sun". Neoliberalen Dogmen widersprechend wird in den USA – und von hier ausgehend auch in anderen westlichen post-industriellen Gesellschaften – über staatliche und massenmediale Kampagnen eingetrichtert, dass Körperform und Körperzustand keineswegs Privatangelegenheit seien, individuelle Körper und persönliches Essverhalten durchaus wieder Gegenstand staatlicher Interventionen sein sollten. Staatliches Eingreifen in riskantes (und darum als öffentlich erachtetes) Körperverhalten scheint innerhalb gewisser Grenzen erwünscht. Risikoträchtiges privates Verhalten erzeugt die Politikprobleme der Zukunft (Kersh/Morone 2005: 843). All dies ereignet sich im Kontext einer politischen Kultur, die sich eines absoluten Regimes des Individualismus rühmt, und in der staatliche Intervention in privates Verhalten im Grunde verpönt ist (ebd.: 847). Das Phänomen von Fettleibigkeit transformiert sich in den USA vom persönlichen Recht auf Verfügung über die Gestalt des eigenen Körpers zum Problem einer „nationalen Krise"[40], mithin also zu einer hochgradig politisierten Materie (ebd.: 839). Übergewicht und Fettleibigkeit avancieren in den vorherrschenden Körper- und Gesundheitsdiskursen zur aktuell größten Gefahr öffentlicher Gesundheit, da auf sie mit erhöhten Steuern und verteuerten Versicherungsprämien reagiert wird, was dazu führe, dass die Dicken auf Kosten der Dünnen leben (vgl. ebd.: 845).

An diesem Beispiel zeichnet sich nicht nur ein Zwangsprogramm zur Körperformung, sondern auch eine „neue Rahmung" von Gesundheitspolitik ab (ebd.: 841): Auf leichtfertig in Kauf genommene Gesundheitsrisiken (z.B. Übergewicht als Ausdruck einer (Selbst-) Führungsschwäche) oder auf für unmündig befundene soziale Gruppen wird seitens der Staaten immer seltener mit kostenintensiven „infrastrukturellen" Maßnahmen (zumal öffentliche Gesundheit für alle als unfinanzierbar dargestellt wird), sondern vielmehr mit billigeren „regulativen Interventionen in privates Verhalten" reagiert (Kersh/Morone 2002a, 2002b, 2005). Gesundheit wird zunehmend als Resultat eigenen Willens zelebriert, so dass schließlich auch „Führungskapazitäten vom Staat weg auf ‚verantwortliche' und ‚rationale' Individuen" verlagert werden können (Lemke 2000: 11). Ursachen werden im „Inneren des Subjekts" und „nicht etwa in ‚äußeren Faktoren'" geortet (ebd.).

Ein überzeugender Beleg hierfür sind die gesellschaftliche Verantwortlichkeit zurückweisenden und primär die Betroffenen stigmatisierenden Kampagnen gegen Fettleibigkeit: „Immer mehr Menschen scheinen an der ihnen zugeschriebenen Aufgabe zu scheitern, schlank und schön zu sein. In immer mehr Staaten

---

[40] Die USA sind in dieser Hinsicht kein Sonderfall: Schon 2003 hat die WHO Übergewicht und Fettleibigkeit als eine der zehn wichtigsten globalen Gesundheitsprobleme klassifiziert (Kersh/Morone 2005: 844).

der Welt erregt dieses Scheitern öffentliche Besorgnis: In den USA ist die Rede von der Verfettung der Nation, die der Bedrohung durch den internationalen Terrorismus in nichts nachstehe und einen ebenso resolut geführten ‚Krieg gegen das Fett' nach sich ziehen müsse" (Hentschel 2006: 113).

Ob freilich ein magersüchtiger Staat in Zukunft noch in der Lage sein wird, den privatwirtschaftlichen Fett-Lieferanten und ihren fetten Profiten auf Kosten öffentlicher Gesundheit die Stirn zu bieten, bleibt zu bezweifeln.

Literatur

Bailey, C. (1978): Fit or Fat? Boston.
Baumann, Z. (2003): Flüchtige Moderne, Frankfurt/M.
Baumann, Z. (2005): Politischer Körper und Staatskörper in der flüssig-modernen Konsumentengesellschaft. In: Schroer, M. (Hg.), Soziologie des Körpers, Frankfurt/M., S. 189-214.
Berlin, I. (1992): Giambattista Vico und die Kulturgeschichte. In: Hardy, H. (Hg.), Isaiah Berlin. Das krumme Holz der Humanität. Kapitel der Ideengeschichte, Frankfurt/M., S. 72-96.
Blomert, R. (2003): Die Habgierigen. Firmenpiraten, Börsenmanipulation: Kapitalismus außer Kontrolle, München.
Böhme, H. (1996): Vom Cultus zur Kultur(wissenschaft). Zur historischen Semantik des Kulturbegriffs. In: Glaser, R./Luserke, M. (Hg.), Literaturwissenschaft – Kulturwissenschaft. Positionen, Themen, Perspektiven, Opladen, S. 48-68.
Bourdieu, P. (1998): Der Neoliberalismus. Eine Utopie grenzenloser Ausbeutung wird Realität. In: Ders., Gegenfeuer. Wortmeldungen im Dienste des Widerstands gegen die neoliberale Invasion, Konstanz, S. 109-118.
Bröckling, U. (2000): Totale Mobilmachung. Menschenführung im Qualitäts- und Selbstmanagement. In: Bröckling, U./Krasmannm, S./Lemke, T. (Hg.), Gouvernementalität der Gegenwart. Studien zur Ökonomisierung des Sozialen, Frankfurt/M., S. 131-167.
Eberspächer, Hans (1998): Ressource Ich. Der ökonomische Umgang mit Stress, München.
Fach, W. (2000): Staatskörperkultur. Ein Traktat über den „schlanken Staat". In: Bröckling, U./Krasmann, S./Lemke, T. (Hg.), Gouvernementalität der Gegenwart. Studien zur Ökonomisierung des Sozialen, Frankfurt/M., S. 110-130.
Food Standards Agency (2007): Restriction on TV advertising of foods to children come into force. www.food.gov.uk/news/newsarchive/2007/mar/tvads
Foucault, M. (1977): Überwachen und Strafen. Die Geburt des Gefängnisses, Frankfurt/M.
Foucault, M. (2007): Technologien des Selbst. In: Defert, D./Ewald, F. (Hg.), Ästhetik der Existenz, Frankfurt/M., 287-317.
Foucault, M.(1984): Von der Freundschaft. Berlin.

Foucault, M. (2006): Sicherheit, Territorium, Bevölkerung. Geschichte der Gouvernementalität I, Frankfurt/M., S. 41-67.
Frank, M. (2005): Ein Clown zum Frühstück. In: Süddeutsche Zeitung 12.05.2007, S. 12.
Fukuyama, F. (2002): Das Ende des Menschen, Stuttgart-München.
Gerlach, T. (2000): Denkgifte. Psychologischer Gehalt neoliberaler Wirtschaftstheorie und gesellschaftspolitischer Diskurse, Diss. Universität Bremen. http://www.kritische-psycvhologie.de/texte/tg2000a.html.
Gray, C. H. (2002): Cyborg Citizen. Politik in post-humanen Gesellschaften, Wien.
Gronemeyer, R. (1998): Die neue Lust an der Askese, Hamburg.
Hayek, F. A. (2004): Der Weg zur Knechtschaft, Tübingen.
Hentschel, C. (2006): Der Schlanke Staat und der dicke Konsument. Zur Regierung der Fettleibigkeit. In: Lamla, J./Neckel, S. (Hg.), Politisierter Konsum – konsumierte Politik, Wiesbaden, S. 113-131.
Kerchner, B. (1999): Der Körper als politische Metapher., In: Kerchner, B./ Wilde, G. (Hg.), Die Politisierung des Körpers, femina politica. Zeitschrift für feministische Politik-Wissenschaft, 8. Jg., H. 2, S. 61-79.
Kersh, R./Morone, J. A. (2002a): How the Personal Becomes Political: Prohibitions, Public Health, and Obesity. In: Studies in American Political Development, 16, Fall, S. 162-175.
Kersh, R./Morone, J. A. (2002b): The Politics Of Obesity: Seven Steps To Government Action. Despite the myths about Americans' self-reliance, the U.S. Government has a long tradition of intervening in private behaviour. In: Health Affairs, Vol. 21, No. 6, November/December, S. 142-153.
Kersh, R./Morone, J. A. (2005): Obesity, Courts, and the New Politics of Public Health. In: Journal of Health Politics, Policy and Law, Vol. 30, No. 5, October, S. 839-868.
Klein, A M. (1993): Little Big Men. Bodybuilding Subculture and Gender Construction, New York.
Kreisky, E. (2001a): Weltwirtschaft als Kampffeld: Aspekte des Zusammenspiels von Globalismus und Maskulinismus. In: ÖZP – Österreichische Zeitschrift für Politikwissenschaft, Heft 2, S. 137-160.
Kreisky, E. (2001b): Ver- und Neuformung des politischen und kulturellen Systems. Zur maskulinen Ethik des Neoliberalismus. In: Kurswechsel. Zeitschrift für gesellschafts-, wirtschafts- und umweltpolitische Alternativen, Heft 4, S. 38-50
Kreisky, E. (2002): Die maskuline Ethik des Neoliberalismus – Die neoliberale Dynamik des Maskulinismus. In: femina politica. Feministische Perspektiven in der Politikwissenschaft, Heft 2, S. 76-91.
Labisch, A. (1998): Gesundheit: Die Überwindung von Krankheit, Alter und Tod. In: Dülmen, R. v. (Hg.). Erfindung des Menschen. Schöpfungsträume und Körperbilder 1500-2000, Wien-Köln-Weimar, S. 507-536.
Lemke, T. (1997): Eine Kritik der politischen Vernunft. Foucaults Analyse der modernen Gouvernementalität, Hamburg.
Lemke, T. (2000): Neoliberalismus, Staat und Selbsttechnologien. Ein kritischer Überblick über die governmentality studies, In: Politische Vierteljahresschrift (PVS), 41. Jg., H. 1, S. 31-47 (www.thomaslemkeweb.de/engl.texte/Neoliberalismus ii.pdf).

Lemke, T./Krasmann, S./Bröckling, U. (2000): Gouvernementalität, Neo-liberalismus und Selbsttechnologien. Eine Einleitung. In: Dies., Gouvernementalität der Gegenwart. Studien zur Ökonomisierung des Sozialen, Frankfurt/M., S. 7-40.
Martin, E. (1997): The End of the Body. In: Lancaster, R. N. / Leonardo, M. (Hg.), The Gender/Sexuality Reader. Culture, History, Political Economy, New York.
Martin, E. (2002): Flexible Körper. Wissenschaft und Industrie im Zeitalter des flexiblen Kapitalismus. In: Duden, B./ Noeres, D. (Hg.), Auf den Spuren des Körpers in einer technogenen Welt, Opladen, S. 32-54.
Metzen, H. (1994): Schlankheitskur für den Staat, Frankfurt/M.
Reusch, S. (2001): Schön sein. In: der blaue reiter. Journal für Philosophie, 12, S. 4f.
Ross, A. (1994): The Chicago Gangster Theory of Life. Nature's Debt to Society, London-New York.
Scharpf, F. (1974): Politische Durchsetzbarkeit innerer Reformen, Göttingen.
Sennett, R. (1997): Fleisch und Stein. Der Körper und die Stadt in der westlichen Zivilisation, Frankfurt/M.
Stroczan, K. (2002): Der schlafende DAX oder das Behagen der Unkultur. Die Börse, der Wahn und das Begehren, Berlin.
Welsch, W. (2005): Wiederkehr der Schönheit? Bemerkungen zum aktuellen Schönheitsdiskurs. In: archithese. Zeitschrift für Architektur, Nr. 5.

Essstörungen, Körperbilder und Geschlecht

Carmen Gransee

> „Ich bin froh, dass ich kein Dicker bin, denn Dicksein ist 'ne Quälerei. ... Ich bin froh, dass ich so'n dünner Hering bin, denn dünn bedeutet frei zu sein."
> (Marius Müller-Westerhagen)

Übergewicht ist zu einem der Top-Themen auf der Hitliste der Public Health-Debatten in der Öffentlichkeit avanciert. Der Zunahme der Prävalenz von Adipositas und Übergewicht wurde dabei in den letzten Monaten verstärkte Aufmerksamkeit geschenkt: Statistischen Berechnungen zufolge steigt der Anteil adipöser Frauen und Männer von Lebensjahr zu Lebensjahr um ca. 0,5 Prozent. „Unter den 18-20jährigen Männern sind 17,6 Prozent und bei den Frauen 12,3 Prozent als übergewichtig und adipös einzustufen" (DGE: 2007).[1] Dem Eckpunktepapier der Bundesregierung zum Thema Übergewicht vom Frühsommer diesen Jahres ist zu entnehmen, dass in Deutschland ca. 53 Prozent der Frauen und 67 Prozent der Männer von Übergewicht betroffen sind (Bundes-Gesundheitssurvey 1998).[2]

Einer Äußerung des Präsidenten der Deutschen Adipositas Gesellschaft zufolge muss die „epidemiehafte Zunahme der Adipositas und ihrer Begleiterkrankungen (als) die größte Herausforderung" für dieses „Jahrtausend" gelten (zit. nach Berger/Mühlhauser 2002: 314). Dramatisierungen im Rahmen gesundheitspolitischer Kampagnen und Medieninszenierungen sind geeignet, das Sommerloch 2007 zu füllen: „Kindesmissbrauch mit Pommes", titelte die Süddeutsche Zeitung vom 12.05.07[3] – und die vorgeschlagene Maßnahmen gegen diese Art von ‚Kindesmissbrauch' bzw. gegen übergewichtige Kinder: „In der Schule muss Gesundheitskunde ein Pflichtfach werden, und alle zwei Jahre muss jedes Kind vom Schularzt untersucht werden" (ebd.).

Das Deutsche Ärzteblatt vom 25.04.07 zitiert einen Experten der Kassenärztlichen Vereinigung: „Deutschland ist eine Brutstätte der Zuckerkrankheit",

---

[1] Deutsche Gesellschaft für Ernährung: http://www.dge/modules.php?name=News&file=article&sid=727, letzter Zugriff: 23.06.07
[2] Vgl. http://www.bmelv.de/cln_045/nn_749118/DE/03-Ernaeh-rung/01-Aufklaerung/EckpunktepapierAktionsplanErnaehrung/EckpunktepapierErnaehrung.html; letzter Zugriff: 02.07.07.
[3] http://www.sueddeutsche.de/gesundheit/artikel/957/113844/

sagte der Vorstandsvorsitzende der KV, Axel Munte – fast als stünde die Pest vor den Toren.

Doch was ist dran an dem Drama mit den Dicken? Welche Stigmata werden übergewichtigen Kindern und Jugendlichen durch die „Moppel-Debatte" (taz vom 05.07.07)[4] zugemutet? Welche Botschaften stecken in diesen Medienkampagnen und welche werden gerade nicht laut ausposaunt, sondern zeitigen eher als latente Subtexte mitunter kontraproduktive Effekte? Und schließlich: Welche Rolle spielt dabei das Geschlecht? Könnte die Genderforschung dazu beitragen, den Konnex von Körperbildern und Geschlecht auch für diese aktuelle Diskussion zu erhellen?

Mein Beitrag versteht sich eher als ein Streiflicht in dieser Debatte, also als ein Diskussionsbeitrag im engeren Sinn, denn als eine ausformulierte Antwort auf die Frage, in welchem Verhältnis die aktuelle Skandalisierung von Übergewicht mit neuen/alten Normierungen von vergeschlechtlichten Idealkörpern steht. Perspektivisch interessant erscheint es mir jedoch, das bislang noch wenig ausgeleuchtete Feld der normativen Körperbilder – auch mit Blick auf Männlichkeitskonstruktionen – als einen Aspekt der Gesundheitsforschung anzudenken.

Körperbilder

Eines ist allen Positionen in der Kontroverse um die Gesundheitsrisiken von Übergewicht oder zu strenge Idealmaße gemein: Es geht immer um normative Vorstellungen von Gesundheit und Krankheit, aber auch um Vorstellungen von „normalen", leistungsstarken und wünschenswerten Körpern. Kaum eine Debatte war so geeignet wie die um Adipositas, den diskursiven Kampf um Norm-Körper als Objekt der Medizin, der Gesundheitspolitik sowie von Ernährungskampagnen derart populistisch in Szene zu setzen.

Den kulturindustriell verbreiteten Vorstellungen von Ideal-Körpermaßen und Abweichungen von diesen Idealen korrespondieren Phantasien und gesellschaftliche Wertungen über Dickleibigkeit. Den gesellschaftlich präferierten „body images" zufolge gilt – ganz im Sinne der Persiflage von Marius Müller-Westernhagen – Schlanksein als Freiheit; als frei sein von körperlichem Über-Gewicht und ‚Körper-Balast'. Dicksein gilt dagegen als Inbegriff von Unsportlichkeit, als Indiz für Maßlosigkeit im Ernährungsverhalten, als „Entgleisung des Gewichts" (vgl. wikipedia: Adipositas und auch Villa/Zimmermann in diesem Band). Aber auch im übertragenen Sinne wird das Sich-gehen-lassen als Aus-

---

[4] http://www.taz.de/index.php?id=start&art=1566&id=479&cHash=2c5464c1b7&type=98, letzter Zugriff am 13.07.07

druck von Disziplinlosigkeit und sozialem und beruflichem Misserfolg gedeutet (Berger/Mühlhauser 2002: 308): „Dicke gelten nicht mehr als gemütlich, gutmütig und humorvoll, sondern als träge, fauler, weniger unternehmungslustig und als sexuell weniger attraktiv als schlanke Menschen" (Franke 2002: 259). Übergewicht scheint mit Krankheitsrisiken, insbesondere mit Dispositionen für Herzkreislauferkrankungen, Fettstoffwechselstörungen und Diabetes (Typ-2) verbunden zu sein. Ein körper- und ernährungsbewusster Lebensstil, Gewichtsmanagement und ausreichendes Bewegungsverhalten gelten dagegen als gesundheitserhaltende Lebensweisen – wenngleich auch jüngste Studien gerade den gesundheitsfördernden Effekt von Übergewicht bei bestimmten Grunderkrankungen wie Herzinsuffizienz, Rheuma, Aids oder Krebs festgestellt haben und die Deutsche Gesellschaft für Ernährungsmedizin Menschen ab dem 65. Lebensalter zu „Murmeltierpolstern" rät (siehe taz vom 05.07.07).

Körperbilder und Geschlecht

Normative Körperbilder und Schönheitsideale betreffen beide Geschlechter – wenn auch nicht gleichermaßen. Auch wenn die Ästhetisierung von Körpern in Werbung und Kulturindustrie, in Lifestyle- wie Ratgeber-Magazinen längst den männlichen Körper erfasst hat und Trends setzt: Frauen leiden stärker unter dem Diktat von Schlankheitsnormen und Idealmaßen. „Hegemoniale Genderdiskurse propagieren das Erreichen unerreichbarer Schönheitsideale, wobei der Körper und die Körperformung die wesentlichen Repräsentationsbereiche von Weiblichkeit darstellen: Insbesondere medial konstruierte Vorbilder determinieren die selbstinszenierte Körperästhetik" (Reiss 2005: 79).

Die Körpernormierungen beziehen sich also nicht nur auf ästhetische Dimensionen, sondern prägen auch die Wahrnehmungen des eigenen Körpers, das Körpererleben sowie den Umgang mit ihm. Hegemoniale Körperbilder im Sinne medial verbreiteter Schlankheitsideale können Beeinträchtigungen des Selbstwertgefühls sowie psychische Belastungen bis hin zu Essstörungen zur Folge haben: „Komplexe Untersuchungen bestätigen die besondere Abhängigkeit der Selbstzufriedenheit der Frauen mit ihrem Körperaussehen und führen zu einem zunehmenden Auseinanderklaffen zwischen dem Wunschbild von ihrem Körper und den tatsächlichen Körpermaßen. (...) In der Tat haben Essstörungen in den letzten zwanzig Jahren bei Frauen erheblich an Häufigkeit und Intensität zugenommen. Dazu gehören die Anorexia nervosa,[5] Binge-eating Disorders[6] sowie

---

[5] Eine Essstörung, von der meist junge Frauen (Risikogruppe 15 –35 Jährige) betroffen sind, und bei der ein Gewichtsverlust meist über ein selbst induziertes Erbrechen und den Gebrauch von Appetitzüglern herzustellen versucht wird.

Night-eating Syndrome. Inwieweit letztere Störungen kausal mit der Adipositas verbunden sind, bleibt offen. Gemeinsam mögen diese Essstörungen aber ursächlich auf eine Diskrepanz zwischen der Wunschvorstellung vom individuellen relativen Körpergewicht und den tatsächlichen Körpermaßen zurückzuführen sein. In diesem Sinne ist auch die ausgesprochene Rarität zu deuten, mit der diese Essstörungen bei Männern auftreten." (Berger/Mühlhauser 2002: 316f).[7]

Als ein Merkmal für Dickleibigkeit gilt – neben dem Körpergewicht und dem Fettverteilungsmuster – der Bauchumfang: „Ein erhöhtes Risiko liegt für Frauen ab 88 cm vor, bei Männern beginnt der Risikobereich ab 102 cm" (wikipedia: Adipositas). Auch wenn aktuell selbst der gemeinhin anerkannte Body-Mass-Index (BMI)[8] als Risiko-Index kontrovers diskutiert wird (siehe taz vom 05.07.07): Normmaße fungieren als Richtschnüre, die die Geschlechter nach zweierlei Maß messen.[9]

Bereits bei den normativ geleiteten „body images" treten enorme Unterschiede zwischen den Geschlechtern auf: „Mit großer Konsistenz und über ethnische und Altersgrenzen hinweg ergaben sich bei Frauen negativere Selbsteinschätzungen ihrer körperlichen Attraktivität und ihres Body Image als bei Männern. Studien, die mit vergleichender Methodik über die letzten vier Jahrzehnte durchgeführt worden sind, haben einen starken Trend dahingehend gezeigt, dass der Anteil der Frauen mit negativer Beurteilung ihrer körperlichen Attraktivität und ihres Body Image deutlich zugenommen hat. Dies wird auf den zunehmenden gesellschaftlichen Druck, Schlankheit als einen wesentlichen Ausdruck sozialer Attraktivität und als eine wesentliche Grundlage für den Erfolg im beruflichen und privaten Leben zu werten, angesehen" (Berger/Mühlhauser 2002: 316).

Michael Berger und Ingrid Mühlhauser ziehen daraus den Schluss, dass von einer bedenkenswerten Paradoxie auszugehen sei: Die durch Übergewicht vermeintlich verursachten Gesundheitsrisiken bei Frauen stehen in keinem Verhältnis zu den psychosozialen Beeinträchtigungen durch propagierte Schlankheitsideale: Adipöse Frauen sind stärker durch „medizinisch ungerechtfertigte (…) Einschränkungen von Selbstwertgefühl und Lebensqualität und diätische, medikamentöse und chirurgische Behandlungsnebenwirkungen und -risiken gefährdet" (ebd.: 320):

---

[6] Symptomatisch für diese Essstörung sind Essanfälle innerhalb kurzer Zeiträume, bei denen große Nahrungsmengen zu sich genommen werden.
[7] Vgl. dazu auch Kiefer/Rathmann: „Ihr ausgeprägtes Streben nach dem Schlankheitsideal macht junge Frauen zur Hauptrisikogruppe für Essstörungen." (2004: 173)
[8] Dabei wird das Körpergewicht durch das Quadrat der Körpergröße in Meter dividiert.
[9] Wobei diese unterschiedlichen Werte auch auf geschlechtsspezifische Unterschieden in der Fettverteilung und entsprechende Risiken von Folgeerkrankungen zurückzuführen sind (Kiefer/Rathmann 2004: 177).

Ihr Plädoyer fällt angesichts der aktuellen Medien-Dramatisierungen nüchtern aus: Die „kommerziell motivierten übertriebenen Darstellungen von gesundheitlichen Risiken der Adipositas sowie der Schein einer rationalen Grundlage für das allenthalben gesellschaftlich propagierte Schlankheitsideal insbesondere für die weibliche Bevölkerung sollten evidenzbasierten Vorgehensweisen weichen" (ebd.).

Essstörungen und Geschlecht

Bereits aus der psychologisch orientierten Jugendforschung ist der Konnex von vergeschlechtlichten Körpernormierungen und Essstörungen bekannt, von denen in erster Linie junge Frauen in der Adoleszenzphase betroffen sind. Das ist kein Zufall, stellt doch die Adoleszenz die Lebenspassage dar, in der Entwürfe von Weiblichkeit eng an Körperbedeutungen geknüpft sind und sich die psychosexuelle Entwicklung in Korrespondenz zu bzw. in Abgrenzung von kulturellen Geschlechtsrollen und traditionellen normativen Codierungen von Weiblichkeit vollzieht (Flaake/King 1992).

„Der Körper repräsentiert die adoleszente Metamorphose im psychophysischen und psycho-sozialen Umwandlungsprozess, gerade weil er zugleich der materielle und damit unumstößlicher Träger der Verwandlung ist. Der Körper ist von daher als ein ‚Austragungsort adoleszenter Konflikte' (King) prädestiniert – ein Umstand, der in verschiedenen adoleszenztypischen Symptomatiken (z.B. Essstörungen) (...) zum Ausdruck kommen kann" (King 2002: 41, Fußnote 21).

Knapp 30 Prozent der sieben- bis dreizehnjährigen Mädchen finden sich zu dick (vgl. Kiefer/Rathmann 2004: 179). Die krisenerfüllte Zeit der Übergänge vom Stadium der Kindheit ins Erwachsenenleben, vom Mädchen zur jungen Frau kann dementsprechend Verunsicherungen im Körpererleben auslösen. Psychische und soziale Reifungsprozesse und Autonomiebestrebungen können von regressiven Schüben begleitet werden, in denen irritierende Körperentwicklungen über Gewichtsverlust aufzuhalten versucht werden. Die Verweigerung sozialer Rollenzumutungen (wie Anpassungsfähigkeit und Dasein für andere), die auch heute noch mit „Weiblichkeit" verknüpft werden, kann zu ‚schiefheilenden' Essstörungen in der Pubertät führen, indem Kontrolle und Macht über den eigenen Körper inszeniert wird (vgl. Franke 2002: 370f).

Begehren und Begehrtwerden können als Entdeckungsreisen mit dem eigenen Körper erfahren werden; mit dem kontrollierenden Blick von außen, kann der Körper aber auch als „Abweichung" von normativ gesetzten Standards erlebt werden:[10] „Viele junge Frauen erleben ihren Körper primär fremdbestimmt und entwickeln ein negatives und einseitiges Verhältnis zu ihrem Körper, wenn ihr Aussehen, ihr Körper und ihre Sexualität aus männlich-hegemonialer Perspektive normiert und taxiert, durch Funktionalisierung und Abwertung sexualisiert oder als Objekt männlicher Machtdemonstrationen benutzt wird (...) Neben Kleidung sind nunmehr Diäten, Fitness, Styling, Schönheitsoperationen inzwischen gesellschaftlich akzeptierte Handlungsweisen, den Ideal-Körper herzustellen. Dieser ‚Körperkult' stützt wiederum die Binarität Ideal/Verwerfung, Schönheit/Hässlichkeit, Gesundheit/Krankheit, gesunde Ernährung/Anorexie etc." (Reiss 2005: 79; vgl. auch King 2002: 159ff.).

Jenseits dieser Binarität von attraktiv und hässlich, perfekt und verworfen, schlank und dick scheint es kaum Zwischenräume für alternative Körperbilder zu geben: „Der perfekte Körper wird als Abbild medialer Gender-Konstruktionen am eigenen Leib nachgeahmt" (Reiss 2005: 80).

Vorläufiges Fazit oder ein Gedanke am Rande der aktuellen Debatte

Würde der Fokus auf vergeschlechtlichte Körpernormierungen gelegt und würden etwa Anorexia nervosa und Adipositas als zwei Seiten derselben Medaille bzw. als Endpunkte eines Kontinuums normierter Körperbilder aufgefasst werden, dann wäre weniger populistische Aufgeregtheit und stattdessen mehr Bedacht auf „unerwünschte Nebenfolgen" in der aktuellen „Moppel-Debatte" angebracht. Normative Körperbilder, die kulturindustrielle Körpervorstellungen als Idealmaß propagieren, sollten in der gesundheitswissenschaftlichen Diskussion kritisch reflektiert und nicht unkritisch übernommen werden. Körpergewicht ist in Relation zum Gesamtbefinden einer Person – ihren Lebensumständen, ihrem Körpererleben, der Balance des in der Welt verankert zu sein – zwar auch gesundheitswissenschaftlich in Augenschein zu nehmen. Gesundheitspolitische Kampagnen, die das Ziel verfolgen, über die gesundheitlichen Risiken von ungesunder Ernährung und zu wenig Bewegung im Freizeitverhalten – auch und gerade bei Kindern und Jugendlichen – aufzuklären, sollten aber sensibel sein für unerwünschte Effekte. Eine pauschale Stigmatisierung von Übergewichtigen kann in eine unbeabsichtigte Gegentendenz weisen, nämlich in eine tendenzielle Verstetigung von Schlankheitsidealen, die beispielsweise für junge Frauen, aber auch für junge Männer in der Adoleszenz in psycho-somatischer Hinsicht problematisch sein kann.

---

[10] Vgl. dazu auch Flaake: Es kann u.U. „die vermutete Einschätzung anderer des Aussehens wichtiger sein als das eigene Selbstgefühl. Der Körper wird dann wahrgenommen mit dem phantasierten Blick des anderen Geschlechts, bevor es ein eigenes positives Gefühl für ihn gibt." (Flaake 2001: 114)

Vor diesem Hintergrund wäre die aktuelle Debatte geeignet, das analytische Instrumentarium der Genderforschung auch für die Gesundheitswissenschaften noch stärker zur Geltung zu bringen, als es bislang der Fall ist. Dabei könnte der in der Genderforschung bereits vielfach untersuchte Konnex von normativen Körperbildern und Weiblichkeitskonstruktionen näher in Betracht gezogen und für die bislang noch wenig eingenommene Perspektive auf normative Männlichkeitsvorstellungen, Körperbilder und Essstörungen neu problematisiert werden. Forschungsbedarf besteht in jedem Fall: „Magersucht wird bei jungen Männern meistens viel zu spät erkannt. Viele Mediziner stellen Magersucht oder Bulimie bei Jungen zu spät fest, Gewichtsabnahme wird mit Wachstumsschüben erklärt. Auch Betroffene schieben die Suche nach Hilfe selbst hinaus, weil ihnen die ‚Mädchenkrankheit' peinlich ist."[11] Auch Adipositas sollte mit Blick auf männliche Körperbilder und hegemoniale Normierungen von Körperlichkeit neu betrachtet werden. Denn eines scheint gewiss: Die Themen Männergesundheitsforschung, geschlechtersensible Präventions- und Gesundheitsförderungskonzepte dürften in Zukunft ganz oben auf der gesundheitspolitischen Agenda stehen – jenseits von Sommerloch-Debatten.

Literatur

Berger, M./Mühlhauser, I. (2002): Diabetes und Übergewicht bei Männern und Frauen. In: Hurrelmann, K./Kolip, P. (2002): Geschlecht, Gesundheit und Krankheit. Männer und Frauen im Vergleich. Bern/Göttingen/Toronto/Seattle, S. 308-321.

Flaake, K. (2001). Körper, Sexualität und Geschlecht. Studien zur Adoleszenz junger Frauen. Gießen

Flaake, K./King, V. (1992): Psychosexuelle Entwicklung, Lebenssituation und Lebensentwürfe junger Frauen. In: Dies.: Weibliche Sozialisation. Frankfurt/Main/New York, S. 11 – 39.

Franke, A. (2002): Essstörungen bei Männern und Frauen. In: Hurrelmann, K./Kolip, P. (2002): Geschlecht, Gesundheit und Krankheit. Männer und Frauen im Vergleich. Bern/Göttingen/Toronto/Seattle, S. 359 – 374.

Kiefer, I./ Rathmann, T. (2004): Ernährungsberatung, Gewichtsreduktion und Essstörungen. In: Rieder, A./ Lohff, B. (Hrsg.): Gender Medizin. Geschlechtsspezifische Aspekte für die klinische Praxis. Wien/New York, S. 173 – 187.

King, V. (2002): Die Entstehung des Neuen in der Adoleszenz. Individuation, Generativität und Geschlecht in modernisierten Gesellschaften. Opladen.

Kolip, P. (2004): Der Einfluss von Geschlecht und sozialer Lage auf Ernährung und Übergewicht im Kindesalter. In: Bundesgesundheitsblatt – Gesundheitsforschung – Gesundheitsschutz, vol 47, no 3

---

[11] Quelle: http://www.aerztlichepraxis.de/rw_4_Archiv_HoleArtikel_394592_Artikel.html

Reiss, K. (2005): Körpermodellierungen – Junge Frauen und ihre Körper. In: Zeitschrift für Frauenforschung und Geschlechterstudien, 23. Jg., Heft 4/2005, S. 78 – 85

Fitte Frauen – Dicke Monster? Empirische Exploration zu einem Diskurs von Gewicht

Paula-Irene Villa & Katherina Zimmermann

Dass Körper und Politik eng zusammenhängen, einander alles andere als äußerlich sind, darauf hat nicht erst die zweite Frauenbewegung hingewiesen. So resümiert Barbara Duden (2004: 505) in der Rückschau zwar: „Fast alle Forderungen der Frauenbewegung konzentrierten sich auf Körperliches", doch hat diese Körperkonzentration keineswegs mit der „Erfindung" eines politischen Körpers durch Feministinnen zu tun. Vielmehr haben diese auf die seit jeher bestehende soziale, geradezu politische Dimension des scheinbar universalen, objektiven, neutralen, natürlichen, faktischen oder gar vorsozialen (Frauen-)Körpers hingewiesen. Inzwischen wissen wir, dass die Annahme eines natürlichen oder objektiven Körpers selbst eine soziale und auch politische Konstruktion darstellt (vgl. Lorenz 2000; Villa 2006) und dass das derzeit wieder beliebte Leugnen der wechselseitigen Bedingtheit von Natur und Kultur in Bezug auf die Geschlechterdifferenz und ihre Verkörperungen ein hochgradig politischer Akt ist. Michel Foucault hatte ebenfalls in den 1970er und 1980er Jahren auf den (gerade in den linken Neuen Sozialen Bewegungen) populären ideologischen Irrglauben hingewiesen, dass der Körper eine Art natürliches Residuum in Abgrenzung zum herrschaftsförmigen Sozialen bilde. Im Gegenteil, so Foucault, bildet der Körper insbesondere in der szientistischen Moderne mit ihrem Glauben an Statistiken, Idealtypen und kategorialen wie messbaren Ordnungen ein besonders wirksames Feld sozialer Macht und Herrschaft (vgl. z.B. Foucault 1977). Der Körper ist der zentrale Ort, an dem sich das Politische materialisiert, der Ort, an dem soziale, politische und kulturelle Verhältnisse den Menschen unter die Haut gehen. Hieran anknüpfend haben eine Vielzahl interdisziplinärer Studien herausgearbeitet, in welch komplexer Weise der Körper einen bevorzugten Ort und Modus des Sozialen bildet. Ob und wie wir Kinder bekommen, was uns schmeckt oder nicht, was wir als schön, angemessen, ekelhaft oder begehrenswert empfinden, was als krank oder als gesund gilt, welche Gesten wir wann und wofür verwenden, wofür wir uns heimlich schämen und worüber wir uns öffentlich freuen – all dies und sehr viel mehr sind hochgradig politische körpergebundene Phänomene und sie sind zugleich hoch-subjektiv im Sinne authentischer, aufrichtig empfundener Erfahrungen.

Was die Grenzziehung zwischen einem „natürlichen" Körper und den „(sozial) gemachten" Veränderungen dieses Körpers so brisant macht, ist die alltagsweltliche Annahme, der natürliche Körper sei der eigentliche, der normale, der anzustrebende, der ursprüngliche und damit der richtige Körper. Das Soziale gilt in einer solchen Wahrnehmung als Verformung und Entfremdung; als falsche, weil uneigentliche Veränderung eines eigentlichen (Körper)Seins. Historisch betrachtet, sind es in Europa seit dem 18. Jahrhundert immer wieder Frauen und ihre Körper, die die (sozialen Konstruktionen von) Natur gewissermaßen zu verkörpern hatten – und mit ihren Körpern gegen die Naturalisierung ihrer Fähigkeiten und Chancen Widerstand übten. Auch die derzeitigen öffentlichen Thematisierungen des Körpergewichts spiegeln die kulturelle Dichotomie „sozial vs. natürlich" in augenfälliger Weise wieder: Da wird Übergewicht – an sich schon eine verräterisch einschlägige Formulierung, geht das „Über"- im Wort doch schon davon aus, dass ein „weniger" die (natürliche) Norm sei – zur „Zivilisationskrankheit", zum Wohlstandsübel, zum Problem einer spezifischen Sozialität. Und auch hierbei dienen Frauen und ihre Körper als Exempel. Implizit schwingt in zeitgenössischen Gewichtsdiskursen immer mit, dass es ein ideales Gewicht gäbe – den „idealen BMI" z.B. –, welches den Reichen ebenso wie den Armen in den Wohlstandsländern abhanden gekommen sei. Dick sein sei demnach die Folge von „fast food" (der bildungsbürgerlichen Chiffre für anomische Sozialität schlechthin), vom Verlust der eigentlichen Familie und ihrer Küchentisch-Idylle (d.h. letztendlich dem Verlust der fürsorglichen Hausfrau), von über das gesunde Maß hinaus schießender Arbeitsrationalität (wenn auch die Mütter arbeiten und deshalb die ganze Familie auf „schlechtes" Essen ausweichen muss), von mangelnder Bewegung (Schreibtisch- und Computertätigkeiten als Antithese zum „natürlichen" Jagen und Ernten), von Unkenntnis des eigenen Körpers usw. Kurz: Dick ist, wer an den Auswüchsen der Zivilisation leidet, zu denen eben auch gehört, dass Frauen ihren natürlichen Platz als moralische Instanz innerhalb der Familie verlassen. Das heißt nicht, dass Männer sich dem derzeit intensivierenden Zugriff medizinischer, moralischer und politischer Diskurse entziehen könnten, die den Körper derzeit auf das „richtige" Maß bringen wollen. Doch sind es immer wieder Frauen(-körper), die vor allem in den Medien inszeniert werden, um dies exemplarisch zu zeigen. Wir erleben derzeit einen regelrechten Boom medialer Ereignisse rund um den Frauenkörper und sein Gewicht: Super-Models und Celebrity-Frauen werden von allen Medien minutiös und auf's Gramm genau beobachtet und bewertet, plastische Chirurgie an Frauenkörpern wird als unterhaltende Fernseh-Doku-Soap inszeniert (vgl. Villa 2007), Diätbemühungen einzelner Frauen oder ganzer Cliquen sind seit

Jahren ein Dauerbrenner im Fernsehen, mehr oder weniger bekannte Frauen schreiben (Anti-)Diätbücher usw.

Das auch medial inszenierte Exempel des Frauenkörpers und seine politische Mäßigung ist nicht neu – man denke an das Korsett, an den Büstenhalter, an abgebundene Füße usw. –, aber es ist doch und in besonderer Weise aktuell. Dazu kommt, dass die klinisch erhobenen Zahlen über (junge) Frauen, die an ihren Körpern massiv leiden, stetig zunehmen und mit immer drastischeren Konsequenzen verbunden sind. So formuliert die Anthropologin Fanny Ambjörnsson in ihrer Studie über weibliche Teenager: „Virtually every single girl I met, no matter how svelte, no matter how popular, no matter how pretty, expressed dissatisfaction with her body" (Ambjörnsson 2005: 112), und sie führt weiter aus, dass dies kein Wunder sei, insofern weibliche Teenager andauernd mit Medienkörpern konfrontiert seien, die ca. 23% weniger wögen als die „Durchschnittsfrau". Noch eine Generation zuvor habe diese Differenz lediglich 8% betragen.

Über solche Zahlen und Maße, über ihren Sinn und Unsinn lässt sich streiten, und wir möchten mit unserem Text einen Beitrag eben dazu leisten. Dass aber Zahlen und Maße in Bezug auf den politischen Körper eine immense Rolle spielen, das dürfte außer Zweifel stehen. Gerade beim Thema „dicke Körper" dreht sich, so unsere These, genau genommen alles um Zahlen, um Statistik und Messwerte, jedenfalls in unserer Gegenwart. Denn das magische Zeichen für Normalität und damit für Gesundheit, Anerkennung, Leistungsfähigkeit und Wohlbefinden ist das richtige Maß: Der „gesunde" BMI, das richtige Quantum Körperfett, die normale Kurve. Wir möchten im Folgenden anhand der diskursanalytischen Auswertung verschiedener medialer Diskurskondensationen (Internetportal, Zeitschrift) zeigen, wie sich Zahlen und Maße rund um das Körpergewicht als spezifisch moderner Modus der Normalitätsgenerierung tief in die Individualität und Subjektförmigkeit von Menschen einschreiben. Im Sinne des zuvor ausgeführten sind es allesamt Diskursexempel, die auf Frauen(-körper) gemünzt sind – allerdings ohne dass dies explizit reflektiert würde. Es wird sich zeigen, wie und inwiefern Frauenkörper als Verkörperungen der schwierigen Gratwanderung auf den zuvor genannten Grenzen konturiert sind. Uns interessiert, über diesen trivialen und doch weiterhin immens wichtigen, weil sozial sehr wirkmächtigen Zusammenhang hinaus, wie sich die Furcht vor dem Fett unter unseren Augen in einen neuen Diskurs über monströse, anormale Menschen verwandelt. „Die ‚natürliche' Abweichung von der ‚Natur'" (Foucault 2002: 1025) steht in den Diskursen, die wir betrachtet haben, für eine Angst, aus dem Bereich des sozial intelligiblen heraus zu fallen. Um dies zu erläutern werden wir in einem ersten Schritt die historisch je spezifischen Semantiken des „Monströsen" herausarbeiten, die stets zugleich als die Kehrseite des modernen Phänomens der „Normalität" „mit-"konstituiert werden. Anschließend folgt ein exemplarischer Ausschnitt aus der diskursanalytischen Empirie, welcher insbesondere den ideologischen Kampfschauplatz um Normalität und Monstrosität ins Visier nimmt. Ein kurzes Fazit rundet den Beitrag ab.

Maß(losigkeit) – von sozialer Normalität und Monstrosität

Etymologisch leitet sich der Begriff „Monster" ursprünglich vom Lateinischen „monstrare" für „zeigen" und von „monere" für „mahnen, warnen" ab (http://de. wikipedia.org/wiki/Monster). Präzisierend findet sich in dem Bande „Dämonen, Monster, Fabelwesen" zu dem Stichwort „Monster" Folgendes:

> „Monstren oder Monster: Menschliche und übernatürliche Wesen mit scheußlichen Fehlbildungen oder Wachstumsanomalien. Monster treten als Ungeheuer auf, deren Aussehen und Verhalten bedrohlich sind." (Müller/Wunderlich 1999: 673)

Zieht man die Merkmale der etymologischen Herleitung und der enzyklopädischen Definition zusammen, so liegt der Sinn der Bezeichnung „monströs" in der Markierung einer *entstellenden visuellen Abweichung* vom Gewohnten oder Erwarteten, was infolgedessen als *das zu Vermeidende bewertet* ist. Als deutsches Synonym steht der Begriff des „Ungeheuers", welches alles Sichere, Schützende und vor allem Vertraute missen lässt (Wunderlich 1999: 24f.). Das Phänomen des Monströsen markiert demnach eine *entstellende visuelle Abweichung* vom Gewohnten oder Erwarteten, welche von der Umwelt als *das zu Vermeidende* bewertet wird.

Historisch lassen sich zwei Kategorien unterscheiden, nämlich die *fabulösen* und die *natürlichen Monster*: Erstere umfassen von der menschlichen Phantasie ersonnene Wesen aus der Mythologie oder Fabelwelt, deren körperliche „Missgestaltungen" häufig mit charakterlichen Eigenschaften wie Bosheit, Gier, Gewalttätigkeit o.ä. korrespondieren. Ihre körperlichen Auffälligkeiten dienen dabei als visuelle Repräsentation einer charakterlichen oder moralischen Auffälligkeit: Sie sehen abnorm aus, insofern sie sozialen Normen nicht entsprechen. Und umgekehrt: Insofern sie abnorm aussehen, wird ihnen soziale Auffälligkeit unterstellt. Von der Antike bis ins Christentum dienten diese Fabelmonster als komplexe Symbole zur Übermittlung religiöser und mythischer Inhalte, die den Menschen moralische Normen für ihren sozialen und ethischen Umgang vermitteln sollten (ders.: 23ff.). Ein Beispiel unter diesen zahllosen Mythen- und Sagengestalten ist der „Nachtbock", eine ziegenbockähnliche Tiergestalt, mit deren nächtlichem Besuch ungehorsamen Kindern gedroht wird (http://de.wikipedia. org/wiki/Kinderschreckfigur).

Hinter letzteren, den *natürlichen Monstern*, verbergen sich in der Natur tatsächlich beobachtete körperliche, als „Fehlbildungen" beurteilte Abweichungen von Mensch (oder auch Tier), die bereits in der Antike zu medizinischen Theorien über ihre Entstehung während der Schwangerschaft inspirierten (ders.: 25). Hierzu herrschte lange Zeit der Aberglaube an magische Ursachen für die so genannten „Missbildungen" vor; dieser verlor sich dann im Zuge der voranschreitenden Aufklärung, mit dem der naturalisierende, wissenschaftlichforschende Blick auf „Missbildungen" der Physis die Oberhand gewann. Während des 17. und 18. Jahrhunderts brachte diese Entwicklung die Wanderkabinette hervor, in denen sowohl in alkoholischen Lösungen konservierte Präparate als auch lebendige „missgebildete" Wesen gegen Eintrittsgeld bestaunt werden konnten. Die Einnahmen aus dem Eintrittsgeld finanzierten den Betreibern dieser Kabinette die Möglichkeit der anatomischen Erforschung dieser Kreaturen – jedes für sich ein „Monstrum humanum rarissimum" (Hagner 2003: 44). Allerdings ist davon auszugehen, dass neben dem naturwissenschaftlichen Interesse ein profundes monetäres Interesse in Vordergrund stand, nämlich aus den abweichenden, als sensationell empfundenen Gestalten der „Ungeheuer" Profit zu schlagen.

Um die Wende vom 19. ins 20. Jahrhundert mündete die Kombination von öffentlicher Zurschaustellung und naturwissenschaftlicher Forschung in der „Logik der Freakshows", wie Macho sie nennt (http://www.culture.hu-berlin.de/tm/?node=77;hl=monstren): Hier wurden einerseits z.B. Zwerge, Frauen mit Bärten oder Hermaphroditen zur öffentlichen Erbauung „ausgestellt", andererseits verfolgten die „Freakshows" aber auch ein regelrechtes Züchtungsinteresse, indem sie mit der Lebensfähigkeit von Tier-Mensch-Hybriden experimentierten: „Das eigentliche Phantasma der Freakshow ist das Phantasma der Züchtung, der artifiziellen Produktion der gesuchten 'Monstren'", (ders.). Die „Logik der Freakshows" zeigt aber auch, wie sehr die An-Erkennung von „Monstrositäten" an die An-Erkennung von „Normalität" gebunden ist. Ohne ein implizites Wissen um das normale Maß der Dinge und vor allem der Menschen – wie diffus, komplex, in sich widersprüchlich und prozedural dieses Wissen auch immer ist – ist die Wahrnehmung von Anatomien und Physiognomien als derart anders nicht möglich. Damit eine visuelle Erscheinung als das Außen des Normal-Menschlichen erscheint, muss das Normal-Menschliche eben erkannt werden:

> „Die Erscheinung des Regelwidrigen setzt schlicht die implizite Geltung eines Regelsystems voraus; die Offenbarung des Außergewöhnlichen basiert auf einem kollektiven Einverständnis über das Gewöhnliche; […]. Vermutlich wurden die Monstren erst als Monstren, als Zeichen des Wunderbaren oder Grauenhaften, registriert,

nachdem eine Idee von Normalität, eine ideale Typologie des üblichen Aussehens, verbindliche Geltung erlangt hatte" (Macho 1998: 32).

Wie Thomas Macho hier formuliert, impliziert die Wahrnehmung von Körpern und Erscheinungen als monströs ein spezifisches Normalisierungsregime. Denn nicht jede Variation, nicht jede ‚Besonderung' ist gleich eine furchterregende-faszinierende Monstrosität. Vielmehr geht mit der Konstruktion des Monströsen die konstitutive Unterstellung einher, dass diese nicht-(mehr)-menschlich seien. Dass sich also Körper auf der diskreten Achse der als normal geltenden Variationen zu weit weg von der idealtypischen Norm bewegen, das macht sie zu Monstern. Sie sind, so zeigen auch die vielen Gestalten und Metamorphosen des Monströsen, keinesfalls das radikal Andere der Normalität. Monster sind vielmehr groteske Maßlosigkeiten dessen, was in Maßen als normal gilt. Ein paar Härchen am Kinn bei Frauen sind „normal", ein Vollbart eben nicht. Ein paar Kilos „zuviel" bei einer jungen Frau sind menschlich – 200 kg Körpergewicht sind monströs. Die Platzierung von Monstren auf einer diskreten Kontinuitätsskala, die zudem von niemandem außer den Menschen in ihrem diskursiven Tun selbst geeicht wird, macht sie demnach auch so schaurig-faszinierend. Sie verkörpern die Maßlosigkeit des Normalen, und damit verkörpern sie auch das, was wir alle sein/werden könnten, wenn wir uns nicht maßregeln.[1]

Den Zeitpunkt, an dem (zugleich aber auch die Ursache dafür, dass) der Mensch zum (Normalitäts-)Maß für seinesgleichen gerät, verortet Macho in der „neolithischen Revolution", dem Übergang von der tribalen, nomadischen Gesellschaftsordnung zur Urbanisierung (Macho 1998: 35). Mit der Verstädterung war es nicht mehr möglich, lediglich mittels persönlicher Bekanntschaft um die Zugehörigkeit eines Menschen zur eigenen Gruppe zu wissen. Es mussten neue, zusätzliche Kriterien wie z.B. Abstammung oder Aussehen gefunden werden, um Abgrenzungen zwischen Freund und Feind zu ermöglichen. In diesen Kontext, so Macho, ist die Geburtsstunde des Monströsen einzuordnen, weil anders das

---

[1] Ein populärkulturelles Beispiel für die ständige Gefahr, die eigene Fähigkeit zur Selbstkontrolle zu verlieren und dadurch zum Monster zu werden, repräsentiert die Figur „The Incredible Hulk" aus den Marvel-Comics (vgl. Kirby/Lee 1962): In Folge eines fehlgeschlagenen Experiments verwandelt sich der Nuklearphysiker Dr. Bruce Banner zeitweilig in das kolossale, grünhäutige Monster „Hulk". Ausgelöst wird die Transformation zum Monster „Hulk", wenn der Mensch Banner in einen Zustand emotionaler Gereiztheit gerät. In solch einem Zustand beherrschen ihn seine Emotionen – er kann sich dann nicht beherrschen. Das Motiv des „beherrscht-werden" – sei es durch eine innere oder eine äußere Natur – ist auch in den Werwolf-Sagen oder den Vampirmythen zentral. Dabei verweist die Transformation des menschlichen Subjekts in ein nicht-mehr- oder nicht-mehr-ganz menschliches Wesen, in ein Monster also, immer auf einen Mangel an zivilisatorischer Kontrollkompetenz seitens des Subjekts. Wenn der moderne Mensch die Kontrolle über sich und seine Umwelt verliert, so der semantische Kern dieser Mythen und Geschichten, dann verliert er auch das menschliche schlechthin und wird wortwörtlich zum „Tier".

Phänomen deformierter Gestalten, deren Eltern aber doch eindeutig zur Stadtgemeinde gehörten, nicht erklärbar war (ders.: 35f.). Machos Verständnis nach verwirrten die missgestalteten Kreaturen die gewohnten Zugehörigkeitsordnungen und absorbierten deshalb sämtliche Aufmerksamkeit in der Begegnung mit ihnen (ders.: 36).

Zum Begriff der Monstrosität gehört sein „strukturales Double" (Macho 1998: 34), die Normalität. Der Begriff der *Normalität* ist ständig in aller Munde, ohne ihn würden die meisten alltagsweltlichen Argumentationen kollabieren, allerdings bleibt er trotz seines „ganz normalen" Gebrauchs merkwürdig unreflektiert – was auch Jürgen Link als augenfällige Erscheinung konstatiert (Link 1999: 15). Doch ermöglicht u.E. diese Diffusität auch eine außergewöhnlich flexible und breite semantische Anschlussfähigkeit und damit einhergehend den außerordentlich vielseitigen Gebrauch des Begriffs der Normalität. Grundsätzlich bezeichnet Normalität im Alltagsverständnis gewissermaßen den sicheren Raum, in dem Menschen sich bewegen und dessen Außen selten Gutes verheißt. Wenn etwas „normal" ist, ist „alles in Ordnung". Und wenn „alles in Ordnung ist", dann beschreibt diese Aussage den Zustand der subjektiven Wahrnehmung einer reibungslos funktionierenden Realität. Zudem ist Normalität ein Phänotyp sozialer Ordnung. Der Zusammenhang von „normal" und „in Ordnung" ist eben kein bloßes Sprachspiel. Vielmehr deutet sich in der Deckung beider alltagsweltlichen Begriffe die verobjektivierte Seite von Normalität an: **Normalität als funktionierende soziale Ordnung.** Nur im Rahmen sozialer Ordnung (als Gegensatz zur Anomie etwa im Durkheimschen Sinne oder zur Krise, zur Desintegration oder Revolution) haben die Dinge ihren ordentlichen Platz. Zum Zweck der Herstellung dieser Ordnung werden durch Normalisierungsmechanismen die heterogenen sozialen Wirklichkeiten einer modernen Gesellschaft mittels einer allgemeingültigen Matrix in stabile Ordnungsmuster transformiert (Bublitz 2003: 151).

Hierfür bedienen sich die Mitglieder moderner Gesellschaften Techniken der Standardisierung und Quantifizierung sowie Normierungs- und Skalierungsverfahren. Über die Be- und Verarbeitung statistischer Werte und über die Sichtung von Streuungen werden dabei allgemeingültige Normen zur Strukturierung des sozialen Ordnungssystems *ex post* abgeleitet, anhand derer wiederum die Abweichungen vom Normalen abgelesen werden können. Die aus dieser Methode resultierenden Normen verfügen über eine gewisse Dynamik, da sie als rein deskriptive Momente einer gewissen Flexibilität unterworfen sind – so erfordert z.B. eine weitere Erhebung auf Grund neuer Resultate unter Umständen eine Re-Definition der Norm. Doch ermöglichen die quantitativen Erhebungen grundsätzlich die Aufrichtung einer dynamischen Norm, einer Art „Gesamtregel", und damit die Markierung von Grenzen, ab wann ein Individuum als „abweichend" gilt (dies.: 152) und folglich korrektiven, normalisierenden Maßnahmen wie einer medizinischen Therapie zu unterwerfen ist. Diese Gesamtregel bildet einen Vergleichsraum, in dem die Individuen schließlich differenziert und hierarchisiert ihren Platz zugewiesen bekommen. An diese bewertende Platzzuweisung ist für das Individuum die Zumutung zur Konformität gekoppelt: Um nicht aus der Norm zu fallen und damit ins Abseits des Anormalen zu geraten, muss der eigene soziale Platz verkörpert und unter der schützenden Haube der Gaußschen Normalverteilung behalten werden. Auf diese Weise erwirkt Konformität die Homogenisierung und damit die *Normalisierung* des Gesamtfeldes (dies.: 152): Die Macht der – hier: deskriptiven – Norm kommt zum Durchbruch (Foucault 1994: 237).

Anhand dieses Grundprinzips der Normalisierung (aus den heterogenen Elementen sozialer Wirklichkeiten eine verobjektivierte sowie dynamische Ordnungsmatrix auf Basis deskriptiver Normen zu erzeugen) lässt sich die Normalisierung als spezifisch *moderner* Mechanismus identifizieren. Laut Link gelten nach Foucault für die Entstehung des modernen Normalitätsbegriffs die Medizin, die Industrie und das Militär als ursächlich: Die Medizin ersetzte im 18. Jahrhundert das vormoderne Verständnis von Gesundheit durch die neue „Normalität" des Körpers, die quergekoppelt war an die Fähigkeit zu militärischen Dressurleistungen und Normierungen industrieller Art, z.B. gesteigerte Akkorde (Link 1999: 136). Die 'neue Normalität' im Gesundheitsverständnis des 18. Jahrhunderts leitete sich von messbaren Merkmalen und Durchschnittswerten ab und ist die Wegbereiterin für die moderne „Gesundheit". In einer modernen, „offenen Gesellschaft" auf Basis unbegrenzter Dynamik (ders.: 336), in der naturwüchsige bzw. religiös begründete Werte und Orientierungen kontinuierlich erodieren, fällt die Aufgabe der Stabilisierung des Individuums der Normalisierung zu, die eine künstliche, auf technischen Normmodellen fußende „Quasi-Natur" schaffen muss (ders.: 337). Diese „Quasi-Natur" als soziales Ordnungsschema setzt allerdings die Akzeptanz durch das Individuum voraus, das sich dieser Konstitutionsweise der sozialen Realität unterwirft und so zu einem spezifischen *Subjekt* wird. Im Sinne Foucaults vollzieht sich diese Subjektivierung im Rahmen einer *Erfahrung*, mit der Foucault nicht konkret das persönliche Erlebnis meint, sondern die einem persönlichen Erlebnis nachgehende Rationalisierung und Bedeutungszuschreibung (Foucault 1989: 10). So bildet die Erfahrung eine Wechselbeziehung, über die das Individuum mit sich selbst und anderen verbunden ist und im Bezug zu Wissensformen und Machtverhältnissen steht. Erfahrung ist für Foucault kein Ausgangspunkt, sondern das Ergebnis der sie konstituierenden Praktiken, weshalb die Bedingung der Möglichkeit von Erfahrung nicht in einem der Erfahrung vorausgehenden Subjekt liegt, sondern in einem Subjekt mündet (Maset 2002: 91). Da es sich bei Subjektivierungen um Verinnerlichungspraktiken des Individuums handelt, bei denen die Menschen aktiv werden, nennt Foucault sie auch „Technologien des Selbst" (vgl. Foucault 1993). Insofern Menschen durch solche Technologien ihre Subjektförmigkeit erhalten, stehen diese mit gesellschaftlicher Macht in Beziehung: Individuen sind stets bereits in ökonomische, politische und gesellschaftliche Strukturen eingebunden, ob sie dies wollen oder nicht und ob sie dies bemerken oder nicht. Die Dichotomie von „Macht – Ohnmacht" oder besser „Mächtige – Ohnmächtige" ist in einer Foucaultschen Perspektive auf produktive Weise außer Kraft gesetzt, denn das Individuum als Subjekt befindet sich in einer Position, in der es Macht zugleich erfährt und ausübt; die Macht geht durch es hindurch (Maset 2002: 88ff.). Es bedarf im Prinzip keiner äußeren strafenden Instanz, weil das Subjekt sich selbst steuert, um ein sozial intelligibles, ein „Subjekt von Gewicht" also zu werden (vgl. auch Butler 2001). Nur als solches sind Menschen handlungsfähig, so dass auch die Formulierung und Ausübung von Kritik auf eine sozial gestaltete Subjektförmigkeit angewiesen ist.

Die Sichtweise auf Subjektivität als Subjektwerdung des Individuums ohne präexistentes Subjektwesen ermöglicht es, Subjektivität nicht als Konstante, sondern als historisch wandelbares Konstrukt zu verstehen, welches mit den jeweils historisch gegebenen Machtverhältnissen eng verknüpft ist (Maset 2002: 91). Machtverhältnisse sind aus dieser Perspektive die Konstitutionsverhältnisse und -modi von Subjekthaftigkeit. Normalisierung als moderner Konstituent sozialer Ordnung zeigt sich als ein solches gewandeltes Machtverhältnis, in dem das Individuum über die Verinnerlichungspraxis der dynamischen, deskriptiven, normalisierenden Normen als Subjekt seine Position und damit Sicherheit findet, nachdem die stabilen, präskriptiven Normen der Vormoderne es nicht mehr ausreichend absichern können. Zugleich entfalten die ursprünglich deskriptiven Normen ihr präskriptives Potenzial in dem Moment, in dem sie vom Subjekt als Normalität akzeptiert und selbst wieder als Verhaltensrichtschnur reproduziert werden im Sinne von z.B. „Das macht man so!" oder „Das gehört sich nicht!". Und genau deshalb sind (Normalisierungs-)Normen – worauf sie sich auch immer im Einzelnen beziehen und wie diffus sie auch immer sein mögen – für das Verständnis sozialer Ordnung und ihrer Herstellung immens wichtig. Jede Norm ist eingebunden in die (Re)Produktion sozialer Ordnung, so entfernt sie dieser auf den ersten Blick scheinen mag. Dies trifft auch und gerade für Körpernormen zu, wie sich noch zeigen wird. Wenn also Normalisierung bzw. das Normal-Sein die Folie der Sicherheit des Subjekts in der sozialen Welt bedeutet, dann gilt ihm als größte Gefahr das Nicht-normal-Sein, die *Monstrosität*. Denn mit dem Herausfallen aus der statistischen Normalverteilung droht das Herausfallen nicht nur aus der sozialen Welt, sondern aus der Welt der von der Natur (scheinbar) vorgegebenen Normalität schlechthin. Nicht normal zu sein bedeutet in der szientistischen Normalisierungsmoderne demnach nicht lediglich, irgendwie bloß anders oder besonders zu sein, sondern geradezu widernatürlich.

Das Gewicht der Masse: Zu Massenmedien als materialem Diskurs

Medien sind immer schon Bestandteile gesellschaftlicher Diskurse – gegenwärtig aber in besonders intensivem Maße aufgrund der Durchdringung des gesamten Alltags mit einer Vielzahl von Massenmedien, wie Zeitungen, Fernsehen, Internet, Filmen usw. Im Foucaultschen Sinne sind Medien – als Ort von Diskursen – beteiligt an der Generierung von Weltdeutungen und Bedeutungen, und sie sind zudem beteiligt an den sozialen Auseinandersetzungen um Deutungsmacht. Diskurse sind im Foucaultschen Sinne teilautonome, „semantische und kulturelle Prozesse [die] auf materielle Anordnungen des diskursiv Konstruierten bezogen [sind]" (Bublitz 2003: 7). Sie konfigurieren den Bereich des Denk-, Sicht-, Sag- und damit Lebbaren, indem sie die an sich ungeordnete Welt qua Semantik in eine für Menschen bewältigbare Ordnung bringen. Jegliche Materialität, so auch Körper, Natur, Gesundheit usw., wird durch epochen- und ortspezifische Diskurse konfiguriert. Diskurse sind soziale Skripte im Sinne von Texten, doch umfasst der Foucaultsche Diskursbegriff mitnichten nur im engen Sinne Textliches oder Sprachliches. Vielmehr bilden auch Praxen eine wesentliche Dimension gesellschaftlicher Diskurse insofern auch Praxen im Alltag gelesen und als Chiffren und Zeichen verwendet werden. Zudem generieren Praxen – ebenso wie im engeren Sinne Texte – Bedeutung in einer eigenlogischen, immer aber auf die materielle Welt bezogenen Weise. Kurz und bündig: Dick zu sein wird lebensweltlich als bedeutsam dechiffriert, ist ein Statement – ob von der betroffenen Person gewollt oder nicht. Und dick zu sein ist deshalb (auch) eine diskursive Frage, weil die Wahrnehmung von Personen als dick (oder nicht) von den vielfältigen Semantiken rund um das Thema Körper konstituiert ist. Zentral am Foucaultschen Diskursbegriff, wie wir ihn hier auch verwenden, ist, dass die Materialitäten, auf die sich Diskurse beziehen (hier etwa Körper und ihr Gewicht), keine autonome Eigenessenz haben. Es gibt keine Ontologie des Gewichts oder des Körpers, die sich außerhalb von Diskursen wähnen, keine Letztbegründung oder -definition, die Auskunft über die „wahre" oder „eigentliche" Wesenheit einer Materialität geben könnte. Zugleich aber, dies darf nicht übersehen werden, sind Materialitäten keine 1:1-Verkörperungen von Diskursen. Semantiken, Texte, Diskurse dürfen also weder methodisch noch politisch mit dem, was sie konfigurieren, gleichgesetzt werden. Dies wäre schon deshalb falsch, weil es zu einem gesellschaftlichen Zeitpunkt eine Vielzahl widersprüchlicher, in sich brüchiger und miteinander konfligierender Diskurse gibt. Auch zum Thema Körper und

Gewicht können wir gegenwärtig verschiedene Diskurse beobachten[2], die alle zugleich auf unsere Wahrnehmung einwirken und an denen wir aktiv beteiligt sind.

Bei der Empirie, auf der dieser Aufsatz fußt, handelt es sich um eine exemplarische Diskursanalyse zweier Textereignisse: Aus der Zeitschrift „Brigitte" wurde das Dossier „Hauptsache dünn?" ausgewählt und aus dem Internet wurden fünf Seiten des Internetportals „Weight Watchers" herangezogen (vgl. Zimmermann 2007). Das konkrete methodische Vorgehen der Empirie leitet sich grundsätzlich aus den Analyseschritten der *Kritischen Diskursanalyse* ab, wie sie vom Duisburger Institut für Sprach- und Sozialforschung (DISS) entwickelt wurden. Die „Diskurswerkstatt" des DISS arbeitet mit dem Anspruch, auf Basis diskursanalytischer Praxis die nötige Transparenz bestehender Herrschaftsformen und Machtmechanismen zu schaffen, um kritische Gegendiskurse zu ermöglichen (vgl. www.diss-duisburg.de). Der Methodik der Kritischen Diskursanalyse ist Foucaults Postulat zur Seite gestellt, die Mittel der Diskursanalyse als „Werkzeugkiste" (Foucault 1976: 53) zu betrachten. Auf diese Weise wird zum einen seiner programmatischen Forderung, die Diskursanalyse als hochflexibles Instrumentarium zu bewahren, Genüge getan, und zum zweiten kommt die Diskursanalyse in eben ihrer hohen Flexibilität zum Einsatz.

Im Wesentlichen geschieht die Analyse des „Brigitte"-Dossiers „Hauptsache dünn?" und der fünf repräsentativ ausgewählten „Weight Watchers"-Internetseiten in einem Dreischritt: Zuerst werden die Kriterien bestimmt, unter denen die Materialauswahl stattgefunden hat. Anschließend erfolgt die *Feinanalyse* des Zeitschriftartikels und der Internetseiten entlang der vier Ebenen *Bestimmung des institutionellen Rahmens, Analyse der Textoberfläche, Analyse der eingesetzten sprachlich-rhetorischen Mittel* und *Analyse inhaltlich-ideologischer Aussagen* (Jäger 2004: s. Kap. 3.3). In einem letzten Schritt werden die bisher gewonnenen Erkenntnisse zu einer *Gesamtinterpretation* zusammengezogen und dabei eng geführt hinsichtlich der Fragestellung, ob und wie dicke Menschen im massenmedialen Diskurs zu „Monstren" (gemacht) werden bzw. welche Botschaft und Wirkung(-sabsicht) die Massenmedien bezüglich des Phänomens Dicksein ins Bewusstsein des Publikums transportieren.

Die Materialsauswahl fand nach den Kriterien der *Popularität* und der *leichten Erreichbarkeit* statt: Die Frauenzeitschrift „Brigitte" und die Internetpräsenz des Unternehmens „Weight Watchers" genießen einen hohen Bekanntheitsgrad und sind gewissermaßen „en passant" aufzugreifen. Die „Brigitte" ist mit einer Reichweite von 3,2 Mio. Leserinnen pro Ausgabe derzeit die Marktführerin der 14-täglich bzw. monatlich erscheinenden Frauenzeitschriften (Brigitte:

---

[2] Vgl. hierzu auch den Beitrag von F. Schorb: „Adipositas in Form gebracht" in diesem Band.

Profil 2007); „die Weight Watchers" sind nach über 35 Jahren erfolgreicher Arbeit als ein Synonym für organisiert-gemeinschaftliches Abnehmen allgemein geläufig (www.weightwatchers.de).

Unter den oben genannten Analyseebenen ist die der *Analyse der inhaltlich-ideologischen Aussagen* für uns von besonderer Bedeutung, weil an ihr die Vermittlung von ideologischem Gedankengut zum Zwecke der Normalitätsvorgabe besonders plastisch nachzuvollziehen ist. Auszüge aus der Analyse inhaltlich-ideologischer Aussagen sollen hier jeweils für den „Brigitte"-Artikel und für die „Weight Watchers"-Seiten gekürzt dargestellt werden:

a) Der „Brigitte"-Artikel verweist bereits mit der Überschrift „Hauptsache dünn?" auf seinen ideologischen Leitgedanken vom selbstermächtigten, weil „vernünftigen Menschen", denn ausformuliert könnte die Frage lauten: „Ist es denn die *Hauptsache*, um jeden Preis *dünn* zu sein?" Diese Frage impliziert, dass das Ziel der Schlankheit sogar die Vernunft „kosten" kann: Denn das Dilemma des Menschen unter Schlankheitszwang besteht in dem pausenlosen inneren Kampf zwischen Unvernunft und Vernunft, der in dem Artikel in die Worte *„Gewicht und Verzicht"* gekleidet ist. *In der Regel/Normalerweise* ist der moderne Mensch gut informiert über die Folgen seines Lebensstils auf seine Figur und steht dadurch beständig vor folgenschweren Entscheidungen darüber. Er weiß, dass Sport und kontrollierte, figurorientierte Ernährung vernünftig sind und langfristig dem Schlankheitsideal Rechnung tragen sollten, dass jedoch lustvolles, spontanes Nachgeben in Sachen körperlicher Bedürfnisse nach Ruhe und Genuss zur dick machenden Unvernunft gehört. Doch werden im Verlauf des Artikels auch die Schwierigkeiten, sich an die Vernunft zu halten, aufgezeigt: Das körperliche Sättigungsgefühl ist in der Erfahrung der Autorin kein Grund, etwas Leckeres nicht zu essen. In manchen Dingen, so berichtet sie von sich selbst stellvertretend für ihre Leserinnen, sei ihr Unterbewusstsein auf *„möglichst schnell und möglichst viel"* programmiert und „vernünftige" Argumente verhallten ungehört. Parallel dazu wird vernünftiges Essverhalten anderer von ihr mit zwiespältigen Gefühlen betrachtet: *„Und auf dem Teller etwas zurück zu lassen, was ich lecker finde [...], halte ich für eine Mischung aus anbetungswürdiger Heldentat und schier perverser Selbstkasteiung"*. Hieraus spricht, wie das Wunschdenken nach eigener Willensstärke mit aus Versagen resultierendem Trotz konfligiert. So befindet sich die Autorin selbst – und wieder bietet sie mit ihrer Erfahrung ein Moment der Wiedererkennung für die Leserin – letztlich dauerhaft in der Spirale aus Zu- und Abnahme und lebt in ständiger Angst um ihr und vor ihrem Gewicht.

Inwiefern die „Ideologie" des Schlankseins und mit ihr die Verurteilung des Dickseins laut der Autorin auf die Spitze getrieben wird, zeigt sich in zwei Textstellen besonders deutlich. Die erste besagt Folgendes:

> „Das Kranke wird als ideal, das Normale als zu dick wahrgenommen. 'Der verzerrte Durchschnitt macht eine Gesellschaft unglücklich. So entsteht eine ganze Generation von vermeintlich Dicken, die es gar nicht gibt', schreibt der Ernährungsspezialist Udo Pollmer in seinem Buch 'Esst endlich normal!'. Aber was, verdammt, ist normal? Gibt es so was wie normal überhaupt noch?
> Nein, normal ist vorbei. Keiner will 'normal' aussehen und keiner will 'normal' sehen."

Denkt man diese Behauptung aus, so bestehen laut dieser Zeilen nur noch die zwei Kategorien „ideal" und „zu dick"; „normal" zu essen und „normal" auszusehen scheinen als Kategorien aufgeweicht und in ihren Bedeutungen mit „zu dick" verschmolzen zu sein. In diesen Worten wird deutlich, wie schnell derzeit ein Mensch „zu dick" werden kann, ohne dabei zuzunehmen. Vor allem im Vergleich zum medial vermittelten Schönheitsideal ist dieser Schritt ein kleiner. Einen Menschen mit „normaler" Figur scheint es dem Artikel nach nicht mehr zu geben, weil „normal vorbei ist". Daraus wiederum lässt sich schließen, dass jedem nicht ideal-schlanken Menschen der Ruch des Unvernünftigen, der Willensschwäche und der Luststeuerung anhaftet. Er oder sie scheint nicht „Herr/in seines/ihres Körpers" zu sein.

Bestärkt wird dieser dargestellte Sachverhalt durch die zweite relevante Textstelle des Artikels, in der eine Ernährungsexpertin mit ihrer Situationseinschätzung zu Wort kommt:

> „Der Schlankheitswahn passt gut zu unserer Leistungsgesellschaft, [...] dünn sein ist etwas, was man sich erkämpfen kann und sollte. Wer das nicht tut, gilt als undiszipliniert".

Kurz gesagt: Schlanksein ist mit genug Disziplin bzw. genauer: Selbstdisziplin für jede und jeden erreichbar. Selbstdisziplin ist unmittelbar an den Einsatz von Vernunft gekoppelt, weil sie die Fähigkeit bedeutet, (sich selbst) auferlegte Regeln und Vorschriften einzuhalten. Wer das nicht in seinem eigenen Interesse bzw. in seinem eigenen Körper umsetzen kann, der legt einen eklatanten Charaktermangel an den Tag, weil in einer Leistungsgesellschaft die Fähigkeit zur Disziplineinhaltung als wichtiger Indikator für die gesamte Leistungsbereitschaft und -fähigkeit eines Menschen betrachtet wird.

b) Bei der Analyse der inhaltlich-ideologischen Aussagen der WW-Internetseiten lässt sich feststellen, dass im Zentrum der Sicht der WWs auf die Figur der Begriff „*Erfolg*" und die Botschaft, mit einer Gewichtsabnahme begänne ein „neues Leben", stehen: Zuerst vermittelt WW bereits die *Entscheidung* zur Teilnahme am Programm als Erfolg, weil der Mensch sich laut WW in diesem Moment für ein „neues Leben" entscheidet: *„[...] Weight Watchers sagt, [...] wie man heute, jetzt, sofort beginnt, sich in der eigenen Haut wohler zu fühlen"* oder auch: *„[...] starten Sie jetzt Ihre eigene Geschichte mit Weight Watchers".*

Der nächste „Erfolg" bezieht sich auf das *kontinuierliche Erlebnis* der Gewichtsabnahme durch die Betreuung von WW, die mit einer sukzessiven Veränderung derjenigen Lebensgewohnheiten einhergeht, die implizit gleichsam als „Dickmacher" identifiziert werden, z.B. *„Hier bietet das FlexPoints Ernährungskonzept von Weight Watchers die optimale Hilfestellung für grundlegende und langfristige Veränderungen [...]".* Der „Erfolg" wird dabei weniger anhand der konkreten Thematisierung des Gewichtsverlusts selbst vermittelt, sondern in seiner Leichtigkeit – eine Gewichtsreduktion wird entgegen sonstiger allgemeiner Erfahrung mit den Eigenschaften *„Effektivität"* und *„Genuss"* belegt, sie stellt sich überspitzt gesagt als „wahres Vergnügen" dar, welches auch noch durch Schlanksein belohnt wird.

Die Ebene, die insgesamt die Erfolgs- und Lebensänderungsaspekte unter sich vereint, ist letztlich das erreichte große Ziel „Schlankheit". Während die Entscheidung für WW und die Umsetzung der betreuten Diät bereits das Leben „nach" dem Übergewicht einleiten und kleine Erfolge bedeuten, werden sie abschließend gekrönt durch den *„Erfolg",* das *„Traumgewicht"* erreicht zu haben. Vermittelt wird diese Botschaft durch die archivierten *„Erfolgsgeschichten"* wie z.B. *„Ich könnte die ganze Welt umarmen!"* Seit der Körper der WW-Kundin in ihrem *„Traumgewicht"* verfasst ist, „kann" sie glücklich sein, seitdem ist sie mit sich und der *Welt* wieder in Einklang.

Und obwohl „Erfolg" und „verändertes Leben" von Seiten der Weight Watchers über die schlanke Figur hinaus nicht weiter konkret definiert werden, z.B. durch das Versprechen höherer sozialer Anerkennung o.ä., schwingen Botschaften dieser Art auf verlässliche Weise mit, weil WW hier wortlos an die gesellschaftlichen Vorstellungen vom „guten Leben" anschließt, in dem Erfolg einen unhinterfragbaren Wert darstellt, ähnlich wie z.B. der Wert Gesundheit.

Im Rahmen dieser „Erfolgsideologie" zeigt Dicksein sich als Schattenseite, als der Zustand, den es „wegzumanagen" gilt. Dicksein ist assoziiert mit „unnötig", „unerwünscht" und zur unbedingten Änderung freigegeben. Dicksein bedeutet eine unfrohe, eingeschränkte Lebensform, in der pauschal keine Zufriedenheit möglich ist, die also in diesem Sinne nicht „normal" sein kann. Diese „Normalität" soll per Transformation des Körpers von dick zu schlank „erfolgreich" (wieder-)hergestellt werden.

Betrachtet man nun genauer, was „Erfolg" an sich bedeutet, wird deutlich, dass WW mit einem gewichtigen „ideologischen Bruch" in seinem Programm arbeitet: Per definitionem kann Erfolg sich nur einstellen, wenn vorher eine Leistung erbracht wurde. Erfolg setzt also immer eine strategische Handlung voraus, die entweder von Erfolg oder von Misserfolg gekrönt sein kann. Eine strategische Handlung bedarf des bewussten Willens und der Selbstdisziplin, um die durch sie geforderten Anstrengungen zu bewältigen; andernfalls handelt es sich z.b. um einen intuitiven Impuls oder einen Zufall, die beide eher Willkür und Planlosigkeit „verraten" und deren Konsequenzen als „Glück haben" ratifiziert werden.

Wenn bei WW der Erfolg so sehr in den Vordergrund gerückt wird, dann hat Gewichtsreduktion etwas mit strategischer Handlung sowie zu erbringender Leistung und dafür notwendiger Selbstdisziplin zu tun. Dicksein ist ein Zustand der „Erfolglosigkeit", weil keine Leistung erbracht wird. Körperliche Schlankheit dagegen lässt den Rückschluss auf genügend Selbstdisziplin zu, deshalb ist der schlanke Mensch erfolgreich. Die Frage, ob der schlanke Mensch nicht doch „durch Zufall" „das Glück" hat, die Figur zu haben, die er hat, verblasst hinter der Relevanz der körperlichen Verfassung selbst. Dem Schlanksein ist der Erfolg immanent.

WW legt nun aber im Kontrast zu seinem betonten *Erfolgs*versprechen größten Wert darauf, darzustellen, mit einem Gewichtsmanagementprogramm könne jeder Mensch *„[...] leichter einsteigen und schneller [...]"* und obendrein *„[...] effektiv und mit Genuss abnehmen"*, was nahe legt, es sei fast gar keine Selbstdisziplin mehr notwendig. Und sollte selbst damit noch ein Problem auftreten, dann bietet WW die Rückfallebene der Gemeinschaft bei den Treffen bzw. den rund um die Uhr zur Verfügung stehenden virtuellen Online-Assistenten.

Wie ist es denn nun aber tatsächlich um die Rolle der Selbstdisziplin im Kontext von WW bestellt?

Das Unternehmen WW nutzt hier aus seiner Sicht vollkommen produkt- und verkaufslogisch, was derzeit als „schwächste Stelle" eines vermeintlich oder tatsächlich dicken Menschen gilt und somit zugleich seinen größten *Bedarf* aufzeigt: seine Selbstdisziplin. Diese subjektiv dringend benötigte Selbstdisziplin bietet WW dem Menschen gewissermaßen zum Kauf an, wobei sie durch WW als von WW lösbare Schwierigkeit dargestellt wird, in der ihr eigenen Problematik übertönt durch werbestrategisches Getöse u.a. um das WW-eigene Ernährungskonzept, elektronische Geräte wie den „Points-Calculator" oder Lebensmittel aus dem Hause WW. All diese Dinge „helfen" gegen den Disziplinmangel bei der Abnahme, den WW als menschliche und heilbare Schwäche in Szene setzt:

> „Doch was, wenn wir wieder einmal scheitern? Mehr essen, als Sie sich wirklich vorgenommen haben? Nehmen Sie jeden Tag als neuen Anfang! Kleine Fehltritte und Rückschläge sind völlig normal. Kein Grund, ihr Wunschgewicht in den Wind zu schreiben. Brauchen Sie neuen Ansporn? In den Weight Watchers Erfolgsgeschichten lesen Sie, wie andere es geschafft haben!" *oder* „Die Weight Watchers Treffen motivieren zusätzlich, frei nach dem Motto: Gemeinsam sind wir stark!"

Aus dem Urteil einer vermeintlichen Charakterschwäche auf Grund offensichtlicher übergewichtiger (Selbst-)Disziplinlosigkeit, die doch für Erfolg und das gute Leben unerlässlich ist, macht WW eine fast spielerische Nebensache, deren Bewältigung im Gegenzug aber das ganze Leben in eine *„Erfolgsgeschichte"* umkrempelt.

In der *Gesamtinterpretation* der analysierten Inhalte aus dem Brigitte-Artikel und der Homepage der Weight Watchers ergibt sich die radikale Botschaft, Dicksein sei kein lebenswerter Zustand: Wer zuviel wiegt und nicht dem Ideal des Schlankseins entspricht, kann nur unfroh und unzufrieden sein, es mangelt diesen Menschen an Vernunft, Erfolg und Lebensqualität im Vergleich zum Leben schlanker Menschen. Insgesamt wird in beiden Diskursfragmenten Dicksein konkret in Abhängigkeit von Diät und Sport, also von Selbstkontrolle und Selbstdisziplin verhandelt, ohne nach anderen Zusammenhängen zu fragen. Dem Menschen mit gefühltem oder realem Übergewicht wird die alleinige Verantwortung für sein Dicksein zugeschrieben und somit auch die „Schuld" an seiner vermeintlich zweifel- und mangelhaften Existenzweise. Der dicke Körper soll eine zuverlässige Aussage über die Unfähigkeit einer Person zur Selbstdisziplin und Vernunft mitteilen, denn wer dick ist, scheint nicht einmal für sich selbst „vernünftig" und „vorausschauend" sorgen zu können, stellt sich also die Frage: „Wie soll dieser Mensch dann in anderen Kontexten diese Fähigkeiten an den Tag legen?". Unterstützt wird diese Argumentationsweise, die sich so gut wie nie offen, sondern nur in der Umkehrung der Bedeutung des Schlanken zeigt, von dem ständigen Verweis darauf, dass es vielfältige Methoden und Mittel zur Gewichtsreduktion gibt, von wissenschaftlichen Forschungen und (bio-)logischen Konzepten bis hin zur persönlichen Ganztagsbetreuung, die bei mangelnder Eigenmotivation unterstützend einspringt. In diesem Sinne *braucht* niemand *dick zu sein* oder *zu bleiben*.

Bemerkenswert an beiden Diskursfragmenten ist das Potenzial an Versprechungen, welche mit dem Schlanksein einherzugehen scheinen, womit sie zugleich auf den Mangel des Versprochenen im Dasein des nicht ideal-schlanken Menschen verweisen: Während im Brigitte-Dossier vor allem der optische Aspekt und der Gewinn sozialer Anerkennung durch ihn im Mittelpunkt stehen, setzt die Homepage der Weight Watchers ihren Schwerpunkt auf die Vision eines besseren Lebens generell. Dabei bleiben beide Diskursfragmente einigermaßen diffus, inwiefern mit einem schlanken Körper was besser wird oder sich wie verändert. Es wird nicht benannt, was am Leben mit einem „dicken" Körper so unbedingt unlebenswert sein soll, diese „Leerstellen" aufzufüllen bleibt den persönlichen Assoziationen der Rezipienten überlassen. Mit anderen Worten konkretisieren die beiden Textereignisse nicht, worin das „Bessere" des schlanken Lebens besteht, abgesehen von – wie bereits erwähnt – sozialer Anerkennung, deren Stellenwert an sich sicher nicht zu unterschätzen ist.

Fazit: Von Massen, Maßen und Monstern

Mit diesem Aufsatz wollen wir beitragen zu dem Streit um Zahlen und Maße in Bezug auf den politischen Körper, der heutzutage erst und nur per Definitionem als „gesund", „leistungsfähig" oder einfach als „schön" gilt, wenn er „der richtigen Kurve" bzw. dem aktuell gültigen Index entspricht. Es gilt, den Körper an Maßstäblichkeiten anzupassen, die in abstrakten, quantitativen Verfahren errechnet werden, deren Durchschnittswerte das „Normalsein" bestimmen und deren Gewicht in ihrer Notwendigkeit als Orientierungsgröße für die Menschen liegt. Die Diskurse in den Massenmedien übernehmen in diesem Zusammenhang eine wichtige, weil ordnende Funktion, die zugleich tief in die Alltagspraxen eingreift und aus öffentlichen Diskussionen hoch-subjektive Krisen generiert: Ein dicker Mensch *kann* – trotz seines möglicherweise subjektiv anderen Empfindens – nicht glücklich, erfolgreich oder beliebt sein. Nur das richtige Maß bietet diese Optionen. Anhand der Empirie ist zu erkennen, dass die Monstrosierung Dicker als unglückselige Kreaturen durch die Medien nicht explizit erfolgt, sondern gleichsam in das Bewusstsein der Rezipienten einsickert, weil der dicke Mensch als strukturales Double des Schlanken angeblich stets ein mangelhaftes Leben führt und sich im Abseits des „Normalen" befindet. Aus dem Dicksein wird abgeleitet, dass ein Mensch nicht das angemessene, „normale" Maß an Selbstdisziplin aufbringt, um sich mittels eines ordnungsgemäßen Körpers auf der diskreten Achse der Normalitäten zu verorten. Und gerade an diesem Punkt werden die Zahlen und Maße streitbar, namentlich wenn sie Normen bilden, die als Chiffren für (Un-)Fähigkeiten und Eigenschaften eines Menschen gelesen werden sollen. Als Chiffren, die über Sein oder Monster-Sein entscheiden.

Literatur

Ambjörnsson, F. (2005): Talk. In: Kulick, Don/Meneley, Anne (Hg.) (2005): Fat. The Anthropology of an Obsession. New York, S. 109-120.
Brigitte-Redaktion (2006): Profil 2007; zugeschickt als vierseitige PDF-Datei, auf Anfrage bei der Anzeigenredaktion.
Bublitz, H. (2003): Diskurs und Habitus. Zentrale Kategorien der Herstellung gesellschaftlicher Normalität. In: Link, J. (Hg.) (2003): „Normalität" im Diskursnetz soziologischer Begriffe. Heidelberg: Synchron, Wissenschaftsverlag der Autoren, S. 150-162.

Butler, J. (2001): Psyche der Macht. Das Subjekt der Unterwerfung. Frankfurt a.m.
Duden, B. (2004): Frauen-"Körper": Erfahrung und Diskurs (1970-2004). In: Becker, R./Kortendiek, B. (Hg.): Handbuch Frauen- und Geschlechterforschung. Wiesbaden, S. 504-518.
Foucault, M. (2002): Die Anormalen. In: Dits et Ecrits. Schriften Band II. Frankfurt a.M., S. 1024-1031.
Foucault, M. (1997): Sexualität und Wahrheit. Band I. Der Wille zum Wissen. Frankfurt a.m.
Foucault, M. 1994): Überwachen und Strafen. Die Geburt des Gefängnisses. Frankfurt a.m
Foucault, M./Martin, R./Martin, Luther H. (1993): Technologien des Selbst. Frankfurt a.m.
Foucault, M. (1989): Sexualität und Wahrheit. Band II. Der Gebrauch der Lüste. Frankfurt a.m.
Foucault, M. (1976): Mikrophysik der Macht. Berlin.
Hagner, M. (2003): Monstrositäten in gelehrten Räumen. In: Lutz, P./Macho, T./Staupe, G./Zirden, H. (Hg.) (2003): Der [Im-]Perfekte Mensch. Metamorphosen von Normalität und Abweichung. Köln, S.42-61.
Jäger, S. (2004): Kritische Diskursanalyse. Eine Einführung. Edition DISS Band 3. Münster.
Kirby, J./Lee, S. (1962): The incredible Hulk. Vol.1, #1. Marvel USA.
Link, J. (1999): Versuch über den Normalismus. Wie Normalität produziert wird. Opladen/Wiesbaden.
Lorenz, M. (2000): Leibhaftige Vergangenheit. Einführung in die Körpergeschichte. Tübingen.
Müller, U./Wunderlich, W. (Hg.) (1999): Dämonen, Monster, Fabelwesen, Bd.2. St.Gallen.
Macho, T. (1998): Ursprünge des Monströsen. Zur Wahrnehmung verunstalteter Menschen. In: Breitenfellner, K./Kohn-Ley, C. (Hg.) (1998): Wie ein Monster entsteht. Zur Konstruktion des Anderen in Rassismus und Antisemitismus. Bodenheim, S. 11-43.
Maset, M. (2002): Diskurs, Macht und Geschichte. Foucaults Analysetechniken und die historische Forschung. Frankfurt a.M.
Villa, P. (2007): „Endlich Normal". Soziologische Überlegungen zur medialen Inszenierung der plastischen Chirurgie. In: Thomas, T./Wischermann, U (Hg.) (2007): Medien – Diversität – Ungleichheit. Zur medialen Konstruktion sozialer Ungleichheit. Wiesbaden (i.E.).
Villa, P. (2006): Sexy Bodies. Eine soziologische Reise durch den Geschlechtskörper. 3te durchgesehene und aktualisierte Auflage. Wiesbaden.
Wunderlich, W. (1999): Dämonen, Monster, Fabelwesen. Eine kleine Einführung in Mythen und Typen phantastischer Geschöpfe. In: Müller, U./Wunderlich, W. (Hg.) (1999): Dämonen, Monster, Fabelwesen, Bd.2. St. Gallen, S. 11-38.
Zimmermann, K. (2007): „Dicksein als Monstrosität?" – Soziologische Annäherungen an ein komplexes Phänomen. Hannover, unveröffentlichte Diplomarbeit.

http://de.wikipedia.org/wiki/Monster, 30.06.07
http://de.wikipedia.org/wiki/Kinderschreckfigur, 10.06.07
http://www.culture.hu-berlin.de/tm/?node=77;hl=monstren; 10.06.07
http://www.diss-duisburg.de/, 10.06.07
http://www.weightwatchers.de/about/prs/wwi_template.aspx?GCMSID=2000542,a, 06.06.07

Das metabolische Syndrom im Alltag – *translation* im Zeitalter von Biosozialität

Jörg Niewöhner

Einleitung

Das Konzept der Biosozialität (Rabinow 1992) verweist auf eine mannigfaltige Verschränkung verschiedener Phänomene, die gemeinhin als *entweder* natürlich *oder* kulturell verstanden werden, und damit zugleich auf eine zunehmende gegenseitige Durchdringung medizinischer und sozialer Praxen. Besonders augenscheinlich wird diese Verschränkung an den Schnittstellen zwischen einerseits hochkomplexen Expertensystemen, wie Wissenschaft, Medizin und Technologieentwicklung, und andererseits hochgradig ausdifferenzierten sozialen Alltagen.[1] Vor allem in der angloamerikanischen Wissenschaftsforschung und der kritischen Medizinanthropologie wird derweil versucht, diese gegenseitige Durchdringung nicht als inter*face* (im Sinne eines Berührungspunktes) zweier voneinander getrennter Entitäten bzw. Diskurse zu begreifen, sondern stattdessen mit dem Konzept der inter*sections* (Lock et al 2000) bzw. der *translation* (Callon 1999) die interaktive Dynamik verschiedener Wissenspraxen zu thematisieren. Diese Herangehensweise rekurriert vornehmlich auf Ansätze, die die alltäglichen Aushandlungen zwischen Akteuren, Wissen und Artefakten in den Vordergrund rücken. Sie gelangt dadurch zu einem Verständnis konkreter sozialer Konstellationen, die sich dadurch auszeichnen, dass Entitäten und Phänomene gleichzeitig anwesend und miteinander auf vielfältige Art und Weise verschränkt sind. Dort wo die analytische Trennung von ExpertInnen und PatientInnen ein inter*face*, also eine Grenze und damit Transfer thematisiert, betont der Begriff der inter*sections* die Reproduktion von Praxen.

Das Konzept der translation baut auf dieser Perspektive auf und verbindet sie mit Elementen einer Actor-Network-Theory (ANT: Latour 2005; Law 1992; Law /Hassard 1999). Dabei bezeichnet translation gerade nicht Übersetzung im

---

[1] Diese Schnittstellen sind vielfach untersucht worden: in Analysen von medialer Vermittlung, in den Defizitmodellen verschiedener Rezeptionstheorien oder im *empowerment* des *Public Understanding of Science and Humanities* (Stifterverband 2000). Die problematischen Konzeptionen von sozialem Alltag und von Transferprozessen, die diesen Ansätzen implizit zugrunde liegen, sind bereits umfassend kritisiert worden (Irwin 2001; Wynne 1996).

Sinne einer einfachen Übertragung, sondern lässt sich besser aus seinen romanischen Wurzeln heraus mit Verschiebung übersetzen. Mit der Einbettung in ANT rücken zwei Dinge in den Vordergrund: Zum einen wird nicht-menschlichen Akteuren Handlungsträgerschaft zugestanden, d.h. Artefakte und Technologien sind aktiv in translationen eingebunden. Zum anderen wird auf dieser Basis Alltag als sich reproduzierende Praxis, als sozio-technisches Netzwerk verstanden, das permanent in Bewegung ist und sich verschiebt. Diese Verschiebungen bezeichnet das Konzept der translation. Es rückt damit ab von akteurszentrierten und intentionalen Handlungskonzepten der Soziologie, die Wissenstransfer als diskursiv oder kognitiv begreifen, und bettet Wissen als Praxis in dynamische sozio-technische Netzwerke ein.[2]

Vor diesem theoretischen Hintergrund und am Beispiel einer Analyse von Übergewicht als präventive Praxis versucht der vorliegende Beitrag, eine doppelt symmetrische Perspektive zu entwickeln: Zum einen stehen medizinisches Experten- und alltägliches Laienwissen als interagierende Wissenspraxen gleichberechtigt nebeneinander (Bloor 1991). Zum anderen unterscheidet die Analyse nicht kategorisch zwischen Materialitäten und Diskursen im Hinblick auf ihre Fähigkeiten, Praxis zu verändern (Latour 1995). In den Vordergrund rückt zum einen die Frage, wie unterschiedliche medizinische Praxen ein *panoply of pastoral keepers*[3] formen bzw. verändern. Zum anderen werden die Effekte dieses *panoply* als Klassifizierungseffekte thematisiert. Ian Hacking spricht in diesem Zusammenhang von *making up people*, um zu problematisieren, dass Klassifizierungen immer auch Reaktionen der Klassifizierten herausfordern (Hacking 1999; 2006). Aufgrund seiner wissenschaftsphilosophischen Orientierung auf Fragen des dynamischen Nominalismus steht dabei meist eine individualistische Perspektive im Vordergrund. In diesem Beitrag hingegen wird diese Sicht um eine Betrachtung von Kollektivierungseffekten und Widerständigkeiten erweitert.

Die folgenden Abschnitte entwickeln zwei Fallbeispiele – Ethnizität in der Diagnostik und *Size Acceptance* – anhand derer zum einen deutlich wird, was das Konzept der translation sichtbar machen kann. Zum anderen versucht die Diskussion dieser Perspektive zu zeigen, dass eine solche Analyse komplementär zu einem weiter verbreiteten Foucaultschen Ansatz agieren kann und sollte. Sie stellt sich in keiner Weise gegen die Thematisierung von Subjektivierungs- und Medikalisierungsprozessen, sondern ändert lediglich den Fokus der empirischen

---

[2] Diese notwendige Verkürzung tut einigen Ansätzen gerade aus dem Bereich der Techniksoziologie unrecht (siehe daher Bijker et al 1987; Joerges 1987; 1996).
[3] Panoply of pastoral keepers bezeichnet hier die Mannigfaltigkeit und die Verschränkung der Hüter pastoraler Macht, d.h. der Diskurse der Biomacht, die durch Subjektivierung und Technologien des Selbst regieren. Foucault ordnet diese Macht Diskursen bzw. *dispositifs* zu und nicht Akteuren oder Institutionen.

Betrachtung weg von Diskursen bzw. weg von einem *dispositif* und hin zu einer Betrachtung von Praxis in sozio-technischen Netzwerken. Sie erarbeitet sich damit eine Kritikfähigkeit, die in Richtung naturwissenschaftlich-medizinischer Praxis eine andere Anschlussfähigkeit ermöglicht.

Ethnizität in der Diagnostik

Übergewicht wird seit Mitte der 1980er Jahre vor allem in der Forschung im Zusammenhang des metabolischen Syndroms thematisiert. Es rückt damit aus einer engen Konzeptionalisierung von energetischer Balance in eine komplexe Sicht von Stoffwechselveränderungen, deren Ursachen und Dynamik erst rudimentär verstanden sind. Das metabolische Syndrom als nosologische Einheit verweist auf die vor allem aus epidemiologischen Studien hervorgegangene Beobachtung, dass bestimmte metabolische Veränderungen häufig gemeinsam auftreten und damit das Risiko von Herzkreislauferkrankungen signifikant erhöhen (z.B.: Zimmet et al 2005). Als Indikatoren dieser metabolischen Veränderungen werden im allgemeinen Übergewicht, ungünstige Fettstoffwechselveränderungen (Cholesterin, Triglyzeride), Bluthochdruck und erhöhte nüchterne Glukosewerte diskutiert (NCEP 2001). Ferner wächst die Gewissheit, dass das Hormonsystem über verschiedene Wege involviert ist (Brunner et al 2002). Als Folgen einer ungünstigen Bündelung dieser Faktoren scheinen Diabetes mellitus und langfristig vor allem Arteriosklerose und Herzinfarkt gehäuft aufzutreten. Hinzu kommen mehr oder weniger intensiv diskutierte Hypothesen von Schlafstörungen bis zu Krebserkrankungen (Pasanisi et al 2006; Tauman et al 2005). Als eine der wichtigsten proximalen Ursachen wird z.Z. die Insulinresistenz gehandelt, die sowohl genetisch als auch durch Umweltfaktoren bedingt zu sein scheint (Reaven 2002). Als distale Ursachen rücken damit vor allem spezifische Mutationen, Lebensstilfaktoren und frühkindliche Prägungseffekte in das Visier der ForscherInnen (Armitage et al 2004).

Seit seiner Konzeption Mitte der 1980er Jahre jedoch sind die Existenz dieses Syndroms, seine Aussagekraft als Risikomarker über konventionellere Modelle hinaus, seine Ätiologie und seine Diagnose heftig umstritten (Kahn et al 2005; Reaven 1988). Dabei verlaufen die Störungszonen vor allem entlang disziplinärer Prägungen und Institutionalisierungen, mit denen zum einen unterschiedliche methodische Zugänge, zum anderen aber auch divergierende Absichten verknüpft sind[4]. Es ist nicht die Absicht der folgenden Abschnitte, diese Kontroverse aufzuarbeiten. Vielmehr geht es um Ausschnitte aus einem intensiv

---

[4] Sowohl von Chris Chatterton, Cardiff University und CESAGEN, als auch von Martin Döring, Universität Hamburg, BIOGUM, sind Publikationen zu dieser Problematik in Arbeit.

beforschten Feld, die für die *intersections* zwischen Expertensystemen und sozialen Alltagen von besonderer Relevanz sind.

Neben ätiologischen Diskussionen über das metabolische Syndrom ist auch seine Diagnose heftig umstritten (Cheal et al 2004). Welche Parameter herangezogen werden sollen, in welcher Kombination und mit welchen Grenzwerten, wird immer wieder von verschiedenen Fachgesellschaften revidiert. Laut der Definition von 2005 der International Diabetes Federation (IDF 2006) muss für eine vollständige Diagnose in jedem Fall Übergewicht vorliegen und zwei von vier weiteren Faktoren (Triglyzeride, Cholesterin, Blutdruck, nüchtern Glukose). Übergewicht wird in den meisten Fällen über den so genannten *body-mass-index* erfasst (kgm^{-2}), der eine Größe-Gewicht Relation abbildet. Neuere Befunde zur hormonellen Wirksamkeit bestimmter Fettzellen legen z.Z. allerdings nahe, dass gerade das viszerale Fett, d.h. das Fett im Bauchraum, für die kardiovaskulären Folgeerscheinungen des Übergewichts verantwortlich sein könnte (Rosmond/Bjorntorp 2000). Die IDF hat daher den Bauchumfang statt des BMI in seinen Diagnosekatalog aufgenommen. Um die Spezifität dieses Parameters zu erhöhen, werden die Grenzwerte für diesen Umfang ethnisch stratifiziert (siehe Abb. 1 und http://www.idf.org/).

Abbildung 1: Ethnisch spezifizierter Bauchumfang bei der Diagnose des metabolischen Syndroms (IDF 2005)

Country/Ethnic group		Waist circumference*
Europids	Male	≥ 94 cm
In the USA, the ATP III values (102 cm male; 88 cm female) are likely to continue to be used for clinical purposes	Female	≥ 80 cm
South Asians	Male	≥ 90 cm
Based on a Chinese, Malay and Asian-Indian population	Female	≥ 80 cm
Chinese	Male	≥ 90 cm
	Female	≥ 80 cm
Japanese	Male	≥ 85 cm
	Female	≥ 90 cm
Ethnic South and Central Americans	*Use South Asian recommendations until more specific data are available*	
Sub-Saharan Africans	*Use European data until more specific data are available*	
Eastern Mediterranean and Middle East (Arab) populations	*Use European data until more specific data are available*	

Die Erläuterungen der IDF weisen ausdrücklich daraufhin, dass es sich hier um ethnische Zugehörigkeit und nicht um Aufenthaltsland („country of residence") handelt. Zwar stammen die Daten für eine solche Stratifizierung aus epidemiologischen und nicht aus genetischen Daten. Trotzdem wird mit dem Terminus *„ethnic group"* auf eine angeblich biologisch homogene Gruppe verwiesen. Unabhängig davon, ob eine derart differenzierende Diagnostik im klinischen Alltag brauchbare Ergebnisse produziert, verweist sie auf eine ganze Reihe problematischer Diskussionen (Duster 2006). Die Existenz von Menschengruppen, die im Hinblick auf komplexe Krankheitsbilder wie das metabolische Syndrom biologisch homogen genug sind, um von klinischer Relevanz zu sein, wird in den allermeisten wissenschaftlichen Zirkeln heftig bestritten. Die genetische Varianz zwischen Gruppen erscheint in den meisten Studien geringer als die Varianz innerhalb solcher Gruppen (AAA 1998). Nichtsdestotrotz finden sich solche Gruppen als Rasse oder Ethnie in vielen aktuellen Forschungspraxen, ohne problematisiert zu werden (Lipphardt/Niewöhner 2007). Und auch in dieser Leitlinie verweist das Konzept der *Europids* auf genetisch determinierte Unterschiede. Dabei ist weitgehend unklar, wie genau ein erhöhtes Herzkreislaufrisiko zustande kommt und damit auch wer innerhalb einer solchen nur scheinbar homogenen Gruppe ein erhöhtes Risiko aufweist. Dass manche Menschen Fett anders verstoffwechseln als andere, dass also biologische Unterschiede bestehen, ist dabei unbestritten. Die Frage ist vielmehr, ob Ethnie einen vertretbaren Zugang zu dieser Gruppe darstellt.

Es wird deutlich, dass das Konzept der Population und damit der populationsbezogenen Grenzwerte immer schon die Manifestation vielfältiger Wissenspraxen darstellt. Diese in den Blick zu nehmen, ist von zentraler Bedeutung. Denn ein Verständnis der translationen, die Epidemiologie in Bezug setzen zu viszeralem Fett, zu genetischer Prädisposition von Insulinresistenz, zu Herzkreislaufrisiko, ein solches Verständnis zeigt gewissermaßen die Mechanik hinter dem Ergebnis oder der Fassade, an der häufig angesetzt wird, um die Medikalisierung sozialer Alltage zu kritisieren.

Die Implementierung der besagten Grenzwerte verläuft z.Z., nicht zuletzt wegen der umstrittenen Wissensbasis, nicht einheitlich. Während IDF und die *International Obesity Task Force* (IOTF, eine Arbeitsgruppe der *International Association for the Study of Obesity*, IASO) weiter an ethnisch stratifizierten Grenzwerten arbeiten, hat sich diese Perspektive weder in nationalen Verbänden in Deutschland noch auf der Ebene der *World Health Organisation* bisher vollständig durchgesetzt (WHO Expert Consultation 2004). Die WHO empfiehlt auf der Basis epidemiologischer Daten, dass Interventionen den Situationen der jeweiligen Länder angepasst werden sollten. Dies hat dazu geführt, dass manche Länder, wie z.B. Singapur, aufgrund der Evidenz für asiatische Populationen die strikteren Grenzwerte in ihre nationalen *public health* Strategien übernehmen, andere hingegen nicht.

Von Interesse in diesem Kontext ist die Reaktion betroffener „Risikogruppen". Die jährliche Konvention der *National Association for the Advancement of Colored People* (NAACP) wurde 2006 von Bruce Gordon eröffnet: „*...We've got a Freedom Fighters Fitness Challenge. Go to the workshops, check it out. It speaks to obesity, and it speaks to the fact that there is a higher percentage of obesity in our communities than there is in the majority community. And we know all of the bad things that go along with obesity, like diabetes, and high blood pressure, and heart disease. And we know that we've got it, right.*" (Bruce S. Gordon addresses the 97th NAACP Convention, 2006) Noch deutlicher wird die Ansage in der *Health Watch* Sektion des San Jose *Chapters* derselben Organisation: „*With genetic predispositions coupled with poor diet and little to no physical activity, these numbers will only increase.*"

Diese Form der positiven Aneignung stellt keinesfalls die Regel dar, wie die zweite Fallstudie zeigt. Sie verdeutlicht jedoch, wie translationen ablaufen. Eine heterogene Wissenspraxis, nämlich eine differenzierte Diagnostik für Übergewicht im Hinblick auf kardiovaskuläre Risiken, materialisiert sich in Form von Grenzwerten. Sie verliert dadurch einen Großteil ihrer Kontingenz und wird zu einer Art *standardised package* (Fujimura 1992), das jetzt in den USA *colored people* mit genetischen Prädispositionen, mit Risikoprofilen und letztlich auch mit neuen Therapien in Verbindung bringt. Es verschiebt sich also die Art und Weise, wie eine *community* sich selbst weiss und versteht. Diese veränderten Wissenspraxen lassen zwar Widerstand zu, verweisen aber nicht mehr auf die Kontingenz der translation, d.h. eine wissenschaftliche Kontroverse wird über veränderte Wissenspraxen und ihre Materialisierungen unsichtbar.[5]

Genetik und Size Acceptance

Die vorangegangenen Abschnitte haben die mannigfaltigen wissenschaftlichen Unsicherheiten verdeutlicht, die nach wie vor in Bezug auf die Ursachen kardiovaskulärer Erkrankungen bestehen. Zwar scheint die epidemiologische Evidenz erdrückend, dass Übergewicht das Risiko einer Herzkreislauferkrankung erhöht. Diese Daten erklären jedoch weder Kausalbeziehungen, sondern lediglich Korrelationen, noch sind sie in der Lage, Aussagen auf der Ebene von Einzelpersonen zu treffen. Die Forschungsanstrengungen zielen daher vermehrt auf die Identifikation von Biomarkern, die spezifischere Risikoprofile und vor allem gezieltere

---

[5] Innerhalb epistemischer Kulturen (Knorr-Cetina 1999) wurde diese Form der Routinisierung bereits mit dem Konzept der epistemischen Objekts thematisiert (Rheinberger 1997).

therapeutische Ratschläge ermöglichen. Dies gestaltet sich jedoch nicht zuletzt deshalb schwierig, da die Forschung das Netzwerk möglicher Ursachen immer weiter aufspannt und ausdifferenziert. Was zunächst lediglich als das Problem einer positiven Energiebilanz diskutiert wurde, verschränkt heute genetische Prädispositionen, Entzündungs- und Stoffwechselparameter, neuroendokrine Faktoren, Lebensstile und Umweltfaktoren. Diese zunehmende Komplexität legt den Schluss nahe, dass die nächsten Jahre von mehr oder weniger aggregierten Risiko*profilen* bestimmt sein werden, die auf der Basis von Kombinationen molekularer, physiologischer, psychologischer, sozialer und Umweltfaktoren operieren werden. Individuelle Diagnostik, Vorbeugung und Therapie scheinen in weiter Ferne (Hedgecoe 2004; Kollek et al. 2003).

Dabei geht der Druck, wirksame Vorbeugung mittels Profilbildung und Prävention zu entwickeln und anzuwenden, zunehmend weniger von der Medizin selbst aus, als von einer breiten Allianz aus Politik, Wirtschaft und Wissenschaft, die sich um die Zukunft der Kranken- und Rentenversicherungen bzw. des Sozialstaats insgesamt sorgt (Walter/Scriba 2004). Die zunehmende Prävalenz von Übergewicht und seiner chronischen Folgeerkrankungen, führt zum einen dazu, dass mehr Menschen teure Gesundheitsleistungen in Anspruch nehmen; zum anderen scheiden die gleichen Menschen früher aus dem Erwerbsleben aus und entfallen als Einzahler in diverse Sicherungssysteme. Um diese Entwicklung zu stoppen und umzukehren, werden Präventionsbestrebungen aller Art massiv gefördert.[6] Neu ist dabei in Deutschland vor allen Dingen, dass man beginnt, deutlich über bloße Appelle und Angebote hinauszugehen, und diverse Anreiz- und Kontrollmechanismen zum Einsatz bringt. Bonusprogramme und Wahltarife der Krankenkassen stellen mit Sicherheit erst den Anfang einer Entwicklung dar, die Eigenverantwortlichkeit ins Zentrum eines zunehmend rudimentären Solidarsystems stellt. Dabei führen epidemiologische wie volkswirtschaftliche Logik dazu, dass die Grenzwerte, die die Grundlage der Risikoprofile darstellen, tendenziell immer weiter gesenkt werden, d.h. dass immer mehr Menschen als *at risk* klassifiziert werden. Eine aktuelle Studie im *British Medical Journal* zeigt, dass etablierte Parameter zur Diagnose des metabolischen Syndroms derzeit etwa 90% der über 50-jährigen Bevölkerung Norwegens einschließen (Westin/Heath 2005).

Der kanadische Wissenschaftshistoriker und -philosoph Ian Hacking spekulierte in seinem British Academy Vortrag des Jahres 2006, dass Übergewicht nicht „*a way to be a person*" sei und sich damit von schwerwiegenden Erkrankungen und Diagnosen wie Autismus oder Schizophrenie unterscheide (Hacking 2006). Für Übergewicht als einen isolierten physiologischen Zustand mag dies

---

[6] Siehe beispielhaft auch den Beitrag von S. Duttweiler in diesem Band.

zutreffen. Risikoprofile bzw. Grenzwerte können allerdings in diesem Kontext nicht allein als objektive Parameter betrachtet werden. Sie stellen zum einen einen heftig umkämpften Konsens divergierender Expertenmeinungen innerhalb verschiedener wissenschaftlicher Disziplinen dar (Aronowitz 1998). Zum anderen spiegeln sie (volks)wirtschaftliche und politische Interessen wider. Als solche verknüpfen sie eine überwiegend medizinisch konnotierte Diagnose mit einem politisch-moralischen Diskurs, der Eigenverantwortlichkeit im Namen von Solidarität einfordert und Schuld zuschreibt.

Diese Form des Übergewichts als komplexe präventive Praxis kann in der Tat als „*a way to be a person*" verstanden werden, der in bestimmten Kontexten die Betroffenen zu einer Reaktion herausfordert. Dabei sind keinesfalls nur Reaktionen zu beobachten, die man als Technologien des Selbst in einem Diskurs der Biomacht verstehen könnte. Foucault hat zwar gezeigt, wie sich im Zuge der Moderne Regierungsformen etablieren, die ihre Wirkmächtigkeit und Stabilität darüber entfalten, dass sie Subjekte hervorbringen, die sich als Subjekte so konstituieren, dass sie dominante Diskurse und Herrschaftsverhältnisse reproduzieren (Foucault 1979). Dabei legt er allerdings weniger Wert auf eine Beschreibung und Analyse der Widerständigkeit von Subjekten und sozialen Konstellationen.

So entstand bereits 1969 die *National Association for the Advancement of Fat Acceptance* (NAAFA) als eine Selbsthilfe- und Lobbygruppe. Neben dieser etablierten Institution entstehen derzeit zahlreiche *size acceptance*-Bewegungen vor allem in Nordamerika, aber zunehmend auch in Europa und Asien.[7] Ziel dieser Gruppierungen ist es, ihre Mitglieder im Kampf gegen Diskriminierungen aller Art zu unterstützen. Dazu gehört zum einen die gegenseitige Unterstützung im dem Bestreben, Dicksein als positive Identität zu etablieren – *fat is a neutral descriptor*. Internetforen, Selbstberichte und Informationsbroschüren spielen dabei eine wichtige Rolle. Zum anderen treten gerade die größeren, gut organisierten Gruppen als Lobbyisten und Repräsentanten der Gemeinschaft der Übergewichtigen in politischen Anhörungen und Gerichtsverfahren auf (Saguy/Riley 2005).

Dabei ist vor allem ihre Auswertung und Nutzung aktueller medizinischer Forschungsergebnisse von Interesse. Von MedizinerInnen hört man häufig die Sorge, dass Berichte in den Medien über Dickmacher-Gene viele Übergewichtige dazu bewegen könnten, ihre Versuche, Gewicht zu verlieren, mit der Begründung aufzugeben, dass man gegen seine genetische Disposition nun einmal nichts machen könne. Und in der Tat taucht diese verkürzte Argumentation hier und da in dieser Reinform auf. Viel prominenter hingegen ist eine komplexere

---

[7] Siehe http://www.size-acceptance.org/branches/index.html für einen Überblick.

Variante dieses Themas, die auch auf wissenschaftlicher Seite Unterstützung findet. Es mache keinen Sinn sich gegen seine biologische Ausstattung zu wehren und Übergewicht sei auf vielfache Weise biologisch determiniert. Jedoch ließe sich trotzdem gegen Herzkreislauferkrankungen vorgehen. Diese Argumentation zeichnet das Bild vom fitten Übergewichtigen, der zwar zuviel auf die Waage bringt, aber trotzdem nicht früher an Herzkreislauferkrankungen leidet als „Normalgewichtige". Diese Position verschließt sich keineswegs der medizinischen Forschung, sondern kritisiert zum einen ihre Nähe zur Pharmaindustrie und die damit in Verbindung stehende Suche nach medikamentösen Lösungen. Zum anderen wehrt sie sich massiv gegen Diäten als Lösung für Probleme von Übergewichtigen. Auch hier spielt zum einen eine Industriekritik eine Rolle, zum anderen werden zahlreiche epidemiologische Studien aus verschiedenen Gründen als wenig aussagekräftig kritisiert.[8] Wichtiger ist allerdings die wenig strittige Beobachtung, dass die überwiegende Zahl der Diäten das Gewicht nicht verringert, sondern erhöht. Der Lösungsansatz Gewichtsverlust erhöhe damit das Risiko einer Herzkreislauferkrankung. Diese Argumentation kritisiert also vor allem die Interventionslogiken wie -praxen als weder theoretisch noch praktisch zu rechtfertigen. Sie nutzt damit eine Entkräftung der medizinischen Logik, um die Akzeptanz von Übergewicht als gleichberechtigter Lebensform zu befördern.

Saguy trennt in ihrer Analyse der konkurrierenden Rahmungen *antiobesity* ForscherInnen und AktivistInnen einerseits von *fat acceptance* ForscherInnen und AktivistInnen andererseits (Saguy/Riley 2005). Was ihre detaillierte Arbeit aber vor allem auch zeigt, ist die mannigfaltige Verschränkung von Wissenspraxen. Eine klare Trennung von wissenschaftlicher Praxis und politischer Arbeit lässt sich nicht aufrechterhalten, auch wenn Saguy dies versucht. Glaubwürdigkeit, Priorisierungen, persönliche wie politische Interessen und Ziele verschmelzen mit wissenschaftlicher Arbeit. Es wird zum einen deutlich, dass die Reduktion von Kontingenz in translationen selten vollständig gelingt. Hatte die Aneignung der ethnischen Stratifzierungskriterien noch den Erfolg solcher Praktiken gezeigt, betont diese Fallstudie die Widerständigkeiten. Zum anderen zeigt sich hier das von Hacking als *looping* beschriebene Phänomen (Hacking 1999). Die *made up people*, nämlich die als übergewichtig und Risikogruppe Klassifizierten, verhalten sich zu dieser Klassifizierung. Diese Widerständigkeit wirkt dann in die wissenschaftliche Praxis zurück und verändert dort die Diskussion über die Klassifizierungskriterien.

---

[8] Grundlage für diese Kritik sind vor allem Einschlusskriterien und das Fehlen valider Kontrollgruppen.

Diskussion: Biopolitik und Subjektivierung

Die Fallstudien verdeutlichen die Vielfältigkeit von translationen. Sie belegen, dass *making up people* selten lediglich einen linearen Prozess des Transfers und der Aneignung beschreibt, sondern durch eine Verschränkung bzw. durch die *intersections* von Wissenspraxen und Materialitäten gekennzeichnet ist, durch Rückkopplungseffekte und durch Diskontinuitäten. Der Fokus auf das Prozesshafte von translationen ermöglicht einen Blick hinter die Kulissen von scheinbar faktischem Wissen. Dabei geht es nicht um eine Entlarvung einer wissenschaftlichen Tatsache als soziale Konstruktion, denn ein solcher Ansatz setzt die notwendige Verknüpftheit von sozialer Praxis und Materialität voraus. Vielmehr macht diese Perspektive die Produktionsprozesse sichtbar, die an der Herstellung und Stabilisierung von Wissensbeständen beteiligt sind.

Es geht allerdings nicht nur um die Details der Mechanik von Wissensproduktion. Translationen, so wie die Analyse der Fallstudien sie zeigt, formen einen wichtigen Bestandteil dessen, was Rabinow als *new types of autoproduction* und als Triebkraft von Biosozialität gekennzeichnet hat. Als solche können sie nicht isoliert betrachtet werden, sondern müssen als Bestandteil eines *panoply of pastoral keepers* in einen zunehmend transnationalen und neoliberalen Diskurs über Biopolitik und Biomacht verstanden werden. Rose und Rabinow haben mit Foucault zu Recht darauf hingewiesen, dass sich in der westlichen Welt zunehmend eine Biopolitik etabliert, die Strategien des Regierens über eine Beziehung von *letting die* (*laissez mourir*) und *making live* (*faire vivre*) entwickelt (Rabinow/Rose 2006). Die Entstehung von Präventionsgefügen, d.h. der Kampf gegen Übergewicht durch die Verschränkung verschiedenster Wissenspraxen, kann also in eine Entwicklung seit dem frühen 18. Jahrhundert eingeordnet werden, die der Wirkmächtigkeit von zunehmend biologisch geprägten Wahrheitsdiskursen und den damit verbundenen Akteuren und Praxisformen eine zentrale Rolle einräumt. Die neue Sprache der *Suszeptibilität* fungiert hier als integratives Moment (Rabinow/Rose 2006: 3).

Somatisierungsprozesse

Im Rahmen dieser biopolitischen Überlegungen sind Subjektivierungsprozesse eingehend analysiert worden (Rose 1989; 1998). Dabei lässt sich eine Verschiebung ausmachen, die Körper und Körperlichkeit als Elemente subjektivierender Vektoren in den Vordergrund rückt. So sprechen Novas und Rose von „somatischer Individualität", um zu kennzeichnen, dass Soma in verschiedenen Formen und auf verschiedenen Pfaden zunehmend in die Konstituierungsprozesse des

Selbst impliziert ist: „*recent developments in the lifesciences, biomedicine and biotechnology are associated with a general 'somaticization' of personhood in an array of practices and styles of thought [...]*" (Novas/Rose 2000: 491)

Problematischer gestaltet sich eine Analyse der kollektiven Dimension dieser Entwicklungen. Dabei ist zu beachten, dass in diesen Zusammenhängen häufig zum weiten Feld der genetischen Erkrankungen gearbeitet wird und es sich hier anbietet, Kollektivierung auf der Ebene von Population oder Familie zu denken (Armstrong et al 1998; Beck 2002; Strathern 1992). Dieser Fokus hat selbstverständlich seine Berechtigung, denn monogenetische Krankheiten machen Verwandtschaftsverhältnisse auf eine neue Art und Weise sichtbar und problematisieren sie mit einer bisher unbekannten Spezifik. Hinzukommt, dass die Technologien und Methoden, die zum Einsatz kommen, in hohem Maße öffentlich kontrovers diskutiert werden, hier also auch ein gesellschaftlicher Selbstverständigungsprozess über grundsätzliche Fragen von Leben, Krankheit und Tod beobachtbar wird. Gleichzeitig muss festgehalten werden, dass monogenetische Krankheiten sowohl für die Betroffenen als auch für die Gesellschaft insofern Ausnahmeerscheinungen darstellen, als sie wenige Menschen betreffen, in deren Alltag aber außerordentlich massiv eingreifen. Auch Hackings Konzepte des *making up people* und des *looping* funktionieren, wenn nicht notwendiger Weise mit genetischen, so doch mit schwerwiegenden Krankheiten, die Alltag radikal transformieren.

Die präventiven translationen im Kontext von Übergewicht vollziehen sich dagegen innerhalb bestehender Gewebe von Alltagspraxis. Kleine Verschiebungen, die isoliert eher banal erscheinen, die aber in ihrer additiven Gesamtheit eine durchaus gewichtige Positionsänderung ausmachen, entziehen sich rasch der analytischen Aufmerksamkeit. Ferner fehlt diesen graduellen Prozessen jeglicher Kristallisationspunkt, an dem sich Widerstand formieren könnte. Es ist daher wichtig hervorzuheben, dass die Beobachtungen und Befunde aus dem Bereich der schwerwiegenden genetischen Erkrankungen nur bedingt bei der hier vorliegenden Analyse Anwendung finden können.

So lässt sich sicherlich aufgrund der Fallstudien zu Ethnizität und *fat acceptance* analog zu Novas und Rose von somatischer Sozialität sprechen. Im Falle der *National Association for the Advancement of Colored People* wird eine spezielle Form der Körperlichkeit, Übergewicht, zu einem weiteren definierenden Merkmal von Gemeinsamkeit. Es ist fast schon ironisch, dass hier eine symbolisch-politische Zu(sammen)gehörigkeit plötzlich einen physiologischen Status verleiht. Im Gegensatz zu dieser Verschiebung, ist der Widerstand der *fat acceptance* Organisationen speziell auf die symbolische Politik des Übergewichts ausgerichtet. Körperlichkeit und Körperkonzepte sind hier explizites

Programm, so dass man den Aufwind, den diese Bewegungen derzeit erfahren, als eine Facette einer Somatisierung von Sozialität verstehen kann.

Ob Widerständigkeit gegen oder Kooperation mit Klassifizierungsmechanismen: Kollektivierungsdynamiken inkorporieren zunehmend eine somatische Komponente. Dabei tritt Soma allerdings nicht nur als kollektivierender Vektor im Sinne *somatischer Kollektivierungsdynamiken* auf. Hackings *looping* weist daraufhin, dass diese Entwicklungen immer auch somatische *Auswirkungen* haben. Man muss also ebenfalls von *kollektiven Somatisierungsdynamiken* sprechen, um nicht aus dem Blick zu verlieren, dass diese Formen der institutionellen Kollektivierung immer auch Körper im Sinne von Physiologie verändern. Da dieser Prozess vermittelt auftritt, ist es eine zentrale Aufgabe aktueller Forschung, zum einen die entstehenden Interventionen, Subventionen und Sanktionen zu analysieren. Zum anderen wird es interessant sein zu beobachten, ob und wie Konzepte von Verantwortung, Bildung und Gemeinschaft eine somatische Umdeutung erfahren (Beck/Niewöhner 2006).

Was bleibt von den Fetten?

So entfaltet und verschränkt sich im Falle von Prävention und Übergewicht in der Tat ein *panoply of pastoral keepers*, das Kollektivierungsdynamiken formt und somatisiert. Rabinow hatte im ursprünglichen Entwurf von Biosozialität das Konzept nicht unironisch überzeichnet, um soziobiologische Entwicklungen zu karikieren (Rabinow 1992). Die subtile Variante von Biosozialität im Kontext aktueller Überlegungen zu Biomacht (Rabinow/Rose 2006) zielt auf Formen der sozialen und individuellen Transformation, die durch Regierungsformen bestimmt werden, die *life itself* (Rose 2001) zum Ziel haben und sich zum einen über Technologien des Selbst manifestieren. Zum anderen verändern sie Kollektivierungsdynamiken und Sozialität über Klassifizierungspraxen, die auf genetischen, physiologischen oder ethnischen Kategorien aufbauen, ihre eigentliche Wirkmächtigkeit aber über eine Verschränkung mit politisch-moralischen wie (volks)wirtschaftlichen Kategorien entfalten.

Der kürzlich im Deutschen Bundestag vorgestellte nationale Aktionsplan „Fit statt Fett" des Bundesministeriums für Ernährung, Landwirtschaft und Verbraucherschutz zeigt deutlich, dass der Kreuzzug gegen die Fette noch eine lange Zukunft vor sich hat. Aufklärung, Eigenverantwortlichkeit und Lebensqualität sind z. Z. noch die dominanten Schlagworte, mit denen man eine „Olympiade der Verbote" verhindern will. Aber die weniger subtilen Steuerungs- wie Sanktionsmechanismen, z.B. Wahltarife und Bonussysteme der Krankenkassen, sind bereits erarbeitet bzw. in Kraft.

Die Logik dieses Gefüges zu beobachten und zu analysieren wird daher eine wichtige Aufgabe der Forschung der nächsten Jahre darstellen. An der Schnittstelle von Wissenschaftsforschung, Sozialanthropologie und Lebenswissenschaften werden dabei vor allem die Verschränkungen von Expertensystemen und sozialem Alltag in den Vordergrund rücken, die so häufig nur als nicht intendierte Nebenfolgen thematisiert werden. Die Beobachtung und Analyse dieser Entwicklungen muss dabei zwei Dinge im Blick halten können: Erstens haben widerständige wie konforme Formen von somatischer Sozialität immer auch somatische Konsequenzen, d.h. sie verändern Körper als Materialität und nicht nur auf politisch-symbolischer Ebene als Text und Diskurs. *Governance at a distance* hält also nicht beim Subjekt an, sondern greift auf das Molekulare durch. Dies erfordert Forschungsdesigns, die die Brücke zwischen Molekularem und Sozialem erfassen und bearbeiten können und sich nicht schon *qua* Methode auf bestimmte Analyseebenen festlegen müssen (Beck/Niewöhner 2006). Zweitens stellt sich die Frage, wie ein langsamer Verschiebungsprozess, der unspektakulär in das Gewebe eines ausdifferenzierten Alltags verwoben ist, im Jetzt registriert werden kann. Der Versuch einer *anthropology of the contemporary*[9] hat hier einen wichtigen Anfang gemacht. Dabei könnte die Entwicklung einer unnachgiebig relationalen Perspektive (Gane/Haraway 2006) dazu beitragen, scheinbar banale Verschiebungen in Netzwerken anders zu registrieren als dies mit etablierten akteurszentrierten Perspektiven der Fall wäre.

Literatur

AAA. (1998): Statement on 'Race'. http://www.aaanet.org/stmts/racepp.htm, letzter Zugriff 29.03.2007, American Anthropological Association, Arlington, VA.
Armitage, J.A./Khan, I.Y./Taylor, P.D./Nathanielsz, P.W./Poston, L. (2004): Developmental programming of the metabolic syndrome by maternal nutritional imbalance: how strong is the evidence from experimental models in mammals? In: Journal of Physiology-London 561, S. 355-77.
Armstrong, D./Michie, S./Marteau, T. (1998): Revealed Identity: a study of the process of genetic counselling.In: Social Science & Medicine 47, S. 1653-8.
Aronowitz, R. (1998): Making sense of illness. Science, Society and Disease. Cambridge.
Beck, S. (2002): Frozen altruism, heated solidarity and iced ethics. In: Biobanks and Ethics, Lundin (Hrsg.).
Beck, S./Niewöhner, J. (2006): Somatographic investigations across levels of complexity. In: Journal of BioSocieties 1, S. 219-27.

---

[9] http://anthropos-lab.net/

Bijker, W.E./Hughes, T.P./Pinch, T.P., eds. (1987): The Social Construction of Technological Systems. New Directions in the Sociology and History of Technology. Cambridge.
Bloor, D. (1991): Knowledge and Social Imagery. Chicago.
Brunner, E.J./Hemingway, H./Walker, B.R./Page, M./Clarke, P., et al. (2002): Adrenocortical, autonomic, and inflammatory causes of the metabolic syndrome – Nested case-control study. In: Circulation 106, S. 2659-65.
Callon, M. (1999): Some Elements of a sociology of translation. Domestication of the Scallops and the Fishermen of St.Brieuc Bay. In The Science Studies Reader, Biagioli, M., New (Hrsg.) York, S. 67-84.
Cheal, K.L./Abbasi, F./Lamendola, C./McLaughlin, T./Reaven, G.M./Ford, E.S. (2004): Relationship to insulin resistance of the Adult Treatment Panel III diagnostic criteria for identification of the metabolic syndrome. In: Diabetes 53, S. 1195-200.
Duster, T. (2006): Lessons from History: Why Race and Ethnicity have played a major role in biomedical research. In: Journal of Law, Medicine & Ethics Fall 2006, S. 1-11.
Foucault, M. (1979): The history of sexuality – Vol I.: An introduction. London.
Fujimura, J.H. (1992); Crafting science: standardized packages, boundary objects, and „translation". In Science as Practice and Culture, ed. Pickering, A. Chicago.
Gane, N./Haraway, D. (2006): When we have never been modern, what is to be done. In: Theory, Culture & Society 23, S. 135-58.
Hacking, I. (1999): The social construction of what? Cambridge/MA.
Hacking, I. (2006): Kinds of People: Moving Targets. In: British Academy Lecture 10, S. 1- 18.
Hedgecoe, A. (2004): The politics of personalised medicine: pharmacogenetics in the clinic. Cambridge.
IDF (2006): The IDF worldwide consensus definition of the metabolic syndrome, International Diabetes Foundation, Brussels.
Irwin, A. (2001): Constructing the scientific citizen: science and democracy in the biosciences. In: Public Understanding of Science 10, S. 1-18.
Joerges, B. (1987): Technik, Umwelt, Alltag – eine Bestandsaufnahme neuerer soziologischer Forschung. Berlin: Wissenschaftszentrum.
Joerges, B. (1996): Technik, Körper der Gesellschaft. Frankfurt/M.
Kahn, R./Buse, J./Ferrannini, E./Stern, M. (2005): The metabolic syndrome – time for a critical appraisal. In: The Lancet 366, S. 1921-2.
Knorr-Cetina, K. (1999): Epistemic Cultures. Cambridge/MA.
Kollek, R./Feuerstein, G./Schmedders, M./Aken, J.v. (2003): Pharmakogenetik: Implikationen für Patienten und Gesundheitswesen. Baden-Baden.
Latour, B. (1995): Wir sind nie modern gewesen. Versuch einer symmetrischen Anthropologie. Berlin.
Latour, B. (2005): Reassembling the Social: An Introduction to Actor-Network-Theory. Oxford.
Law, J. (1992): Notes on the Theory of the Actor Network: Ordering, Strategy, and Heterogeneity. In Working Paper Series Lancaster University CSS. Lancaster.

Law, J./Hassard, J., eds. (1999): Actor Network Theory and After. Oxford: Blackwell and the Sociological Review.
Lipphardt, V./Niewöhner, J. (2007): Producing difference in an age of biosociality. Biohistorical narratives, standardisation and resistance as translations. In: Science, Technology & Innovation Studies 3, S. 45-66.
Lock, M./Young, A./Cambrosio, A., eds. (2000):. Living and Working with the New Medical Technologies. Intersections of Inquiry. Cambridge.
NCEP (2001): Executive summary of the third report of the national cholesterol education program (NCEP) expert panel on detection, evaluation, and treatment of high blood cholesterol in adults (adult treatment panel III). In: Journal of the American Medical Association 285, S. 2486-97.
Novas, C./Rose, N. (2000): Genetic risk and the birth of the somatic individual. In: Economy and Society 29, S. 485-513.
Pasanisi, P./Berrino, F./De Petris, M./Venturelli, E./Mastroianni, A./Panico, S. (2006): Metabolic syndrome as a prognostic factor for breast cancer recurrences. In: Int J Cancer.
Rabinow, P. (1992): From sociobiology to biosociality: artificiality and enlightenment. Incoroporations. Crary, J./ Kwinter, S. (Hrsg.). New York.
Rabinow, P./Rose, N. (2006): Biopower today. In: Journal of BioSocieties, :S. 195-217.
Reaven, G. 1988. Banting lecture (1988): Role of insulin resistance in human disease.In: Diabetes 37, S. 1595-607.
Reaven, G. (2002): Metabolic syndrome – Pathophysiology and implications for management of cardiovascular disease. In: Circulation 106, S. 286-8.
Rheinberger, H.-J. (1997): Toward a History of Epistemic Things. Synthesizing Proteins in the Test Tube. Stanford.
Rose, N. (1989): Governing the Soul – the shaping of the private self. London: Routledge.
Rose, N. (1998): Inventing Our Selves – Psychology, Power and Personhood. Cambridge.
Rose, N. (2001): The Politics of Life Itself. In: Theory, Culture & Society 18, S. 1-30.
Rosmond, R./Bjorntorp, P. (2000): Occupational Status, Cortisol Secretory Pattern, and Visceral Obesity in Middle-aged Men. In: Obes Res 8, S. 445-50.
Saguy, A.C./Riley, K.W. (2005): Weighing both sides: Morality, Mortality, and Framing Contests over Obesity. In: Journal of Health Politics, Policy and Law 30, S. 869-921.
Stifterverband (2000): PUSH – Public understanding of science and humanities, Stifterverband für die deutsche Wissenschaft, Bonn.
Strathern, M. (1992):. After Nature: English Kinship in the Late twentieth Century. Cambridge.
Tauman, R./O'Brien, L.M./Ivanenko, A./Gozal, D. (2005): Obesity Rather Than Severity of Sleep-Disordered Breathing as the Major Determinant of Insulin Resistance and Altered Lipidemia in Snoring Children. In: Pediatrics 116, S. 66-73.
Walter, U./Scriba, P.C. (2004): Präventive Medizin: Sind wir noch nicht reif? In: Der Internist 45, S. 137-8.
Westin, S./Heath, I. (2005): Thresholds for normal blood pressure and serum cholesterol. In: BMJ 330, S. 1461-2.

WHO Expert Consultation (2004): Appropriate body-mass index for Asian populations and its implications for policy and intervention strategies. In: The Lancet 363. S. 159-63.
Wynne, B. (1996): Misunderstood misunderstandings: social identities and public uptake of science. In Misunderstanding science, Irwin, A./ Wynne, B. (Hrsg.). Cambridge.
Zimmet, P.Z./Alberti, K.G.M.M./Shaw, J.E. (2005): Mainstreaming the metabolic syndrome: a definitive definition. In: Medical Journal Australia 183, S. 175-6.

Medien: Dickmacher oder Mittel zur Förderung einer gesunden Lebensweise?

Helga Theunert

„Essen und Medien" – diese Verbindung ist vorwiegend negativ konnotiert: Kinder, die sich vor der Glotze mit Chips und Süßem voll stopfen; Mädchen, die sich schon vor der Pubertät dünn hungern, um den medial propagierten Schönheitsidealen nahe zu kommen; Dauerbewerbung von Dünn-, Schön- und Glücklichmachern. Wer Medien als Verführer, als Zeit- und Bewegungsfresser etikettiert, hat nicht unrecht. Nicht von ungefähr schätzt die Wirtschaft die Medien als hervorragende Werbeträger und lässt sich vor allem die bildlich inszenierten Verführungsstrategien einiges kosten. Auch die Feststellung, dass fernsehen, die Maustaste drücken oder den Joystick bedienen nicht sonderlich kalorienzehrend sind, ist schwerlich von der Hand zu weisen und wer seinen Tag vorwiegend im Sitzen oder Liegen verbringt, hat zwangsläufig weniger Zeit für körperliche Aktivitäten übrig.

Stimmt also der öffentlichkeitswirksam formulierte Zusammenhang, den beispielsweise der Kriminologe Christian Pfeiffer[1] so gern postuliert, nämlich dass Medien dick, dumm und wahlweise traurig oder aggressiv machen? Die Medien ihrerseits greifen Parolen wie diese mit wahrer Begeisterung auf und verbreiten sie meist ohne den empirischen Wahrheitsgehalt zu prüfen, und ebenso ungeprüft halten solche Konstrukte Einzug in politische Reden. Auch im Umfeld von Kampagnen, die, wie die von der ehemaligen Bundesministerin für Verbraucherschutz, Ernährung und Landwirtschaft, Renate Künast, ins Leben gerufene „Plattform Ernährung und Bewegung" (peb), die deutsche Population, insbesondere die heranwachsende, zu einer gesunden Lebensweise bringen wollen, wird gelegentlich mit Kausalzusammenhängen zwischen zu viel Leibesumfang und zu viel Medienkonsum hantiert als handle es sich um Naturgesetze. Systematisch ausgeklammert bleiben dabei die Ergebnisse der differenzierten Medienforschung der vergangenen Jahrzehnte. Weit entfernt von kurzschlüssigen Kausalbehauptungen wären sie erhebliche Störfaktoren in dem Gespinst von populistischer Vereinfachung, Hysterisierung und Gefährdungsszenarien.

---

[1] Christian Pfeiffer ist Direktor des Kriminologischen Forschungsinstituts Niedersachsen und gibt seit einigen Jahren neben dem Kriminologen auch den jederzeit auskunftsbereiten Medienexperten.

Nicht die Medien sind die Dickmacher. Wohl aber spielen die Medien eine Rolle im Kontext von Lebensbedingungen, aus denen bestimmten Bevölkerungsgruppen systematisch Benachteiligungen erwachsen. So ist beispielsweise ein überbordender Medienkonsum in sozial und bildungsmäßig schlechter gestellten Milieus deutlich häufiger zu finden.[2] Hier kann es dann auch zu prekären Allianzen zwischen Mediengebrauch und körperlich wenig aktiven Freizeitgewohnheiten sowie ungesunden Ernährungsgewohnheiten kommen. Die Ergebnisse des bundesweiten Kinder- und Jugendgesundheitssurveys (KiGGS) verweisen darauf, dass Kinder und Jugendliche aus Familien mit niedrigem Sozialstatus und solche mit Migrationshintergrund ein deutlich höheres Risiko für Übergewicht und Adipositas haben (vgl. Kurth/Schaffrath Rosario 2007). Doch solche Allianzen sind nicht zwangsläufig und wohl auch nicht nur milieuspezifisch zu sehen, worauf Phänomene wie die sogenannte Wohlstandsverwahrlosung verweisen.[3] Auch die Verbindung mit gegenteiligen Vorzeichen kann Plausibilität beanspruchen. Wer es versteht, die Medien als Informations- und Wissensvermittler zu nutzen – ein Mediengebrauch, den wir vorwiegend in bildungsbevorzugten Milieus finden –, kann aus ihnen gewinnbringende persönliche Orientierung beziehen, auch in punkto gesunder Lebensweise. Nicht umsonst gelten die Medien als herausragende Instrumente der Themensetzung und Meinungsbildung. Wer heute öffentliche Aufmerksamkeit will, braucht die Medien und so bemüht sich auch die Gesundheitsbewegung um mediale Präsenz und investiert wie die „peb" in TV-Spots für Vorschulkinder und ihre Eltern. Schon früh morgens künden nun „Peb & Pebber – Helden privat" im hinsichtlich der Adressaten einschlägigen Sender SuperRTL wie vergnüglich gesundes Essen und Bewegung ist. Ob mit nachhaltigem Effekt ist freilich noch nicht ausgemacht.

Wer den Zusammenhang zwischen Medien und gesunder Lebensweise nur plakativ und nur unter negativen Vorzeichen sieht, der unterschätzt die eigentliche Bedeutung von Medien in einer Gesellschaft, die vielfach medial beeinflusst und mitgestaltet ist. Er missachtet zugleich die Potenziale, die Medien bieten, um Wissen zu mehren, Denkanstöße und Handlungsanregungen in vielerlei Richtungen zu geben und um sich Bereiche wie eine gesunde Lebensweise über mediale Aktivitäten selbsttätig zu erschließen und anzueignen. Um sich der Bedeutung von Medien für eine gesunde Lebensweise – verstanden als Balance zwischen Ernährung, Bewegung und Entspannung bzw. Stressabbau, ein Dreiecksverhältnis, dass etwa die „peb" zur Grundlage ihres Handelns erklärt – anzunähern, ist zunächst zu klären, welche Funktionen die Medien in unserer Gesellschaft haben

---

[2] Vgl. hierzu die Forschungen des JFF – Institut für Medienpädagogik in Forschung und Praxis, aktuell die Konvergenzstudien, ein Überblick bei Theunert (2006).
[3] Die vorsichtige Formulierung ist bewusst, denn die empirische Kenntnislage zur Bedeutung von Medien für eine gesunde Lebensweise ist als sehr dürftig zu qualifizieren.

und wie Menschen unterschiedlicher Herkunft, unterschiedlichen Alters und Geschlechts sie im Kontext ihrer persönlichen Biografie in ihre Lebensvollzüge integrieren.

Soziale Funktionen von Medien

Medien sind integrierte Bestandteile sozialer Realität: Als solche haben sie vielfältige, auch konstitutive Funktionen für gesellschaftliche Prozesse sowie für kollektive und individuelle Lebensführung und sind vielfach in die Interaktion der Menschen mit der sie umgebenden Umwelt verwoben.

Medien sind Gegebenheiten der Umwelt

Medien begegnen dem Menschen vom ersten Lebenstag an in materieller Gestalt, als Reizquellen zunächst und, sobald die kognitiven Fähigkeiten es gestatten, als Übermittler von Botschaften, mit deren Inhalten und Präsentationsformen sich die Menschen auseinander setzen, die sie auf der Folie ihrer subjektiven Lebensvollzüge interpretieren und die sie zu sich in Beziehung setzen.

Die Mehrheit der Kinder wird heute schon im Säuglingsalter mit Medien konfrontiert. Mehr noch, der Medienmarkt ist bestrebt, im Kindersegment immer jüngere Gruppen als „Kunden" zu gewinnen. Das geschieht primär über die Eltern und – seit die PISA-Studien oder aktuell ein Bericht der UNICEF (2007) auf die Bildungsdefizite hierzulande verweisen – vorzugsweise unter dem Etikett „lehrreich". Das 24-Stunden-Programm „BabyTV", derzeit nur in Baden-Württemberg empfangbar, reklamiert dieses Attribut ebenso für sich wie Fernsehprogramme, die wie die „Teletubbies" im öffentlich-rechtlichen Kinderkanal KI.KA schon Zweijährige erreichen wollen. Wie die ersten Medienkontakte sich gestalten, hängt unmittelbar vom familiären Medienumgang ab. Er entscheidet in den frühen Lebensjahren und auch im weiteren Verlauf der Kindheit, mit welchen Medien das Kind in Berührung kommt, welches Vorbild ihm die Eltern und andere Familienmitglieder geben und welche Medienerziehung ihm zuteil wird, was es also in Bezug auf die Medien darf und was ihm untersagt wird. In der Familie wird der entscheidende Grundstein für den eigenen Medienumgang gelegt. Dieser Grundstein ist deutlich milieuspezifisch gefärbt. Auf eine knappe Formel gebracht: Je niedriger das familiäre Bildungsniveau ist, desto stärker ist die an medialer Unterhaltung, vor allem an Fernsehunterhaltung ausgerichtete Konsumorientierung des Mediengebrauchs ausgeprägt, desto häufiger zeigen sich problematische Mediengewohnheiten wie Dauerfernsehen oder risikoreiche

Medienvorlieben wie die für actionreiche Angebote und desto geringer bzw. pädagogisch ungenügend sind die medienerzieherischen Anstrengungen (vgl. Theunert/Demmler 2007).

Aufgebrochen wird der milieuspezifische Medienumgang auch in späteren Lebensjahren kaum. Denn die weitere wichtige Einflussgröße Peergroup teilt in der Regel die milieuspezifischen Lebensbedingungen ebenso wie die Medienvorlieben. Die potenziellen Korrektive Kindergarten und Schule entfalten kaum Wirksamkeit. Es mangelt an der strukturellen Verankerung von Medienpädagogik und gleichermaßen an einschlägiger Aus- und Fortbildung.

Medien sind Interpretations- und Orientierungshilfen

Medien archivieren menschliche Geschichte und Daseinsformen, bieten Wissen zu einer Fülle von Bereichen, informieren über aktuelle Ereignisse und bieten als Orientierungsinstanzen Interpretationen zu gesellschaftlichem und kulturellem Geschehen, zu sozialen Fragen, Werthaltungen, Lebensstilen usw. Dies machen sich Menschen bewusst oder unbewusst zunutze, um die nähere und weitere Umwelt zu verstehen und sich anzueignen.

Für Heranwachsende sind Medien eine zentrale Wissens- und Informationsquelle, die sie sich für ihre Orientierung in der näheren und weiteren Lebenswelt zunutze zu machen versuchen. Das Fernsehen hat dabei insbesondere in der Kindheit eine herausgehobene Stellung. Wissenssendungen wie „Die Sendung mit der Maus" (ARD und KI.KA) oder „Löwenzahn" (ZDF und KI.KA) beantworten Kindern seit Generationen ihre vielen Warum-Fragen und stoßen bei ihnen und bei Eltern auf Wertschätzung. Die Wertschätzung erstreckt sich auch auf die Weiterverwertung der Sendungsinhalte über CD-ROMs oder auf die Erweiterung der Inhaltsbereiche über Internetseiten zu Sendungen (z.B. zu „Galileo" von PRO 7). Nachrichten werden ebenfalls schon früh wahrgenommen, wenn auch mit gemischten Gefühlen, denn die Gräuel der Wirklichkeit sind für Kinder mit erheblichen Belastungen und Verarbeitungsschwierigkeiten verbunden. Was Wissen und Information betrifft, so werden die Medien im Jugendalter zur wichtigsten Quelle. Dem Fernsehen gesellen sich der Hörfunk und zunehmend das Internet als Informationsmedien zu. Wie intensiv die Informationsfunktion von Medien genutzt wird und welchen Medienangeboten Informationswert zugewiesen wird, ist wiederum in starkem Maße vom Faktor Bildung bestimmt: Je niedriger das Bildungsmilieu desto mehr werden auch Boulevardmagazine wie „Explosiv" (RTL) und die Fülle der Real-Life-TV-Formate wie etwa Gerichtsshows à la „Das Familiengericht" (RTL) als informativ und nützlich für die eigene Lebensführung erachtet und wertgeschätzt.[4]

Die Orientierungskraft der Medien erschöpft sich jedoch nicht im informativen Bereich. Von klein auf wird an die gesamte mediale Angebotspalette auch die Erwartung herangetragen, Unterstützung für die eigene Lebensbewältigung zu finden. Die Suchrichtungen sind vorrangig motiviert von der Identitätsarbeit und entsprechend variiert die alters- und geschlechtsspezifische Konkretisierung. Insgesamt richtet sich die Aufmerksamkeit während des gesamten Prozesses des Heranwachsens vorrangig auf Geschlechterrollen, Beziehungsfragen, Konfliktverhalten, persönliche Lebensperspektiven, Normen und Wertgefüge, auf Äußerlichkeiten, Lebensstile bis hin zu personalen Vorbildern. Der Umgang mit den medialen Offerten ist dabei in aller Regel von einer einfachen Übernahme weit entfernt. Vielmehr inszenieren die Heranwachsenden komplexe gedankliche Wechselspiele zwischen den medialen Vorgaben, die ihr Interesse geweckt haben, und ihren persönlichen und lebensweltlichen Gegebenheiten und versuchen so, den eventuellen Mehrwert der medialen Offerten abzuschätzen. Die Realität hat im Regelfall das stärkere Gewicht und entsprechend wird nur angenommen, was passend erscheint oder passgerecht gemacht werden kann. Risikopotenziale sind vorwiegend dort auszumachen, wo problematische Orientierungen aus den Medien und der Realität korrespondieren und sich so gegenseitig verstärken können.[5]

Das Fernsehen hat auch in diesem Kontext eine herausragende Bedeutung, vor allem über die bei Kindern und Jugendlichen beliebten Angebote. Dazu zählen seit Jahr und Tag die Serien, allen voran Cartoons und Daily Soaps, alles, was mit Musik zu tun hat, also die Angebote von Musiksendern wie MTV und mittlerweile auch Castingshows wie „Deutschland sucht den Superstar" (RTL) und das Real-Life-TV mit „Big Brother" (RTL II) u.Ä. Hinzu kommen bereits in der Kindheit die Computerspiele. Diese gewinnen im Jugendalter insbesondere in der Version von Online-Spielen erhebliche Identitätsrelevanz, denn in ihrem Umfeld entstehen nicht nur Spielergemeinschaften, sondern jugendkulturelle Szenen. Mit den neuen, auch interaktive Möglichkeiten beinhaltenden Medien hat sich die Variationsbreite dieser Art von zur Identitätsarbeit dienenden Mediengebrauchs erheblich erweitert, reicht über das Gedankenexperiment hinaus und erlaubt kommunikatives und selbstpräsentatives Experimentieren in virtuellen Räumen.

---

[4] Zur empirischen Differenzierung der Informationsfunktion von Medien ein Überblick bei Theunert 2005.
[5] Zur empirischen Differenzierung der Orientierungsfunktion von Medien ein Überblick bei Theunert 2005.

Medien sind Mittel der sozialen Interaktion

„Mitmischen können" ist schon für Kinder eine wichtige Komponente des Mediengebrauchs. Wenn sie mit „ihrer" Sendung oder „ihrem" Star Kontakt aufnehmen können, wenn ihre Meinung gefragt ist oder wenn sie gar ihr Können zeigen können, kurz, wenn sie involviert werden, hat das besonderen Reiz. Vor allem die Digitalisierung und crossmediale Verzahnung der Medienwelt hat die Möglichkeiten medial basierter Interaktion und Partizipation für den Einzelnen potenziert und die Formen der öffentlichen Präsentation über Medien erheblich erweitert.

Heranwachsende machen von diesen Möglichkeiten zunehmend Gebrauch. Chatten beispielsweise ist zu einer zentralen Kommunikationsform avanciert. Mit Beginn des Jugendalters wird es zunehmend relevanter; bei den 14-/15-Jährigen, die das Internet nutzen, besuchen laut der aktuellen JIM-Studie fast 40% nahezu täglich einen Chatroom (vgl. mpfs 2006). Sie halten darüber Kontakt zur Freundes- und Bekanntengruppe oder stellen über thematische Chaträume neue Kontakte her. Die Möglichkeit der Anonymität erlaubt es vor allem im zweiten Fall, sich selbst in verschiedenen Rollen zu erleben, inklusive Feedback auf die eigenen oder erdachten Rollenbestandteile.

Je höher das Bildungsmilieu, desto mehr schöpfen insbesondere Jugendliche die interaktiven, kreativen und selbstpräsentativen Potenziale des Internets aus, die mit einem hohen Maß an Eigenaktivität verbunden sind. Das Internet ist Treffpunkt im Kontext jugendkultureller Szenen, erlaubt gemeinsame kreative Aktionen trotz räumlicher Trennung (z.B. Musikproduktion), ist eine Plattform, um eigene Meinungen zu verbreiten und sich darüber auszutauschen (z.B. in Podcasts) und um sich als Person bzw. seine spezifischen Fähigkeiten zu präsentieren (vgl. Wagner/Theunert 2005; Wagner u.a. 2007).

Das eigene Produzieren von Medien hat für viele Heranwachsende eine hohe Faszinationskraft[6], nicht zuletzt weil sie hierbei Erfahrungen machen, die für die persönliche und soziale Entwicklung weiterführend sind und zugleich Motivation und Engagement fördern; Kompetenzerleben gehört ebenso dazu wie Handeln in sozialer Einbettung. In das eigene Produzieren von Medien sind thematische Auseinandersetzungen, Aushandlungsprozesse mit anderen und Selbstreflexion integriert. Entsprechend haben Medien in solchen Kontexten eine Aktivierungsfunktion, die insbesondere im Hinblick auf soziale Fragen und gesellschaftlich relevante Themen Sensibilisierungseffekte zeitigt.

Medien sind – so das Resümee aus den obigen Ausführungen – weit mehr als unterhaltsame Zeitfresser. Sie sind in der heutigen Gesellschaft, die nicht

---

[6] Allein an den vom JFF ausgerichteten bayerischen Jugendfilmfesten beteiligen sich jedes Jahr mehrere tausend Jugendliche.

umsonst auch als Mediengesellschaft tituliert wird, bedeutsame Mittel der Weltaneignung, die ab der Kindheit in kontinuierlich komplexer werdender Art und Weise zur Wissensmehrung und inhaltlichen Orientierung, als Handlungsinstrumente und Präsentationsfelder und zur Partizipation an sozialen Prozessen nutzbar gemacht werden.

Auf der Basis der sozialen Funktionen von Medien scheinen im Hinblick auf die Förderung einer gesunden Lebensweise bei Kindern und Jugendlichen drei Funktionsaspekte von besonderer Relevanz:

1. *Aufklärung über eine gesunde Lebensweise:* Als kognitiv ausgerichtete Strategie ist sie in Wissens- und Informationsangebote differenziert nach den Adressatengruppen Kinder, Jugendliche, Eltern anzusiedeln.
2. *Positive Imagebildung für eine gesunde Lebensweise:* Als emotional ausgerichtete Strategie ist sie auch in emotional besetzten Medienangeboten besonders gut untergebracht, also vorrangig in von Kindern, Jugendlichen oder Eltern favorisierten Unterhaltungsangeboten.
3. *Aktivierung für eine gesunde Lebensweise:* Als handlungsorientierte Strategie, die zum selbsttätigen Gebrauch von Medien motiviert, zielt sie insbesondere auf Kinder und Jugendliche, die in Prozessen des medialen Produzierens eigene Positionen entwickeln bzw. differenzieren und durch deren Veröffentlichung ihrerseits Denkanstöße und Handlungsanregungen für andere geben können.

Für die Wahl der für diese Strategien geeigneten Medien bzw. Medienangebote geben die Adressatengruppen den Ausschlag. Kinder und Jugendliche kann man nur erreichen, wenn man den Weg über ‚ihre' Medien wählt. Fernsehen, Computerspiele und ab ca. zehn Jahren das Internet sind zentral. Auch bei Eltern ist die Aussicht auf Erfolg am größten, wenn an ihren medialen Gewohnheiten angedockt wird. Das Fernsehen ist insbesondere im Hinblick auf sozial und bildungsmäßig benachteiligte Milieus das erste Medium der Wahl. Das Internet bietet zwar die meisten Möglichkeiten, die im Hinblick auf professionell Erziehende auch ausgeschöpft werden können und sollten; niedrige Sozial- und Bildungsmilieus erreicht man darüber jedoch (noch) nicht.[7] Wo es um den selbsttätigen Gebrauch von Medien geht, gilt die Regel: Es sind solche Medien sinnvoll, die die Kinder und Jugendlichen bevorzugt in Gebrauch haben und mit denen sie

---

[7] Die Autorin ist Projektleiterin des FLIMMO, einer Fernsehberatung für Eltern von Kindern zwischen drei und 13 Jahren, die seit nunmehr zehn Jahren aufgrund der angeführten Punkte wöchentlich aktualisiert im Internet erscheint und zusätzlich mehrmals jährlich als Broschüre zum Verteilen an Orten, die Eltern aufsuchen, wie Kindergarten, Schule, Kinderarzt, Apotheken usw. Nähere Information unter www.flimmo.tv.

von ihren Fähigkeiten her auch produktiv arbeiten können. Die heutigen Medientechniken eröffnen hier bereits Kindern eine Fülle von Möglichkeiten, die sich mit zunehmendem Alter kontinuierlich erweitern (vgl. Anfang u.a. 2005).

Die Rolle von Medien im Kontext gesundheitsrelevanter Themen

In den oben skizzierten Funktionen haben Medien – so die plausible Annahme, die durch vereinzelte Studien gestützt wird – auch Relevanz im Kontext gesundheitsbezogener Themen, und zwar in positiven wie in negativen Wirkrichtungen: Für eine gesunde Lebensweise hinderlich sind Medien dort, wo sie problematische Orientierungen verbreiten, etwa Schlankheitswahn propagieren, Vorurteile gegenüber Übergewichtigen schüren, Pseudolösungen wie Blitz-Diäten, Schönheitsoperationen etc. andienen oder verzerrte Problemperspektiven verbreiten, indem sie etwa undifferenzierte Zahlen in Umlauf bringen oder Horrorszenarien entwerfen. Hilfreich können Medien dort sein, wo sie zielgruppenspezifische, seriöse und anschauliche Informationen offerieren, mit kreativen Strategien zu einem positiven Image für gesunde Ernährung beitragen oder Anregungen für eine aktive Lebensführung geben. Beides ist in der heutigen Medienlandschaft zu finden, allerdings in den Ausprägungen und Auswirkungen allenfalls rudimentär untersucht.

Am Beispiel des Fernsehens wird knapp und ohne Anspruch auf Vollständigkeit oder systematische Analyse an einigen ausgewählten Beispielen und Forschungsergebnissen illustriert, wie mit dem Thema gesunde Lebensweise in Angebotssegmenten umgegangen wird, die für Kinder und Jugendliche bedeutsam sind.

Fernsehwerbung: Alles für ein gutes Leben

Das Fernsehen ist ein begehrter Werbeträger für Nahrungsmittel ebenso wie für Wellness- und Fitnessprodukte und sonstige Mittel, die körperlichem Wohlbefinden und attraktiver Körperlichkeit zugute kommen sollen. Die Werbebranche setzt dabei keineswegs nur auf sachliche Information, die zu bewerbenden Produkte werden vielmehr in kleine, flott und ästhetisch gestaltete Geschichten integriert, die Botschaften und Versprechen transportieren, vor allem solche, die persönlichen Zugewinn versprechen, beispielsweise positiv konnotierte Lebensstile und Gefühlswelten, Zugehörigkeit, In-sein, Aufmerksamkeit und Erfolg. In einem Lebensstadium, das von Identitätssuche geprägt ist, kann gerade diese Verbindung von Konsum, Ästhetik und Identität leicht Gehör finden und auf

Zuspruch stoßen. Hinzu kommt ein ausgeprägtes Markenbewusstsein in der heutigen heranwachsenden Generation (vgl. Hasebrink 2004). Schon Kinder und noch stärker Jugendliche haben es schwer, gegenüber angesagten Marken Abstinenz an den Tag zu legen. Zu stark ist die Koppelung an sozialen Status und Anerkennung in der Peergroup und entsprechend groß ist die Angst vor sozialer Ausgrenzung.

Ein Ergebnis verschiedener Untersuchungen fällt ins Auge: Süßigkeiten werden besonders intensiv beworben und das bei einigen Sendern ausgerechnet im Umfeld von kinderrelevanten Sendungen[8]. Dass das zumindest für die Aufmerksamkeit der Kinder nicht ganz ohne Effekt bleibt, zeigt eine ältere Studie zur Rezeption von Fernsehwerbung. Danach sind Werbespots für Schokolade bei Kindern besonders beliebt, ganz besonders wenn junge Protagonisten vorkommen (vgl. Charlton u.a. 1995). Einer der Klassiker entsprechender Werbung ist der Spot für die Kinderüberraschungseier, der neben Süßem gleich noch ‚Spiel, Spaß und Spannung' verspricht. Eine direkte Wirkung der Werbung auf das Essverhalten ist nach der Forschungslage jedoch zweifelhaft. Es spricht einiges dafür, dass die reale Umgebung auch hier den Ausschlag gibt (vgl. Lücke 2003). So nennen Kinder beispielsweise vorrangig Freundinnen und Freunde als Anstoß dafür, sich bestimmte Esswaren und Getränke – hier investieren sie den Löwenanteil ihres Taschengeldes – zu kaufen. Fernsehen und Werbung kommen mit sehr deutlichem Abstand auf dem zweiten und dritten Rang (vgl. Hasebrink 2004).

Das Real-Life-TV: Zweifelhafte Vorbilder und Schreckensszenarien

Das Real-Life-TV boomt seit Jahren im deutschen Fernsehen, was nicht verwundern kann, denn die Hauptakteure sind weitgehend umsonst zu haben, und so ist diese Art des Fernsehens ausgesprochen kostengünstig. Die Palette zugehöriger Sendungen ist ziemlich unüberschaubar; teilweise handelt es sich um Eintagsfliegen, denn was nicht sofort Quote bringt, wird schnell abgesetzt, um Platz für den nächsten Versuch zu machen. Mittlerweile wird fast kein Lebensbereich mehr ausgespart: Das Fernsehpublikum ist dabei, wenn Intimitäten, Konflikte, eigenartige Lebensweisen u.Ä. ausgeplaudert werden (Talkshows), wenn Streitigkeiten oder Verfehlungen verhandelt werden (Gerichtsshows), wenn Mütter zeitweise getauscht („Frauentausch", RTL II) und Kinder erzogen („Super Nanny", RTL) werden oder wenn ausprobiert wird, wie Menschen unter Zwangsbedingungen miteinander auskommen („Big Brother", RTL II) oder mehr oder

---

[8] Vgl. den Forschungsüberblick von Lücke u.a. 2003 sowie Lücke 2007

weniger talentierte junge Menschen sich für eine Medienkarriere abstrampeln („Popstars", PRO 7). Es verwundert kaum, dass in diesem Fernsehsegment auch Gesundheitsrelevantes nicht ausgespart bleibt.

In einer ersten Variante wird das Thema gesunde Lebensweise in der Form tangiert, dass Vorbilder propagiert werden, die diesem Thema eine bestimmte Ausrichtung geben. Ein aktuelles Beispiel dafür ist die Sendung „Germany's next Topmodel – by Heidi Klum" (PRO 7). Moderiert vom Ex-Model Heidi Klum, lautet die Devise: ‚Modeln ist ein Knochenjob'. Die Zusatzbotschaft ‚Schlanksein ist alles' läuft ganz automatisch mit, dafür sorgen Moderatorin, Jury und die eifernden Nachwuchsmodels. Diese Botschaft fügt sich bruchlos in ein Schönheitsideal, das heute auf Schritt und Tritt präsent ist, medienübergreifend und real: Stars und Sternchen rühmen sich in einschlägigen Gazetten in der Kinderabteilung einzukaufen, wer etwas kräftiger gebaut ist, wird in manchem angesagten Klamottengeschäft zum Problemfall, Frauen- und Mädchenzeitschriften rufen gleich nach Weihnachten zum Diäten auf, denn sonst ist es zu spät für die Bikinifigur. Es ist keine Ausnahme mehr, dass Mädchen schon vor der Pubertät mit dem Diäten beginnen, um dem allseits propagierten Schönheitsideal nahe zu kommen und es sind nicht nur die, die von einer Modelkarriere träumen. Um diese Ausprägung von ungesunder Lebensweise ist es öffentlich recht still geworden, seit die Dicken ins Visier geraten sind. Da muss schon ein Model an Untergewicht sterben, damit wieder einmal laut über den Schlankheitswahn nachgedacht wird. Einige ausländische Untersuchungen verweisen darauf, dass die medienübergreifend propagierten Schlankheitsideale als ein möglicher Einflussfaktor für Essstörungen wie Magersucht in Betracht zu ziehen sind (vgl. Lücke 2003).

In der zweiten Variante wird das Thema direkt aufgegriffen. Versehen mit dem Etikett ‚Lebenshilfe' wird in Abnehmshows wie „Du bist, was du isst" (RTL II) oder in Sendungen wie „Besser Essen – Leben leicht gemacht" (PRO 7) und „Liebling, wir bringen die Kinder um!" (RTL II) das Dicksein bekämpft, teilweise mit recht harten Bandagen. Das Konzept von Sendungen wie „Liebling, wir bringen die Kinder um!" setzt auf Hysterisierung, Schockeffekte und Voyeurismus. Die übergewichtigen Kinder und ihre Familien werden rücksichtslos vorgeführt: Jedes Körperdetail der Kinder wird groß ins Bild gesetzt, Emotionen von Kindern und Eltern werden ausgiebig ausgeschlachtet. Besonders perfide ist das ‚Computer-Morphing': Eine Computeranimation konfrontiert die Eltern damit, wie sich ihr Kind bei gleichbleibender Ernährung entwickeln und in welchem Alter es versterben wird. Starke Gefühlsausbrüche, Schockreaktionen, Tränen, Verzweiflung sind vorprogrammiert und die Kamera hält drauf. Eine gestrenge, natürlich superschlanke Ernährungsexpertin kommentiert das Morphing mit entsprechend dramatischer Tonlage. Aber sie weiß natürlich auch

Rat: Ernährung umstellen, das Kind zu körperlichen Aktivitäten ermutigen, selbst ein Vorbild sein, mit Problemen in der Familie aufräumen, kurzum: ein erfülltes, aktives und ernährungsbewusstes Familienleben gestalten. Wenige Wochen probeweise gesund gelebt, mit Kontrolle und Tipps durch die Ernährungs-Nanny, ein bisschen psychologische und sportliche Unterstützung und schon sind Erfolge zu vermelden. Dann gibt es ein neuerliches Morphing und das fällt viel freundlicher aus, denn es zeigt, wie angenehm sich das Kind entwickeln und wie viel älter es werden kann, wenn es sich weiter gesund ernährt. In Sendungen wie dieser mögen durchaus auch stimmige Tipps für eine gesunde Lebensweise vorkommen, aber sie haben eher den Charakter von Beiwerk. Die vordergründigen Schreckensszenarien und der ungebremste Voyeurismus dominieren und sie gehen zu Lasten der Würde der Kinder. Dass die Erziehungsberechtigten hierzu ihr Einverständnis gegeben haben, mag den Sendern als Legitimation genügen. Unter ethischen Aspekten muss der Schutz von Kindern vor voyeuristischen Zugriffen der Medien höher wiegen.

Es ist weitgehend ungeklärt, welche Bedeutung das Real-Life-TV hat, denn seine Rezeption ist allenfalls in Ansätzen untersucht. Der große Zuspruch, den dieses Programmsegment in niedrigen Sozial- und Bildungsmilieus erfährt, legt nahe, dass vor allem für diese Milieus daraus Risikopotenziale erwachsen können, und der reißerische Umgang mit den Themen konturiert das Risikopotenzial deutlich in die Richtung, dass verzerrte Welt- und Menschenbilder zu Orientierungsgrößen werden. Themen wie Diäten, Essstörungen, Schönheit und Aussehen, Drogen und Suchtverhalten u.Ä. haben im zuletzt genannten Genre zudem einen festen Platz (vgl. Lücke u.a. 2003).

Daily Soaps: Jugendnahe Lebensgefühle als Basis für Imagebildung

Daily Soaps sind ein fester Bestandteil all der Sender, die auf ein junges Publikum zielen. Der Spitzenreiter „Gute Zeiten, schlechte Zeiten" (RTL) versorgt mittlerweile schon die zweite Generation mit Geschichten um Liebe, Freundschaft, Eifersucht, Intrigen und was den Alltag junger Menschen angeblich sonst noch so ausmacht. Das Soap-Leben von rosarot bis giftgrün kommt schon gegen Ende des Grundschulalters an, besonders bei Mädchen. Die Angebote dieses Formats werden von den Mädchen regelrecht als Studienobjekte benutzt, um einen Blick in die vermeintliche eigene Zukunft zu werfen, zu sehen, wie es sich mit Gleichaltrigen zusammen wohnen lässt, wie das mit der Liebe läuft und was man tut, wenn die beste Freundin zur fiesen Rivalin wird, der Freund auf die schiefe Bahn gerät oder ein Schicksalsschlag einen trifft. Die Realitätsnähe ist dramaturgisch kalkuliert und für manche sind die Protagonistinnen und Protagonisten gute Bekannte, deren Leben man fast so gut kennt, wie das des Bruders oder das der Freundin und mit denen man auch in Kontakt treten kann, via Chat auf der Sendungsseite zum Beispiel. Wiederum sind es die Mädchen aus bildungsbenachteiligten Milieus, die sich das Daily Soap-Leben zum Vorbild nehmen und ihre eigenen Wünsche und Perspektiven daran ausrichten (vgl. Theunert/Gebel 2000, Götz 2002).

Das Thema gesunde Lebensweise ist in den alltagsnah inszenierten Daily Soaps durchaus integriert. Eine Untersuchung zu Ernährung im Fernsehen hebt das Format unter diesem Aspekt heraus, denn hier werde – im Gegensatz zum sonstigen Programm – besonders häufig Obst und Gemüse verzehrt oder zumindest dekorativ ins Bild gesetzt (vgl. Lücke 2007).

Entscheidend ist jedoch, ob solche inszenierten Hinweise beim Publikum ankommen, und dazu ist bisher wenig bekannt. Sieht man ab von den Klischees und Stereotypen hinsichtlich der Charaktere und Gefühlswelten, von denen die Daily Soaps leben, könnte gerade dieses Format reichlich Ansatzpunkte bieten, um einer gesunden Lebensweise zu einem positiven Image zu verhelfen. Befördernd scheinen hierbei vor allem die Alltagsnähe der Geschichten, in die sich Elemente wie gesunde Ernährung, sportliche Aktivitäten und Stressabbau gut integrieren lassen, weiterhin junge Akteurinnen und Akteure, die große Nähe und Glaubwürdigkeit für die Zielgruppe Kinder und Jugendliche haben, und ein realitätsnahes Ambiente, das kaum Transferleistungen erfordert. Der tägliche Senderhythmus und die umfangreiche Mehrfachvermarktung können zusätzlich unterstützen, um „Entertainment-Education" zu realisieren.

Mit „Entertainment-Education" wird eine Strategie bezeichnet, bei der gesundheitsrelevante oder prosoziale Themen in populäre fiktionale Medienangebote, vorzugsweise Fernsehserien eingebaut werden, mit dem Ziel, für diese Themen zu sensibilisieren, wünschenswertes Verhalten zu bestärken bzw. Verhaltensänderung anzustoßen. Hierüber sollen Gesundheitsinformationen auch an solche Menschen herangetragen werden können, die nicht aktiv (z.B. in Ratgebersendungen) danach suchen und die für informative Angebote schwer erreichbar sind. Erfahrungen aus Us-amerikanischen Studien verweisen darauf, dass dieser Ansatz durchaus vielversprechend sein kann.[9] Auf der Basis dieser Erfahrungen befasst sich eine aktuelle Studie von Lampert (2007) mit der Frage, ob diese Strategie geeignet ist, um Jugendlichen gesundheitsfördernde Informationen nahe zu bringen. Die Ergebnisse zeigen zunächst, dass Jugendliche (hier 13- bis 19-Jährige) ein recht breites Spektrum von Gesundheitsthemen im Fernsehen wahrnehmen, obwohl diese nicht zu ihren vordringlichen Interessen zählen. Am Beispiel des Themas Alkohol, Fokusthema der Studie, wird deutlich, dass das

---

[9] Da diese Erfahrungen überwiegend aus Projekten in der Dritten Welt stammen, ist jedoch die Übertragbarkeit auf deutsche Verhältnisse beschränkt.

Ausmaß der Themenrealisierung in starkem Maße mit den Programmpräferenzen zusammenhängt: Je größer der Alltagsbezug der favorisierten Sendungen ist, desto deutlicher tritt die Alkoholthematik in den Blick. Entsprechend zeigen Mädchen, die insgesamt solchen Fernsehangeboten näher stehen, auch größere Aufmerksamkeit. Im Hinblick darauf, was Jugendliche im Kontext fiktionaler Unterhaltung akzeptieren, haben Aspekte wie Realitätsnähe und Lebenshilfe Vorrang, auf Ablehnung stoßen moralisierende oder angstauslösende Darstellungen. Außerdem zeigt sich, dass Jugendliche auf Schlüssigkeit insistieren, die Thematisierung ernsthafter Krankheiten in Comedy-Serien gilt beispielsweise als nicht akzeptabel.

Kindersendungen: Lernen und Mitmachen mit Spaß

Wenn es um einen Eindruck dazu geht, wie das Fernsehen mit gesundheitsrelevanten Themen umgeht, dürfen die speziellen Angebote für Kinder nicht fehlen. Denn natürlich hat auch das Kinderfernsehen sich im Zuge der öffentlichen Debatte der Förderung einer gesunden Lebensweise angenommen und müht sich um Wissensvermittlung, Handlungsanregung und Aktivierung. Das Spektrum der Angebote reicht von der integrierten Thematisierung in den diversen Wissensmagazinen, über Kochshows wie „Die Superköche", spezielle Serien wie „Peb & Pepper – Helden privat" oder „Lazy Town" (alle SuperRTL), bis hin zu Angeboten auf den Senderinternetseiten wie „Spot Fit! Clever essen und bewegen" (www.kika.de). Zwei Beispiele können die Herangehensweise verdeutlichen:

„Lazy Town" greift das Thema in einer Mischung aus Realsequenzen, Puppentrick und Animation ausgesprochen flott auf. Musik, Bewegung bis hin zu Akrobatik, insgesamt bunt, rasant, pfiffig und ungewöhnlich – also ganz so wie gerade jüngere Kinder es gern haben. Auch die Geschichte passt: Freddy Faulig, ein ausgesprochener Fiesling, erzieht die Kinder von „Lazy-Town" zu Stubenhockern, die sich auch noch ungesund ernähren, bis der Held der Serie in Erscheinung tritt, Sportacus. Ab da ist es aus mit dem trägen Leben und sportliche Aktivität sowie gesundes Essen halten Einzug in den Alltag. Freddy Faulig findet sich damit natürlich nicht ab und so bleibt es über viele Folgen spannend. Da Sportacus das lebendige Element in der Sendung ist, außerdem ein starker und hilfsbereiter Held, transportiert er glaubhaft und für die Altersgruppe nachvollziehbar die Botschaft, dass eine gesunde Lebensweise Spaß bringt. Außerdem sind in die Geschichten immer wieder kleine Zusatzbotschaften eingeflochten, zum Beispiel, dass es gut ist, morgens zu frühstücken.

„Spot fit! Clever essen und bewegen" – unter diesem Slogan wurden Kinder aufgefordert die Werbefreiheit des KI.KA zu durchbrechen und sich an einem Werbe-Wettbewerb zu beteiligen. Die Aufgabe lautete: Werbespots für ausgewogene Ernährung und viel Bewegung zu produzieren und darüber anderen Kindern Lust auf gesundes Essen und körperliche Aktivitäten zu machen (siehe www.kika.de). Mit diesem Angebot setzte der KI.KA in Kooperation mit Gesundheitsinstitutionen auf die Aktivierungsfunktion von Medien, machte sich die Begeisterung von Kindern am Mitmachen und medialen Produzieren zunutze und regte darüber Reflexionsprozesse und Engagement gleichermaßen an.

Inwieweit solche auf den ersten Blick vielversprechenden Ansätze von Kindersendern auch nachhaltig sind und auch die Bevölkerungsgruppen erreichen, die Defizite in punkto gesunder Lebensweise haben, lässt sich noch kaum ausmachen. Zwar werden die Einschaltquoten gemessen, doch deren Aussagewert ist bekanntlich beschränkt. Auch werden begleitende Befragungen, zum Teil sogar umfassendere Evaluationen wie etwa zu „Peb & Pebber" durchgeführt, doch beides liefert nur Momentaufnahmen. Verhaltensänderung aber ist langfristig, erfolgt eingebettet in Alltagsroutinen, die schwer zu verbalisieren sind und insbesondere Kindern oft gar nicht ins Bewusstsein rücken.

Als vielversprechend in Bezug auf Kinder und Jugendliche sind jedoch die Ansätze zu werten, die auf der Aktivierungsfunktion von Medien aufsetzen. Neben vielfältigen Erfahrungen aus der thematisch orientierten medienpädagogischen Arbeit, zeigt sich deren positives Potenzial auch an einem Projekt zu einem gesundheitsrelevanten Thema, das im Rahmen einer Studie über den Umgang mit Alkohol im Fernsehprogramm (Aufenanger u.a. 2002) durchgeführt wurde. Neben einer Inhaltsanalyse und einer Befragung von 14- bis 18-jährigen Jugendlichen wurden hier auch Modellprojekte integriert, in deren Rahmen Jugendliche Videofilme zum Thema drehen konnten. Eine anschließende Befragung zeigte, dass es insgesamt zu einer Sensibilisierung gegenüber dem Thema Alkohol gekommen war, sowohl hinsichtlich einer kritischeren Haltung gegenüber einem positiven Image, als auch zu einer Differenzierung der eigenen Position. Erfahrungen aus den USA bestätigen ebenfalls positive Einflüsse von medienkompetenzfördernden Projekten, die produktives Arbeiten mit Medien integrieren, auf die Haltung gegenüber einer gesunden Lebensweise (vgl. Kubey/Hobbs 2001).

Das Fernsehen ist nur *ein* Medium, das Angebote zum Thema gesunde Lebensweise enthält. Printmedien, Hörfunk und Internet sind unter diesem Aspekt ebenfalls einschlägig. Auch wenn es an systematischen Untersuchungen dazu mangelt, in welchen Ausrichtungen das Thema in verschiedenen Medien behandelt wird, und noch mehr an fundierten Befunden dazu, wie unterschiedliche Alters- und Sozialgruppen die mediale Thematisierung einer gesunden Lebensweise wahrnehmen, inwiefern und welche Elemente sie in ihre Lebensvollzüge integrieren: Das Beispiel Fernsehen macht deutlich, dass die Medien einerseits gesundheitlich problematische Orientierungen verstärken können, dass sie aber ebenso Potenziale bergen, die eine Sensibilisierung gegenüber diesem Themenfeld befördern können.

Die medialen Potenziale reichen dabei über einen bloßen Informationstransport und kognitive Aufklärung weit hinaus. Will man sie ausschöpfen, so ist das Augenmerk vorrangig auf die bei Kindern und Jugendlichen populären Angebote aus dem Unterhaltungsbereich zu richten. Um die primär in niedrigen Bildungs- und Sozialmilieus angesiedelten Risikogruppen zu erreichen, bietet das Fernsehen die besten Chancen. In Bezug auf Kinder und Jugendliche eröffnen aber auch die Computerspiele Möglichkeiten. Vor allem im Hinblick auf sie sind zudem die Anschlussmedien, in die das Fernsehen heute selbstverständlich ausufert, nicht außer Acht zu lassen. Die Internetseiten der Sender und Sendungen beispielsweise bieten neben verschiedenartigen medialen Repräsentationen der Sendungsinhalte auch Vertiefungen, etwa angeschlossene Informationen und Recherchemöglichkeiten oder Kontaktaufnahme durch Kommunikation mit Akteuren aus der Sendung bzw. Redaktion, die Realisierung eines höheren Aktivitätsniveaus durch spielerische oder gestalterische Anregungen zum Sendungsinhalt oder auch Partizipationsmöglichkeiten durch Einbezug in das Sendungsgeschehen selbst. Bereits Kinder im Grundschulalter sind von solchen Angeboten angetan.

Medien in gesundheitsbezogenen Kontexten anders reflektieren und nutzbar machen

Insgesamt ist das Feld Medien und gesunde Lebensweise wissenschaftlich ausgesprochen unterbelichtet, dafür in der öffentlichen Debatte mit umso mehr Vorurteilen verwoben. Die Bedeutung von Medien wird vorrangig in monokausalen Zusammenhängen auszumachen versucht, sei es in der undifferenzierten Adaption von linearen Wirkungsbehauptungen, sei es in immer wieder neuen Versuchen, einen linearen Zusammenhang zwischen dem Ausmaß der Mediennutzung und Größen wie Gewicht oder körperliche Aktivität nachzuweisen wie aktuell in der KiGGS (vgl. Lampert u.a. 2007). Die Argumentation krankt bereits an den Grundlagen, denn sie verkennt die heutige Medienwelt ebenso wie den Charakter der Aneignungsprozesse, die Menschen in Bezug auf diese Medienwelt gestalten.

1. Medien sind Sozialisationsfaktoren, die nur im Verbund mit anderen Sozialisationsfaktoren wirksam werden und zwar in erster Linie als Verstärker von positiv wie von negativ zu wertenden Denk- und Handlungsorientierungen. Der Versuch, Medien aus dem Netz von sozialisationsrelevanten Einflüssen zu isolieren, ist zum Scheitern verurteilt. Denn Medien sind heute vom ersten Lebenstag an präsent und sie sind in vielfältigen Funktionen mit dem Lebensalltag verwoben. Sie dienen längst nicht nur dem Amüsement eines Massenpublikums, sondern sind als Informations- und Kommunikationsmittel allgegenwärtige Bestandteile des Alltagslebens.
2. Die Konzentration auf einzelne Medien, bevorzugt auf Vergnügungsmedien wie Fernsehen und Computerspiele, verkennt die heutige Medienwelt. Ihr Charakteristikum ist gerade die technische und inhaltliche Verzahnung. Das aber heißt, dass Nutzungserhebungen, die sich auf einzelne Medien beziehen, zunehmend an Aussagewert verlieren. Am Computer verbrachte Zeit wird nicht zwangsläufig in computerspezifische Tätigkeiten investiert. Am Computer kann man Musik hören, fernsehen, Computerspiele spielen, lesen, Texte schreiben und gestalten und außerdem organisiert er den Zugang zum Internet, dem multimedialen und multifunktionalen Medium schlechthin, das auch kommunikative und interaktive Tätigkeiten eröffnet. Heranwachsende bewegen sich heute selbstverständlich in dieser konvergenten Medienwelt und sie gestalten sie aktiv mit. Zeit mit Medien zu verbringen heißt nicht mehr allein, passiv zu konsumieren, vielmehr lassen sich hier vielfältige Möglichkeiten auf unterschiedlichen Aktivitätsniveaus auffächern.
3. So aufschlussreich und unverzichtbar die Analyse der Medienangebote ist, sie markiert immer nur eine Seite und erlaubt keine Einschätzung dazu, was in der Realität mit diesen Angeboten geschieht. Die andere Seite sind die Menschen, die die Medien nutzen. Diese sind auch in ihrem Medienhandeln sinnverstehende und sinnkonstituierende Wesen. Sie begegnen den Medien und ihren Angeboten vor dem Hintergrund ihrer persönlichen Biografie und Lebenswelt und in diesem Kontext entscheiden sich Zuwendung, Wertschätzung und Gewichtung für das reale Denken und Handeln. Das Entschlüsseln der Perspektive der Mediennutzenden ist die Voraussetzung, um die Bedeutung medialer Angebote für reale Zusammenhänge aufzudecken. Über Angebotsanalysen lassen sich Bedeutungspotenziale eruieren, ob diese faktisch werden, ist erst auf Seiten derjenigen auszumachen, die sich die Angebote aneignen.

Wer versucht, das Verhältnis von Menschen und Medien auf messbare Größen einzudampfen, kann die Komplexität des Medienhandelns nicht fassen. Er bleibt an oberflächlichen Phänomenen kleben wie etwa den Mediennutzungsfrequenzen von Kindern und Jugendlichen, die allenfalls etwas über Zeitdimensionen aussagen, jedoch nichts über Bedeutungsdimensionen und Realitäts- oder Handlungsrelevanz. Das Medienhandeln von Menschen erschließt sich vorrangig an den medialen Inhalten und Tätigkeiten, auf die sie den Schwerpunkt legen, die sie favorisieren, subjektiv interpretieren und in ihre Lebensvollzüge zu integrieren versuchen. Erst über die Perspektive, die Heranwachsende auf eine gesunde Lebensweise und auf deren Thematisierung in medialen Angeboten haben, werden die Anknüpfungspunkte deutlich, die einer positiven Konnotation des Themenfeldes förderlich sein können.

Um solche Ansatzpunkte fruchtbar zu machen, bieten die Medien eine Palette von vielversprechenden Möglichkeiten. Neben der Unterstützung von positiver Imagebildung für eine gesunde Lebensweise in Massenmedien, vorrangig in bei Kindern und Jugendlichen populären Angeboten, ist hier insbesondere die neuere Medienentwicklung in den Blick zu nehmen. Im Verbund mit einer Medientechnik, die auch dem Laien eine breite Palette von attraktiven Produktions- und Gestaltungsmitteln zugänglich macht (z.B. digitale Fotografie), bietet insbesondere die Multifunktionalität und Multimedialität des Internets viele Möglichkeiten, das Thema gesunde Lebensweise anzugehen, auf unterhaltsamen und informativen Wegen ebenso wie durch Kommunikation, Partizipation und eigene mediale Produktion. Im Hinblick auf die zunehmende Mobilisierung von Kommunikation und Mediengebrauch wären auch die Möglichkeiten des Handy in den Blick zu nehmen, für das bei Jugendlichen mittlerweile eine Vollausstattung existiert. Zudem wird das Internet für die professionelle Pädagogik zunehmend ein Standardarbeitsmittel und entsprechend ist davon auszugehen, dass die in den pädagogischen Feldern Kindertagestätte, Schule, Kinder- und Jugendfreizeitarbeit tätigen Fachkräfte über dieses Medium immer besser zu erreichen sind. Sie wiederum können Mittler zu den Gruppen von Eltern sein, die sich nicht mit dem Internet befassen, wovon für die Mehrheit in sozial- und bildungsbenachteiligen Milieus auszugehen ist.

Die heutige Medienwelt ist so beschaffen, dass sie mit eindimensionalen Herangehensweisen nicht zu fassen ist, weder wenn es um ihre Analyse geht, noch wenn es um die Aneignung dieser Medienwelt durch Heranwachsende geht und schließlich auch nicht, wenn es darum geht, sich die Medien zunutze zu machen, um für sozial relevante Themen wie eine gesunde Lebensweise zu sensibilisieren und langfristig Verhaltensänderungen anzustreben.

Literatur

Anfang, G. u.a. (2005): Mit Kamera, Maus und Mikro. 2. überarbeitete und ergänzte Auflage. München.

Aufenanger, S. u.a. (2002): Alkohol, Fernsehen, Jugendliche. Programmanalyse und medienpädagogische Praxisprojekte. Schriftenreihe der HAM Band 21. Berlin.

Charlton u.a. (1995): Fernsehwerbung und Kinder. Das Werbeangebot in der Bundesrepublik Deutschland und seine Verarbeitung durch Kinder. Band 1: Das Werbeangebot für Kinder im Fernsehen. Band 2: Rezeptionsanalyse und rechtliche Rahmenbedingungen. Opladen.

Götz, M. (Hrsg.) (2002): Alles Seigenblasen? Die Bedeutung von Daily Soaps im Alltag von Kindern und Jugendlichen. Edition Televizion. Internationales Zentralinstitut für das Jugend- und Bildungsfernsehen. München.

Hasebrink, U. (2004): Marken als Orientierungspunkte in Mediennutzung und Konsumverhalten von Kindern. In: Paus-Hasebrink, I. u.a.: Medienkindheit – Markenkindheit. Untersuchungen zur multimedialen Verwertung von Markenzeichen für Kinder. Schriftenreihe der LPR Hessen Band 18. München. S. 185-239.

Kubey, R./Hobbs, R. (2001): Conference Report. Setting Research Directions for Media Literacy and Health Education. Center for Media Studies, Rutgers, the State University of New Jersey http://www.mediastudies.rutgers,edu/mh_conference/conf7012.pdf. Abrufdatum: 05.07.2007.

Kurth, B.-M./Schaffrath Rosario, A. (2007): Die Verbreitung von Übergewicht und Adipositas bei Kindern und Jugendlichen in Deutschland. Ergebnisse des bundesweiten Kinder- und Jugendgesundheitssurveys (KiGGS). In: In: KiGGs. Studie zur Gesundheit von Kindern und Jugendlichen in Deutschland. Bundesgesundheitsblatt Band 50, Heft 5/6.

Lampert, C. (2007): Gesundheitsförderung im Unterhaltungsformat. Wie Jugendliche gesundheitsbezogene Botschaften in fiktionalen Fernsehangeboten wahrnehmen und bewerten. Baden-Baden.

Lampert, T. u.a. (2007): Nutzung elektronischer Medien im Jugendalter. Ergebnisse des Kinder- und Jugendgesundheitssurveys (KiGGS). In: KiGGs. Studie zur Gesundheit von Kindern und Jugendlichen in Deutschland. Bundesgesundheitsblatt Band 50, Heft 5/6.

Lücke, S. u.a. (2003): Appetitlich verpackt, aber schwer zu verdauen? Darstellung und Wirkung von Ernährung in Massenmedien; ein Forschungsüberblick. In: Medien & Kommunikationswissenschaft, 51. Jg. 2-4/2003, S. 407-430.

Lücke, S. (2007): Ernährung im Fernsehen. Eine Kultivierungsstudie zur Darstellung und Wirkung. Wiesbaden.

mpfs. Medienpädagogischer Forschungsverbund Südwest (Hrsg.) (2006): JIM-Studie 2006. Jugend, Information, (Multi-)Media. Basisuntersuchung zum Medienumgang 12- bis 19-Jähriger.

Theunert, H. (2005): Medien als Orte informellen Lernens im Prozess des Heranwachsens. In: Sachverständigenkommission Zwölfter Kinder- und Jugendbericht (Hrsg.):

Band 3: Kompetenzerwerb von Kindern und Jugendlichen im Schulalter. München. S. 175-300.
Theunert, H. (2006): Konvergenzbezogene Medienaneignung und Eckpunkte medienpädagogischen Handelns. In: Wagner, U./Theunert, H. (Hrsg.) (2006): Wagner, U./Theunert, H. (Hrsg.): Neue Wege durch die konvergente Medienwelt. BLM-Schriftenreihe Band 85. München. S. 161-210.
Theunert, H./Demmler, K. (2007): Medien entdecken und erproben. Null- bis Sechsjährige in der Medienpädagogik. In: Theunert, H. (Hrsg.): Medienkinder von Geburt an. Medienaneignung in den ersten sechs Lebensjahren. München, S. 91-116.
Theunert, H./Gebel, C. (2000): Lehrstücke fürs Leben in Fortsetzung. Serienrezeption zwischen Kindheit und Jugend. BLM-Schriftenreihe Band 63. München.
UNICEF Deutschland (2007): Bericht zur Situation der Kinder in Industrieländern. Köln.
Wagner, U. u.a. (2007): Internetradio und Podcasts – neue Medien zwischen Radio und Internet. Demnächst unter www.jff.de
Wagner, U./Theunert, H. (2006): Neue Wege durch die konvergente Medienwelt. BLM-Schriftenreihe Band 85. München.

Essen und Überfressen – Anmerkungen zu kulturellen Aspekten der Nahrungsaufnahme

Lotte Rose

Dass die Bevölkerung sich fehlerhaft ernährt, zu viel und zu viel Schlechtes isst, ist schon länger ein öffentliches Thema, und auch, dass dieses zu Belastungen des Gesundheitssystems führt: „Heute müssen wir weit über 71 Milliarden Euro Folgekosten in unserem Gesundheitssystem für ernährungsbedingte Krankheiten aufbringen" (Künast 2004: 1). Dabei richtet sich der problematisierende Blick vor allem auf die kindlichen Fehlernährungen. Prophezeit wird, dass dieser Nachwuchs aufgrund seiner Fehlernährungen die erste Generation sein wird, „die vor ihren Eltern stirbt" (Künast 2004: 1). Fälle von monströsen Kleinkindern, die an Überfettung gestorben sein sollen, werden voyeuristisch ausgebreitet, weitere Alarmmeldungen zu Fehlernährungen draufgesattelt und der apokalyptische Satz von den Kindern, die vor ihren Eltern sterben werden, unentwegt wiederholt. Dabei sei angemerkt: die Ursprungsmeldung zu letzterem hatte bezeichnenderweise sehr viel vorsichtiger geklungen: „We are in danger of breeding a generation who will die before their parents", hatte Dr. Colin Waine, Direktor des britischen „National Obesity Forum" noch formuliert (BBC NEWS 2004: 1). So werden – nicht nur bei diesem Thema – Bedrohungen systematisch produziert.

Diesem öffentlichen Alarm folgen Maßnahmen: Eine regelmäßige Ernährungsberichterstattung der Bundesregierung wird angemahnt, Werbeverbote und erhöhte Besteuerung der „schlechten" Lebensmittel diskutiert und Programme zur Ernährungserziehung aufgelegt. Wie immer bei neuen gesellschaftlichen Problemdiagnosen entstehen in ihrem Fahrwasser große Märkte für Problemlösungsentwickler und Problemlösungsanbieter: Firmen, Bildungs- und Sozialbeitsträger sowie spezifische Berufsgruppen (wie Ernährungswissenschaftler, Mediziner, Verhaltenstherapeuten, Gesundheits- und Sportpädagogen) entwickeln ernährungsbezogene Präventionsprogramme und konkurrieren um Diskurs- und Praxismonopole und um Fördermittel.

Diese Alarmmeldungen kontextualisieren das Thema „Essen" auf eine besondere Weise: Statt der Themen des Hungers und der Mangelversorgung, welche die Menschheit über weite Zeitstrecken begleitet haben, geraten die Phänomene der Fehl- und Überernährung in den Fokus. Es ist genug zu essen da, aber es wird das Falsche und falsch gegessen – das ist das neue paradigmatische Motto.

Die Problemdebatte zur Ernährung ist zudem vor allen Dingen von Ursache-Wirkungs-Logiken dominiert. Unzählige medizinische und ernährungswissenschaftliche Befunde kursieren, die eine direkte Kausalität zwischen spezifischen Nahrungsmitteln und dem Gesundheitszustand behaupten: Vitamin C steigert die Abwehrkräfte, Calcium stärkt die Knochen, Süßigkeiten produzieren Karies, Wasser erhöht die geistige Leistungsfähigkeit und glättet die Haut, Wassermangel macht dagegen schlapp und hat Kopfschmerzen zur Folge, Schokolade erzeugt Pickel, wirkt aber auch stimmungsaufhellend, Ballaststoffe sorgen für eine gute Darmtätigkeit, grüner Tee verhindert Krebs, Cholesterin erhöht den Blutdruck – diese Liste ließe sich endlos fortsetzen. Diese Wissensbestände haben eine hegemoniale Diskursmacht entwickelt und sind durch populärwissenschaftliche Aufbereitungen längst selbstverständliches Alltagswissen geworden. Und unentwegt kommen neue hinzu. Der Markt des Gesundheitswissens ist kreativ und grenzenlos.

Dass diese seriös anmutenden medizinischen Befunde möglicherweise mit Vorsicht zu genießen sind, dazu liefert der Wissenschaftsjournalist Udo Pollmer einen kleinen Hinweis: „Soweit die gutgemeinten Empfehlungen der Ernährungsexperten – gleich welcher Couleur, Fachrichtung oder Ideologie – in prospektiven Studien oder Interventionsstudien überprüft wurden, bisher ließ sich kein Nutzen nachweisen. Egal ob weniger Fett, weniger Salz, mehr Ballaststoffe, mehr Obst und Gemüse, mehr Getreide – sie alle haben sich auf dem Prüfstand der Wissenschaft als wertlos erwiesen" (2002: 11).

Nicht nur angesichts solcher empirisch begründeter Zweifel sollte das skizzierte Diskursmuster kritisch befragt werden. Sein zentrales Merkmal ist die einfache Kausalität. Gesundheit wird konstruiert als Produkt spezifischer Nahrungsmittel und Inhaltsstoffe. Die Aufnahme spezifischer Stoffe macht krank wie umgekehrt die Aufnahme anderer spezifischer Stoffe gesund macht und hält. Dieses rationale Muster ist eindimensional und unterkomplex, denn es reduziert Gesundheit auf einen schlichten physiologischen Input-Output-Zusammenhang. Gesundheit hängt davon ab, was in den Körper „eingespeist" wird. Gesundheits- und Ernährungserziehung muss nach dieser Logik dann dafür sorgen, dass Menschen sich von den krankmachenden Nahrungsmitteln abwenden und sich nur noch oder doch zumindest überwiegend von den guten Nahrungsmitteln ernähren. Auch die „Behandlung" von Übergewichtigkeit und Adipositas folgt diesem Muster. Ansatzpunkt ist auch hier, der ungezügelten Fressgier mit diätischen Lernprogrammen entgegenzutreten, die befähigen, weniger und „bessere" Kalorien zu sich zu nehmen.

Solche Reduktionen sollten skeptisch machen, denn menschliches Leben gestaltet sich bekanntlich komplexer, und Gesundheit kann somit auch kaum als alleinige nahrungsmittelchemische Frage verhandelt werden. So wenig wie sich die körperlichen Wirkungen von Inhaltsstoffen eindeutig bestimmen lassen, so lässt sich schon gar nicht der Akt des Essens auf die bloße Nährstoffaufnahme komprimieren. Zwar muss sich der Mensch Nahrung zuführen, um sich und seinen Körper physiologisch am Leben zu erhalten. Der Akt der Sättigung jedoch ist nicht nur physiologisch, sondern auch sozial von großer Bedeutung. Wie, wann, wo, womit, mit wem und was wir essen – dies alles sind kulturelle Praxen, in denen soziale Ordnungen erzeugt, reproduziert und einverleibt werden. Menschliches Miteinander wird hier rituell organisiert, Beziehungen zu anderen, Gemeinschaftlichkeit und Nähe, aber auch Distanz, Über- und Unterordnungen werden festgeschrieben, mithin das Verhältnis zum eigenen Körper und zur Welt formiert.

So wie sich gesellschaftliche Verhältnisse verändern, verändert sich auch die Ernährungskultur. Wenn man also verstehen will, warum Menschen sich so ernähren, wie sie es tun, ist der Blick auch auf diese sozialen Gestaltungen und ihre Veränderungen zu richten.

Im Nachfolgenden werden einige (zumeist ambivalente) Tendenzen skizziert, die das Essen in der heutigen Gesellschaft konturieren und deren Kenntnis bei Überlegungen zu Interventionen bei Übergewicht und Adipositas hilfreich sein könnten

Entwertung und symbolische Aufladung von Nahrungsmitteln

Heute ist es kaum mehr vorstellbar, dass die historische Dauerphase der prinzipiellen Nahrungsknappheit erst vor kurzem endete – und dies auch nur in den hochindustrialisierten Ländern. Während noch vor kurzem die Erfahrung des – zumindest phasenweisen – Hungers als potentielle Bedrohung allgegenwärtig war und damit einhergehend Nahrungsmittel prinzipiell kostbar waren, gibt es heute Nahrung in ausreichender Fülle. Die Angst, nicht satt zu werden, ist anderen Ängsten gewichen.

Noch um die vorletzte Jahrhundertwende mussten Haushalte den größten Teil ihres Budgets für die Ernährung ausgeben. Hier haben dramatische Veränderungen stattgefunden. Während zu Beginn der 1960er Jahre der Anteil der Nahrungsmittel- und Getränkekosten an den gesamten privaten Konsumausgaben nur noch knapp 1/3 betrug, ist dieser bis zu Beginn der 2000er Jahre noch einmal deutlich gesunken – nämlich auf 16 % (Hünecke u.a. 2004). Satt zu werden, kostet heute also sehr viel weniger als zu früheren Zeiten. Möglich wurde dies durch die massiven Industrialisierungsprozesse in der Nahrungsmittelproduktion, welche die Erträge immer weiter erhöhten, sowie die Globalisierung des Nahrungsmittelmarktes (bei der Transportkosten bislang noch kaum zu Buche schlagen). Dass diese Entwicklungen janusköpfig sind, rückt zwar mit den regelmäßigen Lebensmittelskandalen allmählich ins öffentliche Bewusstsein, ändert an der allgemeinen Entwicklung jedoch bislang wenig. Diese Verbilligung der Nahrung entgrenzt nicht nur den Nahrungskonsum, sondern entwertet auch das Essen, das schleichend zu einer Marginalie ohne besonderen Wert wird. Die viel diskutierten zeitgenössischen Phänomene des Überfressens ließen sich so gesehen als Konsequenz dieser Entwicklung deuten: Was nicht viel kostet, wird in Unmengen einverleibt, um es überhaupt spüren zu können.

Entwertungen werden aber auch durch eine andere Entwicklung erzeugt: Essen findet zunehmend parallel zu anderen Tätigkeiten statt, wird zu einer Nebenbei-Handlung ohne eigene Aufmerksamkeit. Für den „Simultanten" als neuem Sozialcharakter, der in einem Geflecht von Gleichzeitigkeiten agiert, hat sich die linear-zyklische Zeit aufgelöst (Geißler 2002). Essen wird zeit- und ortlos, Ernährung zeitlich verknappt und optimiert. Die Imbissangebote an den Umschlagplätzen der Metropolen, transportable Fertiggerichte, Delivery-Services an Arbeitsplätze, Coffee-to-go, auch die Expansion der Nährdrinks, die mit geringstem Aufwand eine schnelle gehaltvolle Sättigung ermöglichen, sind Indizien für diese Prozesse.

Diesen Entwertungen stehen jedoch ebenso nachhaltige ideelle Aufladungen gegenüber. Essen und Kochen erleben derzeit massenmedial eine Hochkonjunktur. Nie zuvor haben sich so viele Menschen so intensiv mit Bildern und Zubereitungsweisen verführerischer Speisen beschäftigt und beschäftigen lassen: keine Zeitschrift ohne Kochrezepte, keine Buchhandlung ohne umfangreiche Kochbuchbestände, kein Fernsehtag ohne Kochsendung. Köche werden zu Medienstars, immer wieder neue Nahrungsprodukte kommen auf den Markt, die den ultimativen Genuss versprechen. Derzeit sind es Kaffe, Kakao und Schokolade, die einen Aufstiegsboom zu lukullischen Luxuswaren erleben. Symptomatisch ist auch die massive Erotisierung des Essens. Die Nahrungsmittelwerbung ist angefüllt mit verführerischen Bildern, in denen Verzehrakte als orgiastische Ereignisse inszeniert werden.

Auch ganz praktisch deutet sich eine mögliche lebensweltliche Bedeutungszunahme des Essens an. Der Ernährungsbericht 2004 konnte jedenfalls in einem Zeitvergleich zwischen 1991/92 und 2001/02 überraschenderweise feststellen, dass die Deutschen durchschnittlich wieder mehr Zeit für das Essen aufwenden, und zwar vor allem für das häusliche Essen (2004: 91).

Pluralisierung und Standardisierung oder: Die Qual der Wahl

Der Kulturgeschichte der Ernährung kann man entnehmen, dass es noch nicht lange her ist, dass das Spektrum der Speisen relativ eng und unveränderlich war – man denke nur an die Getreidebreie als lange dominierende Kost der Massen. Ernährung war bestimmt durch das, was angebaut werden konnte; Abwechslung brachten höchstens Schlachtfeste und Feiertage. Heute hingegen stehen permanent Nahrungsmittel aus aller Welt in großer Vielfalt und nahezu uneingeschränkt zur Verfügung.

Begleitet ist dieser Prozess aber zugleich von einer weltweiten Uniformierung. Rolf Schwendter spricht in diesem Zusammenhang von der „Weltmarktstrukturküche", die sich zunehmend ausbreitet, und bezeichnet damit das Phänomen, dass lokale Speisen durch die Welt wandern und sich flächendeckend etablieren – um den Preis, dass sie nach und nach ihrer lokalen Eigenheiten beraubt werden und einer unterschiedsnivellierenden Einheitsküche angeglichen werden, in der das Andersartige und Befremdende der fremden Speisen getilgt ist. Sehr eindrucksvoll zeichnet er dies u.a. an den beliebten italienischen, griechischen und chinesischen Küchen nach, bei denen die fremdländische Andersartigkeit sich zunehmend mehr auf symbolische Anklänge reduziert (1988: 26 ff). Die moderne Esskultur ist demnach durch eine Doppelbewegung gekennzeichnet. Auf der einen Seite pluralisiert sie sich und entfernt sich zugleich in enormem Tempo von regionalen Bezügen, auf der anderen Seite unterliegt sie jedoch permanenten Standardisierungen und Homogenisierungen.

Ernährung wird im Zuge dessen aus räumlichen, sozialen und materiellen Vorgaben freigesetzt: Die Beschränkungen der Faktizitäten vor Ort, die lange Zeit Essen selbstverständlich reglementierten, sind weg gefallen. Der Nahrungsmittelkonsum entscheidet sich immer weniger an dem, was der Boden, auf dem man lebt, regional, saisonal und traditionell hergibt. Stattdessen bedienen wir uns aus einem grenzenlosen Feld, in dem nun im Prinzip alles möglich ist.

Diese Entgrenzungen der Ernährung bergen allerdings ein historisch neues Dilemma. Wo die alten agrartechnischen und auch kulturellen Faktizitäten der Ernährung weg fallen, wo nicht mehr das Land und die Gruppe festlegt, was wann gegessen wird, ist Essen nun entscheidbar geworden. Und diese Notwendigkeit der Entscheidung führt uns wiederum zu Verunsicherung und Überforderung: Was soll ich essen, was ist richtig, was ist falsch, was ist gut, was ist schlecht? Dies alles muss das Individuum nun selbst beantworten. Man kann von daher die These vertreten, dass es in dieser Grenzenlosigkeit nicht von ungefähr kommt, dass grenzenlos gegessen wird – und Adipositas dementsprechend zunimmt.

So ist es dann auch nicht verwunderlich, dass Orientierung Not tut und dass Ernährungsratgeber und -konzepte allenthalben Konjunktur haben. Sie füllen das entstandene normative Vakuum, indem sie Richtlinien für das Essen formulieren. Sie geben Orientierung und reduzieren damit die vorhandenen Optionen. In diesem Sinne sind auch die aktuelle Ernährungsbewegungen und -stile zu verstehen: Auch sie erfüllen solche Orientierung stiftenden Funktionen. Veganer oder Vegetarier, Gesundheitsbewusste, Befürworter der heimischen Küche, des biologischen Anbaus oder einer exquisiten Luxusküche, Vollwertkostler, Billigesser oder Fast-Food-Konsumenten – sie alle stellen eigene Subkulturen dar und schlagen gleichsam Schneisen in die Grenzenlosigkeit der modernen Ernährungssituation. Sie vertreten ihre eigenen Ideologien, Werte und Geschmäcker und bilden einen spezifischen kulturellen Habitus aus, der sie von anderen unterscheidet – und der oft genug zu leidenschaftlichen Abgrenzungen und unüberwindbaren Trennungen führt.[1]

Diese modernen esskulturellen Leitlinien sorgen erfolgreich für eine feingliedrig geordnete Kartierung im offenen Feld der Ernährungskultur. Sie werden zu Koordinaten, an denen man seine Entscheidungen ausrichten kann. Sie sagen, was man essen soll und essen kann und was eben nicht. Was Gerhard Schulze (2000) in Bezug auf die „Erlebnisgesellschaft" konstatiert hat, nämlich dass sich die sozialen Differenzen in der individualisierten Gesellschaft in der Ausbildung von spezifischen Erlebnis- und Geschmacksmilieus manifestieren und dass Gruppen sich über eigene spezifische Vergnügungsstile markieren und sortieren, findet sich auch mit Blick auf die heutige Esskultur: Auch sie ist fein segmentiert durch vielfältige ideologische und geschmackliche Prinzipien, über die Gruppen hergestellt, differenziert und auch hierarchisiert werden.

Expertisierung und Moralisierung

Bei der Sicherung von Orientierung bieten sich weitere wichtige Helfer an: Medizin und Ernährungswissenschaften. Mit ihrer Wissensproduktion zu gesundem Essen schaffen sie vermeintlich Vertrauen erweckende Orientierungsmarken, die z.B. durch Programme zur Gesundheitsförderung kommuniziert und verbreitet werden. Die Verbreitung dieses Wissens ist jedoch nicht nur deshalb bedenklich, weil es – wie oben schon thematisiert – Gesundheit auf einen schlichten physiologischen Input-Output-Zusammenhang reduziert, sondern auch, weil Ernährung zu einer Sache von Expertenschaft wird. Nicht nur sind die Essenden permanent von wissenschaftlichen Autoritäten umstellt, die dauerhaft Anweisungen ausge-

---

[1] Welche Zerreißproben z.B. für Familien damit verbunden sind, wenn ihre Töchter zu Vegetarierinnen werden, dazu können betroffene Eltern viel erzählen.

ben, sondern sie sind gehalten, auch selbst Expertenschaft auszubilden. Sie müssen sich informieren, qualifizieren und Wissen zur gesundheitsförderlichen Ernährung ansammeln. Dies ist umso anspruchsvoller und aufwendiger, weil sich dieses Wissen nicht nur unentwegt erweitert, sondern sich auch schnell überholt und widersprüchlich ist: So stellt sich der richtige Befund von gestern heute als falsch heraus – denken wir an den lange verkündeten angeblichen Gesundheitsgehalt des Spinats. Dazu kommt: Was der eine Wissenschaftler als wahr behauptet, wird von einem anderen als falsch bestritten. In diesem verwirrenden Dschungel den Überblick zu behalten, ist nicht leicht!

Zugleich moralisiert der Gesundheitsdiskurs das Essen: Die vorhandenen Nahrungsmittel werden in gute, weil vermeintlich gesundheitsförderliche und schlechte, weil vermeintlich gesundheitsabträgliche unterschieden. Während man die einen essen darf und soll, sind die anderen verboten. So entsteht ein disziplinierender Katechismus des Essens – ein feines Geflecht von moralischen Leitlinien und Tabus, das schließlich die menschlichen Körper und ihre Essimpulse reglementierend umschließt.

Immer schon gab es kulturelle Codes für das Essen, die Spezifisches erlaubten und nicht erlaubten. Die modernen medizinischen Normen bedienen somit nur einen allgemeinen, sehr archaischen kulturellen Grundmechanismus. Und doch sind sie gleichzeitig von diesem weit entfernt, denn ihr Modus ist ein hochgradig rationalistischer. Die Essgebote und -verbote der Gesundheitsgesellschaft sind nicht mehr magisch-mythisch begründet, sondern medizinisch-funktional. Ihre Wirkung basiert auf der Macht wissenschaftlicher Autoritäten. Das, was diese als gesund verkünden, wird zur Maxime für das Essen.

Letztlich wird damit das Individuum selbst zum zentralen „Normierungsakteur": Der moderne Ernährungsdiskurs protegiert und festigt die Selbstunterwerfung. Das Individuum – ausgestattet mit gesundheitswissenschaftlichen Qualifikationen – bestimmt die Auswahl seiner Speisen und Getränke, Zubereitung, Essensrhythmen und -mengen. Vor diesem Hintergrund wäre der moderne Ernährungsdiskurs als Baustein der Stabilisierung des zivilisatorischen „Zwangs zum Selbstzwang" (Elias 1976) und der Hervorbringung des autonomen, selbstverantwortlichen Subjekts der Risikogesellschaft zu verstehen.

Entfamilialisierung

Das Bild vom privaten Heim als dem zentralen Ort der Nahrungsversorgung sitzt tief und ist in gewisser Weise auch durchaus realitätsgerecht. Der Ernährungsbericht 2004 stellt jedenfalls fest, dass trotz mancher Wandlungen in den Essenspraxen die Dominanz der häuslichen Versorgung weiterhin empirisch nachweisbar ist (Ernährungsbericht 2004: 92).

Es gibt bis heute keine andere hauswirtschaftliche Tätigkeit, in die so viel Zeit investiert wird, wie in die tägliche Beköstigung. Durchschnittlich wenden Frauen gegenwärtig hierfür pro Tag eine gute Stunde auf, wobei 45 min für die Speisenzubereitung und weitere 20 min für Tischdecken und Geschirrabwasch benötigt werden. Die Sicherung der Familienernährung liegt nach wie vor überwiegend in Frauenhand, und zwar unabhängig vom Grad der eigenen Erwerbsbeteiligung.

Aber auch wenn die häusliche Ernährung weiterhin stattfindet, etabliert sich doch zunehmend die öffentliche und kommerzielle Sphäre als alternativer Ernährungsort. Historisch betrachtet war der private Ort der Familie im übrigen nie der einzige, an dem Essen bereitgestellt und verzehrt wurde. Schon lange gab es öffentliche Orte des Essens und Trinkens, und auch wenn es manche Kulturkritiker so hinstellen, ist selbst der moderne Schnellimbiss nicht gänzlich neu. Auch zu früheren Zeiten gab es schon Garküchen in den Städten, in denen Speisen zum zügigen Verzehr gekauft werden konnten.

Die Inanspruchnahme der Außer-Hausverpflegung ist von den 1990er zu den 2000er Jahren von täglich 18 % auf 26 % angestiegen (Ernährungsbericht 2004: 91). Dies korrespondiert auch mit der Verteilung der Ausgaben für Ernährung. Im Jahre 2000 war der Anteil der Ausgaben für die Außer-Haus-Ernährung an den allgemeinen Ernährungsausgaben auf 26 % gestiegen (Hünecke 2004: 11). Familienstand, Erwerbsstatus und Einkommen beeinflussen den Außer-Haus-Verzehr erheblich. Allein lebende, insbesondere berufstätige Singles sind die Intensiv-Nutzer. Spitzenwerte haben die 30- bis 40jährigen Männer. Vor allem die Mittagsmahlzeit wird von immer weniger Menschen zu Hause eingenommen (Ernährungsbericht 2004: 91 f).

Welche Faktoren treiben die Verlagerung der Reproduktionsaufgabe Ernährung von der häuslichen in die institutionelle Sphäre an? Mit der zunehmenden zeitlichen Ausdehnung der institutionellen Betreuung, Erziehung und Bildung für Kinder und Jugendliche wächst zwangsläufig die Notwendigkeit der öffentlichen Ernährung. Mittags kehren Kinder immer weniger zurück an den heimischen Herd, um dort zu essen, sondern sie verbleiben in den Kindertagesstätten und Schulen und werden nun dort versorgt. Einen weiteren Beitrag zur Zunahme der Außer-Haus-Verpflegung leistet zudem sicherlich das zunehmende räumliche Auseinanderfallen von Wohnen und Arbeiten. Wenn Menschen immer mehr Zeit für ihre Mobilität brauchen, bleibt es nicht aus, dass sie diese mit Beköstigungstätigkeiten kombinieren.

Nicht übersehen sollte man schließlich auch, dass mit der Verarmung zunehmender Bevölkerungsgruppen die öffentliche ernährungsbezogene Grundversorgung für immer mehr Menschen wieder relevant werden könnte (vgl. hierzu u.a. Barlösius/Feichtinger/Köhler 1995). Entwicklungen in diese Richtung lassen sich derzeit schon beobachten.

Erosion der Tischgemeinschaft

Die Sicherung der Ernährung war lange Zeit elementar an die Gruppe geknüpft. Nahrungsmittelsammlung und -erzeugung, die Bearbeitung und Bevorratung und schließlich die Speisenzubereitung erforderten ein arbeitsteiliges Kollektiv, das gleichzeitig auch das Setting des gemeinsamen Verzehrs bildete. Die wiederkehrende Alltagsnot, die nur gemeinschaftlich bewältigt werden konnte, führte die Essenden am Tisch zusammen. Eine besondere Herausforderung war hierbei die Regelung der Nahrungsverteilung. In der Tischgemeinschaft aktualisierte sich in besonderer Schärfe die Spannung zwischen Eigennutz und sozialer Angewiesenheit. Sie verkörperte zudem immer auch ein Modell einfacher Warenzirkulation (Bärlösius 1999: 171).

Diese historische, kollektivierende Konstante verflüchtigt sich mit der Herausbildung des industrialisierten Nahrungsmarktes zunehmend. Produktion und Konsum sind nun radikal entkoppelt: Um sich zu ernähren, ist keine Zugehörigkeit zu solchen Produktionsgemeinschaften mehr erforderlich. Die marktförmige Organisation der Ernährung individualisiert die Essenden. Für Käufer sind Nahrung und Speisen relativ voraussetzungslos individuell und flexibel zugänglich geworden.

Gesellschaftliche Komplexitätssteigerungen haben ihr übriges zur Vereinzelung des Essens getan: Die komplizierten Verflechtungszusammenhänge und Zeitzwänge jedes einzelnen machen es objektiv schwer, kollektive Orte und Zeiten für das Essen in der Gruppe zu arrangieren. Gegessen wird somit immer häufiger dort, wo man sich gerade aufhält, wenn es im individuellen Tagesablauf gerade passt, und was gerade kommerziell im Angebot ist.

Aber auch die Konjunktur des eigenen Geschmacks macht gemeinsames Essen zu einer prekären Aufgabe. Geschmack ist bekanntlich verschieden. Vor allem dann, wenn der Nahrungsüberfluss dem Einzelnen eine Vielzahl an Optionen prinzipiell ermöglicht und im Kontext moderner freiheitlicher Werte allen Individuen – auch schon kleinen Kindern – ein Höchstmaß an Selbstbestimmung zugestanden wird, entsteht eine Zerreißprobe für die Tischgemeinschaft. Nicht nur sinkt die Bereitschaft und Fähigkeit, etwas zu essen, das nicht unbedingt den eigenen Geschmackswünschen entspricht. Auch wird es umgekehrt immer schwieriger, Speisen auf den Tisch zu bringen, die auch tatsächlich von allen unterschiedslos und ohne Missstimmigkeiten geteilt werden können.

Zu früheren autoritären Zeiten war für den Familientisch die Antwort auf dieses Dilemma einfach, wenn es von Erwachsenen unerbittlich hieß: „Gegessen wird, was auf den Tisch kommt!" Zu heutigen liberalisierten Zeiten ist man mit solchen autoritären Unterwerfungspraxen vorsichtiger. Das ist fraglos zu begrüßen, aber in der Folge wird es eben dann diffiziler und vor allem sehr viel aufwendiger und riskanter, eine gemeinsame Mahlzeit zu arrangieren. Da ist es dann nicht mehr ungewöhnlich, wenn für die einzelnen Familienmitglieder verschiedenes auf den gemeinsamen Tisch gebracht wird. Oder aber das gemeinsame Projekt wird endgültig aufgekündigt, und jedes Familienmitglied wärmt sich sein Fertiggericht nach Bedarf und Geschmack schnell in der Mikrowelle.

Dennoch wäre es empirisch falsch und zu kulturpessimistisch, vom nahenden Ende der Tischgemeinschaft zu sprechen. Die Befunde des jüngsten Ernährungsberichtes unterstreichen den hohen sozial-kommunikativen Bedeutungsgehalt, den das Essens in Familien hat. In Mehrpersonen- und Familienhaushalten wird dem Abendessen als der „gemeinsamen Familienmahlzeit" ein großes Gewicht im Tagesablauf gegeben. Mehr als die Hälfte der Angehörigen von Familienhaushalten mit Kindern und zwei erwerbstätigen Ehepartnern essen trotz aller Widrigkeiten gemeinsam zu Abend (Ernährungsbericht 2004: 92). Auch bei vielen herausgehobenen Ereignissen und biografischen Zäsuren erhält sich bekanntlich das kollektive Mahl, denken wir an Familienfeste, Feiertage oder den Festschmaus zu anderen Ereignissen oder mit Freunden.

Mit der Auflösung der Wirtschaftsgemeinschaft zerfällt die Tischgemeinschaft also nicht völlig, es verliert sich nur ihre ursprüngliche sachliche Funktionalität. Neue Bedeutungen treten stattdessen stärker hervor. Die kollektive Mahlzeit verkörpert nun symbolisch umso mehr die Zusammengehörigkeit einer Gruppe, wird aus diesem Grund gewünscht und realisiert.

„Die Herstellung des Sozialen (...) macht (...) auf die mit dem Essen verbundene Ambivalenz für das Soziale aufmerksam. Denn, muß hier nicht der physiologische Individualismus des Essens als reale Bedrohung für das Gemeinsame verstanden werden, da das, was der Einzelne ißt, von keinem anderen mehr gegessen werden kann? Gerade dort, so scheint es, wo der Einzelne in einem physiologischen Sinne keine Gemeinschaft mehr nötig hat, arbeitet eine universelle Kulturtechnik daran, die Einzelnen in die Gemeinschaft einzubinden. (...) Das gemeinschaftliche Essen wäre so die symbolische Geste *par excellence*, weil es (...) dem Einzelnen die Gemeinschaft selbst dort noch deutlich macht, wo er den größten Abstand zu ihr hat. Man bedeutet sich wechselseitig, dass man zusammengehört, weil das Essen radikal individualisiert" (Audehm/Zirfas 2001: 61).

Dabei birgt die Enge des Tisches durchaus Konfliktrisiken, die minimiert werden müssen. Ausdifferenzierte Tischsitten sind deshalb entwickelt worden, die dafür sorgen, dass die Essenden es gut zusammen aushalten können und die Tischgruppe nicht zersprengt wird (Audehm/Zirfas 2001). Dazu gehören z. B. die Sitzordnung, anspruchsvolle Verhaltensnormen oder auch das Verbot, den Tisch ohne Erlaubnis zu verlassen oder sich mit anderen Dingen als dem Essen zu beschäftigen. In der Mahlzeit wird Natur kulturell überformt, indem die primitiv physiologische, triebhafte Nahrungsgier zum Gegenstand gemeinsamer verbindlicher Verregelung – oder mit anderen Worten: zum Gegenstand von Sitte und Anstand gemacht wird (Elias 1976). Dies gilt im übrigen für alle Institutionen, die physische Impulse in eine soziale, ritualisierte Form gießen, die von allen Gesellschaftsmitgliedern praktiziert wird.

Wie überall im Leben, wenn Menschen aufeinander treffen, so können auch bei der gemeinsamen Mahlzeit schließlich Unbehaglichkeiten auftreten: der Nachbar hat zu viel Fleisch genommen, ein anderer isst in einer Weise, die einen ekelt, und rückt einem zu nah auf den Leib, jemand bringt ein Gesprächsthema ein, das Streit auslöst oder man findet gar kein rechtes gemeinsames Gesprächsthema. Für die Familienmahlzeit stellt der französische Soziologe Jean-Claude Kaufmann fest, dass häufig schon der Auftakt missglückt, weil sich plötzlich jeder in die Gruppe fügen muss: das Kind, das weiter spielen möchte; der muffelige Teenager, der kein Wort spricht; der Mann, der weiterwerkeln will (Kaufmann 2006: 129).

Die Mahlzeit ist also ein fragiles Geschehen, das durch gemeinschaftsanimierende und Konflikt regulierende kollektive Rituale in Gang gehalten werden muss. Die Normierung von Ort, Zeit und Handlungsvollzügen sowie des ästhetische Arrangements und der Speisen, verhindern erst das anarchische Chaos.

In der Regel sind wir uns dessen gar nicht mehr bewusst. Zugänglich wird dies erst wieder durch genaue Beobachtungen von Mahlzeitensituationen, wie sie u. a. Kathrin Audehm und Jörg Zirfas in ihren ethnografischen Forschungen zu Familienritualen geliefert haben. Hierzu eine Beschreibung:

„Die Mutter beginnt das Tischgespräch mit einer Frage an Frederike (…) Währendessen nörgelt Erik, steht auf und verlässt das Zimmer in Richtung Bad, was die Mutter veranlasst, gedehnt ‚Och, Erik!' zu sagen (…). Erik geht zur Toilette, lässt die Badtür offen, singt, kommt mit herunter gelassenen Hosenträgern wieder herein. Er fordert die Mutter auf, ihm mit den Hosenträgern zu helfen, die sagt aber, dass er sie gleich unten lassen kann. Daraufhin nimmt Erik wieder auf seinem Stuhl Platz." Friederike beginnt „ein Gespräch mit der Mutter. Während der längeren Eröffnungsphase dieser Sequenz wendet sich die Mutter liebevoll und beruhigend an Erik, der immer noch nörgelt: ‚Komm, lass mal, sei lieb.'(…). Ein Nachbar klingelt, um Teller zurück zu bringen, die Mutter öffnet die Tür. Gerade als sich die Tür wieder schließt (…), steht Robert auf, um zu gucken, wer da ist. Als er merkt, dass es zu spät ist, setzt er sich schnell wieder hin. Die Mutter geht an der Sitzecke vorbei und räumt die Teller in den Unterschrank und ein Gespräch zwischen der Mutter und Frederike über den Nachbarn entspinnt sich. Als die Mutter wieder am Tisch Platz genommen hat, führt Frederike das Gespräch (...) fort. Während dieser Sequenz wendet sich die Mutter ermahnend an Erik, der mit den Fingern einzelnes Gemüse aus der Suppe klaubt und daran herumpult. Frederike erzählt von ihrer Schulfreundin. Vor allem die Mutter hört ihr zu (...). Währenddessen wendet sich der Vater Erik zu. (...). Von schräg oben schaut er zu Erik runter und spricht mit diesem leise und eindringlich. (...). Auf die Ermahnung des Vaters reagiert Erik zweimal mit der stereotypen Entgegnung: ‚Na und!' (...) nach dem zweiten ‚Na und!' erzählt die Mutter, dass Erik im Kindergarten eine neue Freundin habe. Frederike fragt nach und Erik erzählt. Dabei verwechselt er ‚morgen' und ‚gestern', er wird von der Schwester verbessert, bleibt aber dabei. Nun korrigiert ihn lustig der Vater, dann sagt die Mutter, wie es richtig ist. (...)Die Mutter fordert Erik noch einmal auf: ‚Iß jetzt!'. Nun ist ihre Stimmer energischer (...). Der Vater (...) neigt den Oberkörper leicht seitlich zu Erik und sagt bestimmt, kurz, immer noch leise: ‚Ich habe keine Lust mit dir an einem Tisch zu sitzen.' (...) Erik wendet sich nun an die Mutter und fragt: ‚Kann ich was trinken?' Die Antwort der Mutter: ‚Wenn du fertig bist!' Erik protestiert quengelnd, worauf die Mutter kurz ‚nein!' sagt und ihre Forderung wiederholt." (Audehm/Zirfas 2001: 99 f)

Die Szene sensibilisiert für die anspruchsvollen Sozialisationsleistungen der Familie auf dem steinigen Weg zur gelungenen Mahlzeit. Immer wieder droht die kollektive Situation auseinander zu fallen, weil Störungen von außen auftreten, einzelne Mitglieder sich entfernen, Konflikte auftreten. Insbesondere am jüngsten Familienmitglied ist erkennbar, welche enormen Anpassungsleistungen im Zuge des Heranwachsens von jungen Menschen erbracht werden müssen bis sie das prätentiöse Tischgeschehen sicher beherrschen. Während die Eltern und auch die älteren Geschwister bereits über die notwendigen Tischroutinen verfügen, zeigt sich Eric als noch ungezügelter „junger Wilder", der nicht nur schwer am Ort der Mahlzeit zu halten ist, sondern auch noch nicht über die feinen Tischsitten verfügt, die ein friedliches Miteinander ermöglichen. Dies gipfelt schließlich in der Mitteilung an ihn, dass man es keine sonderliche Lust hat, mit ihm am Tisch zu sitzen.

Die Szene zeigt darüber hinaus an Erics Beispiel, wie kompliziert der familiäre Einweisungsprozess in die Tischsitten ist. Er pendelt zwischen großzügiger Toleranz und autoritärer Zurechtweisung, zwischen Liberalität und Grenzsetzung. Ebenso muss versucht werden, Eric überhaupt perspektivisch als Kommunikationspartner in die Tischgemeinschaft zu integrieren und ihn auf diese Weise in das einzuführen, was eine gelungene Tischinteraktion auszeichnet. Zusammen zu essen und dies als Ausdruck von Gemeinschaftlichkeit zu stilisieren und zu genießen, funktioniert also nicht einfach, sondern erfordert Kunstfertigkeit und Übung.

Ausblick: unstillbarer Hunger und Lustverarmung

Wenn wir das moderne Phänomen des „Überfressens" verstehen wollen, lohnt sich der sozialhistorische Blick auf die hier skizzierten Entwicklungen. Geht man davon aus, dass die Essenslüste wie alle menschlichen Triebe die Neigung zur Grenzenlosigkeit haben, müssen sie – wie alle anderen Triebe auch – gesellschaftlich geformt werden, um sie „einzufangen". Lange Zeit war die Gier des Essens durch die unabwendbar faktische Knappheit der Lebensmittel kontrolliert. In modernen Gesellschaften wie der unsrigen findet Essen zunehmend im grenzenlosen Raum statt: Mit der Nahrungsfülle und Nahrungsverbilligung werden Menschen freigesetzt aus der Fixierung auf die funktional-rationalen Ernährungserfordernisse. Individualisierungsprozesse lassen traditionelle Ernährungsnormierungen zerfallen: dies gilt nicht nur für die Speisenwahl, sondern auch für zeitliche Rhythmisierungen des Essens und regulierende Formen von „Sitte und Anstand". Auch die Kraft der Tischgemeinschaft als rituell haltende und triebmodellierende Instanz lässt nach. Essen vollzieht sich zunehmend ohne sie, wie auch die notwendigen sozialisatorischen Einweisungen zur Befähigung zum gemeinschaftlichen Essen nur noch unzureichend stattfinden. Gefährdet ist damit auch eine Lustdimension des Essens: die Lust der Vergemeinschaftung bei der Mahlzeit.

Auch die marktförmige Gestaltung der Ernährung löst das Essen aus der existentiellen Abhängigkeit von der versorgenden und normierenden Tischgemeinschaft. Essen kann nun relativ vorrausetzungslos stattfinden. Es kann unmittelbar gegessen werden, wenn sich das Verlangen danach äußert. Keine vorbereitenden Tätigkeiten und damit verbunden Lustaufschübe sind mehr erforderlich. Damit reduziert sich jedoch gleichzeitig das Lustspektrum: Sättigung findet häufig nur noch über die Einverleibung des von fremder Hand produzierten Nahrungsprodukts statt, abgeschnitten ist die Lust der ganzheitlich-sinnlichen Erzeugung von Nahrung. Durch die Zunahme der öffentlich-institutionellen Verköstigung ist das informelle Erlernen des basalen Ernährungshandwerks, das bislang im Privaten der (meist weiblichen) Generationenfolge weiter vermittelt wurde, zunehmend bedroht – und damit auch diese Befriedigungsdimension des Essens.

Die Grenzenlosigkeit des Essens offenbart sich vor diesem Hintergrund als Paradoxie: Sie befreit – zweifellos – aus Nöten und Zwängen, überantwortet nun aber dem Individuum die zivilisatorische Aufgabe, seine Triebhaftigkeit einzufangen, und lässt zudem die Triebbefriedigung in eigenartiger Weise verarmen.

So ist ein Zirkel des unaufhaltbaren Nahrungsverschlingens bei gleichzeitigem Unbefriedigtsein angelegt. Der Hunger bleibt, lässt sich nicht stillen, auch wenn man sich noch so viel Nahrung zuführt.

Bislang sind weitgehend nur disziplinierende Diätprogramme gegen diesen tragischen Zirkel angeboten worden: Zielführender wäre es aber womöglich, Essen mehr als bisher aus der Perspektive der Essenden zu betrachten, genauer aufzunehmen, welche emotionale und soziale Bedeutung das Essen bei den Zielgruppen hat, den individuellen und kollektiven Geschichten des Essens Aufmerksamkeit zu schenken, statt Normen von außen einzuführen. Zu überlegen wäre daher, wie eine solche Lebenswelt- und Subjektorientierung in der Praxis realisiert, wie mithin eine gesundheitsfördernde Esskultur gestaltet werden könnte.

Literatur

Audehm, K./Zirfas, J. (2001): Familie als ritueller Raum. In: Wulf C. u.a. (Hg.): Das Soziale als Ritual. Opladen, S. 37- 116

Barlösius, E. (1999): Soziologie des Essens. Eine sozial- und kulturwissenschaftliche Einführung in die Ernährungsforschung. Weinheim/München

Barlösius, E./Feichtinger, E./Köhler, B. (Hg.) (1995): Ernährung in der Armut. Berlin

Bauer, R. (1996): Gaumenfreude und Sozialarbeit. In: Sozial extra 12/1996, S.2-3

Elias, N. (1976): Über den Prozeß der Zivilisation. 2 Bände. Frankfurt/M.

Ernährungsbericht (2004) (hrsg. von der Deutschen Gesellschaft für Ernährung). Eigenverlag, Bonn

Geißler, K. (2002): Der Simultant. In: Psychologie heute 11/2002, S. 30-35

Hünecke, K./Fritsche, U./Eberle, U. (2004): Ernährungswende. Lebenszykluskosten für Ernährung. Diskussionspapier Nr. 2. Öko-Institut e. V./Institut für angewandte Ökologie, Darmstadt, Freiburg (unveröffentlicht)

Kaufmann, J. (2006): „Die Götter sind wir" In: Spiegel 32/2006, S. 128-129

Künast, R. (2004): Eine neue Ernährungsbewegung für Deutschland (Rede im Deutschen Bundestag am 17. 6. 2004). http://www3.verbraucherministerium.de/index-uuid=00031B9348C...

Pollmer, U. (2002): Katechismus und Missbrauch. In: Slow 5/2002, S. 6-13

Schulze, G. (2000): Die Erlebnisgesellschaft. Frankfurt/M. (1. Auflage 1992)

Schwendter, R. (1988): Schwendters Kochbuch. Frankfurt/M.

Zinnecker, J. (1988): Zukunft des Aufwachsens. In: Hesse J. u.a. (Hg.): Zukunftswissen und Bildungsperspektiven. Baden-Baden, S. 119- 139

AutorInnenverzeichnis

Stefanie Duttweiler, Dr., Wissenschaftliche Mitarbeiterin am „Programm Wissenschaftsforschung" der Universität Basel.

Carmen Gransee, Prof. Dr., Fakultät „Soziale Arbeit und Pflege" an der Hochschule für Angewandte Wissenschaften Hamburg

Uwe Helmert, PD Dr., Wissenschaftlicher Mitarbeiter am Zentrum für Sozialpolitik (ZeS) an der Universität Bremen

Rogan Kersh, Associate Professor and Associate Dean for Academic Affairs an der Robert F. Wagner Graduate School for Public Service, New York University (USA)

Christoph Klotter, Prof. Dr., Professor für Ernährungspsychologie und Gesundheitsförderung an der Hochschule Fulda

Eva Kreisky, Prof. Dr., Institut für Politikwissenschaft an der Universität Wien

James Morone, Professor of Political Science and Urban Studies, Brown University, Providence, Rhode Island (USA)

Jörg Niewöhner, Dr., wissenschaftlicher Mitarbeiter am Institut für Europäische Ethnologie an der Humboldt-Universität Berlin

Lotte Rose, Prof. Dr., Fachbereich Soziale Arbeit und Gesundheit an der Fachhochschule Frankfurt am Main

Henning Schmidt-Semisch, PD Dr., Wissenschaftlicher Mitarbeiter im Fachbereich Human- und Gesundheitswissenschaften der Universität Bremen

Friedrich Schorb, Soziologe (M.A.), Wissenschaftlicher Mitarbeiter am Zentrum für Sozialpolitik (ZeS) an der Universität Bremen

Uwe Spiekermann, Dr., Wissenschaftlicher Assistent am Institut für Wirtschafts- und Sozialgeschichte der Georg-August-Universität Göttingen

Helga Theunert, Prof. Dr., Wissenschaftliche Direktorin am JFF – Institut für Medienpädagogik in Forschung und Praxis, München

Paula-Irene Villa, PD Dr., Assistentin am Institut für Soziologie und Sozialpsychologie der Leibniz-Universität Hannover

Katherina Zimmermann, Diplom Sozialwissenschaftlerin, Wissenschaftliche Mitarbeiterin am Institut für Soziologie und Sozialpsychologie der Leibniz-Universität Hannover

Sozialstruktur

Eva Barlösius / Daniela Schiek (Hrsg.)
Demographisierung des Gesellschaftlichen
Analysen und Debatten zur demographischen Zukunft Deutschlands
2007. 250 S. Br. EUR 24,90
ISBN 978-3-531-15094-9

Helmut Bremer /
Andrea Lange-Vester (Hrsg.)
Soziale Milieus und Wandel der Sozialstruktur
Die gesellschaftlichen Herausforderungen und die Strategien der sozialen Gruppen
2006. 419 S. Br. EUR 34,90
ISBN 978-3-531-14679-9

Rauf Ceylan
Ethnische Kolonien
Entstehung, Funktion und Wandel am Beispiel türkischer Moscheen und Cafés
2006. 272 S. Br. EUR 32,90
ISBN 978-3-531-15258-5

Rainer Geißler
Die Sozialstruktur Deutschlands
Zur gesellschaftlichen Entwicklung mit einer Bilanz zur Vereinigung
Mit einem Beitrag von Thomas Meyer
4., überarb. und akt. Aufl. 2006. 428 S.
Br. EUR 26,90
ISBN 978-3-531-42923-6

Wilhelm Heitmeyer /
Peter Imbusch (Hrsg.)
Integrationspotenziale einer modernen Gesellschaft
2005. 467 S. Br. EUR 36,90
ISBN 978-3-531-14107-7

Stefan Hradil
Die Sozialstruktur Deutschlands im internationalen Vergleich
2. Aufl. 2006. 304 S. Br. EUR 24,90
ISBN 978-3-531-14939-4

Jörg Lüdicke / Martin Diewald (Hrsg.)
Soziale Netzwerke und soziale Ungleichheit
Zur Rolle von Sozialkapital in modernen Gesellschaften
2007. 301 S. (Sozialstrukturanalyse)
Br. EUR 34,90
ISBN 978-3-531-15182-3

Matthias Richter /
Klaus Hurrelmann (Hrsg.)
Gesundheitliche Ungleichheit
Grundlagen, Probleme, Perspektiven
2006. 459 S. Br. EUR 39,90
ISBN 978-3-531-14984-4

Erhältlich im Buchhandel oder beim Verlag.
Änderungen vorbehalten. Stand: Juli 2007.

www.vs-verlag.de

VS VERLAG FÜR SOZIALWISSENSCHAFTEN

Abraham-Lincoln-Straße 46
65189 Wiesbaden
Tel. 0611.7878 - 722
Fax 0611.7878 - 400

Neu im Programm Soziologie

Hans Paul Bahrdt
Die moderne Großstadt
Soziologische Überlegungen
zum Städtebau
Hrsg. von Ulfert Herlyn
2. Aufl. 2006. 248 S. Br. EUR 34,90
ISBN 978-3-531-14985-1

Jürgen Gerhards
**Kulturelle Unterschiede
in der Europäischen Union**
Ein Vergleich zwischen Mitgliedsländern,
Beitrittskandidaten und der Türkei
2., durchges. Aufl. 2006. 316 S.
Br. EUR 27,90
ISBN 978-3-531-34321-1

Andreas Hadjar / Rolf Becker (Hrsg.)
Die Bildungsexpansion
Erwartete und unerwartete Folgen
2006. 362 S. Br. EUR 27,90
ISBN 978-3-531-14938-7

Ronald Hitzler /
Michaela Pfadenhauer (Hrsg.)
Gegenwärtige Zukünfte
Interpretative Beiträge zur sozialwissen-
schaftlichen Diagnose und Prognose
2005. 274 S. Br. EUR 19,90
ISBN 978-3-531-14582-2

Jürgen Mackert /
Hans-Peter Müller (Hrsg.)
Moderne (Staats)Bürgerschaft
Nationale Staatsbürgerschaft und die
Debatten der Citizenship Studies
2007. 416 S. Br. EUR 39,90
ISBN 978-3-531-14795-6

Andrea Mennicken /
Hendrik Vollmer (Hrsg.)
Zahlenwerk
Kalkulation, Organisation
und Gesellschaft
2007. 274 S. (Organisation und
Gesellschaft) Br. EUR 29,90
ISBN 978-3-531-15167-0

Gunter Schmidt / Silja Matthiesen /
Arne Dekker / Kurt Starke
Spätmoderne Beziehungswelten
Report über Partnerschaft und Sexualität
in drei Generationen
2006. 159 S. Br. EUR 21,90
ISBN 978-3-531-14285-2

Georg Vobruba
**Entkoppelung von Arbeit
und Einkommen**
Das Grundeinkommen in der
Arbeitsgesellschaft
2., erw. Aufl. 2007. 227 S. Br. EUR 24,90
ISBN 978-3-531-15471-8

Erhältlich im Buchhandel oder beim Verlag.
Änderungen vorbehalten. Stand: Juli 2007.

www.vs-verlag.de

VS VERLAG FÜR SOZIALWISSENSCHAFTEN

Abraham-Lincoln-Straße 46
65189 Wiesbaden
Tel. 0611.7878-722
Fax 0611.7878-400